U0893778

图书馆阅读推广与信息服务研究

腾和泰 著

汕头大学出版社

图书在版编目（CIP）数据

图书馆阅读推广与信息服务研究 / 腾和泰著. -- 汕头 : 汕头大学出版社, 2022.5
ISBN 978-7-5658-4678-6

Ⅰ. ①图… Ⅱ. ①腾… Ⅲ. ①图书馆－读书活动－研究②图书馆工作－情报服务－研究 Ⅳ. ①G25

中国版本图书馆CIP数据核字(2022)第085941号

图书馆阅读推广与信息服务研究
TUSHUGUAN YUEDU TUIGUANG YU XINXI FUWU YANJIU

作　　者：腾和泰
责任编辑：宋倩倩
责任技编：黄东生
封面设计：皓　月
出版发行：汕头大学出版社
广东省汕头市大学路243号汕头大学校园内　邮政编码：515063
电　　话：0754-82904613
印　　刷：廊坊市海涛印刷有限公司
开　　本：710 mm×1000 mm　1/16
印　　张：16
字　　数：200 千字
版　　次：2022 年 5 月第 1 版
印　　次：2022 年 6 月第 1 次印刷
定　　价：68.00 元
ISBN 978-7-5658-4678-6

版权所有，翻版必究

如发现印装质量问题，请与承印厂联系退换

前言

PREFACE

阅读是提高国民素质、增强国家综合力的重要手段，因此，积极开展阅读推广工作，既是保障我国居民受教育权利的基本要求，也是推进国家发展的必要手段。图书馆作为社会公共文化事业的重要组成单元，在全民阅读推广活动中有着不容推卸的历史使命。一直以来，图书馆的核心使命就是信息服务。由于大数据时代和新媒体时代的来临为图书馆信息服务的发展带来新动力，图书馆服务必须适应时代的发展，做出相应的服务措施调整来满足用户的信息需求。

本书首先对全民阅读时代图书馆阅读推广创新进行探讨，其次对我国公共图书馆阅读推广的对策加以阐述，然后对公共图书馆阅读推广与志愿者服务的融合、我国公共图书馆阅读推广活动与形式、我国公共图书馆阅读推广模式的创新进行了深入剖析和探索，最后对图书馆信息服务体系与资源建设、大数据时代图书馆信息服务的创新、微媒体在图书馆信息服务中的应用、云计算在数字图书馆信息服务中的应用进行深入剖析和探索。希望通过本书对图书馆阅读推广与信息服务的系统研究，提高我国图书馆阅读推广与信息服务工作的质量，对我国图书馆的阅读推广和信息服务工作有所裨益。

本书共分九章，各章之间既自成体系，又有逻辑关系；内容丰富，涉及面广，编写形式新颖，体现了最新的图书馆信息推广与信息服务的思想理念和发展方向，符合对阅读推广人才和信息服务人才培养目标的要求，是一本实用性很强的著作。

加强图书馆阅读推广与信息服务的理论与实践研究，既有利于推动图书馆阅读推广与信息服务的现代化，又有利于为图书馆培养合格的阅读推广人才和信息服务人才。因此，在图书馆阅读推广与信息服务工作中，不仅需要图书馆结合现代社会的发展，优化阅读推广和信息服务，还需要图书馆人转变服务理念，提高阅读推广与信息服务的创新意识和创造能力。作为当代图书馆人，应积极创新阅读推广活动方式，加大信息服务建设力度，在推进全民阅读、建设书香社会、营造良好的社会环境中发挥作用，进而推进中华民族的伟大复兴。

笔者在撰写本书的过程中借鉴了许多前人的研究成果，在此表示衷心的感谢。书中一定还存在着许多不足之处，恳请前辈、同人，以及广大读者斧正。

腾和泰

2020 年 8 月

目 录

CONTENTS

第一章　全民阅读时代图书馆阅读推广创新研究

第一节　全民阅读时代的到来

一、阅读认知

阅读是指读者主动从媒介所提供的符号信息中获取意义的一种实践活动、社会行为和心理过程。

（一）阅读的特征表现

就阅读而言，具有以下三个特征：

其一，阅读是视觉感知的活动。读者首先由视觉感知文字信息，其次由传导神经将文字信息输入大脑，最后由大脑的中枢神经从中提取所需的信息。人们通过默读和朗读，把无声的文字转变为有声的语言，同时，听觉器官感知并监听口读。感知文字符号信息只是阅读的手段，阅读的主要对象是书面语言（文本、数字、图像等），通过视觉的扫描从书面语言中获取意义。感知只能了解读物的个别属性和外部特征，从而获得感性认识。人们的一切认知都是从感知开始的，感知是阅读的开端，从这个意义上讲，感知能力是十分重要的。

其二，阅读是一种复杂的语言技能活动。阅读是由一系列阅读行为和阅读技巧组成的语言实践活动。阅读技能又可以细分为许多微技能，如字词的识别、语义的分析、提取有关知识、思考推理、归纳等。这些过程在人脑中是同时进行的，只有学会释词断句、撷取重点、归纳中心、查阅工具书等技能，才能把书本上的语言变成自己的语言，把文章所要表达的中心思想通过思考转化成自己的思想。

其三，阅读是个人思维活动和理解的过程。在阅读的过程中，人们通过感官感知文字信息后还必须经过思考、想象、判断、推理等一系列的思维活动，才能将文字信号转换成各种概念和思想。无论是从生理学的角度，还是从心理学角度，理解文章都是一个复杂的过程，这种过程被一定规律所支配，由人的大脑思维所具有的特性所决定。理解是人们逐步认识事物的联系，直至认识其本质、规律的一种思维活动。阅读理解的实质就在于，以原来掌握的固有知识与读物中的新知识建立必要的联系。理解的过程是对文献进行再加工的过程。在这种过程中，人们通过对文献内容的逻辑分析和综合判断等一系列的思维活动，将文献中的语言进行总结、提炼，变为自己的思想，从而获得阅读的乐趣，从中获取知识。

（二）阅读的主要功能

阅读对人们的价值观、道德观、人生观和审美观等方面有着深刻的影响。阅读不能延伸人生的长度，却可以改变人生的深度和厚度。通过阅读，我们可以视通四海，思接千古，与智者交谈，与伟人对话，构建起丰富的精神世界。

1. 求知功能

阅读是获取信息和占有知识的重要手段，是一种不受时空限制地受到人们普遍接受的行为方式。人们获取知识的主要途径除自身实践外，还要靠阅读。阅读实际上就是挖掘知识的过程。阅读的材料越多，获取的信息和拥有的知识也就越丰富。人们掌握了丰富的知识，方能达到认识世界和改造世界的目的。

阅读是人们的终生活动，不论对儿童、少年、青年、中年人或老年人都具有增长知识的效果。“学会求知”在某种意义上就是学会阅读。通过阅读，既能接受前人探索自然、观察社会的成果，从中吸取经验和教训，也能通过报刊、书籍和网络搜集需求的最新信息。阅读是读者认识客观世界的向导、桥梁。

2. 开发智力、锻炼思维功能

智力指人认识、理解客观事物并运用知识、经验等解决问题的能力，包括记忆、观察、想象、思考、判断等。这个能力主要包括理解、计划、解决问题，抽象思维，表达意念以及语言和学习的能力。其中，思维能力是最主要的智力因素，处在智力因素的核心地位。阅读过程从本质上说也是思维过程，当阅读者聚精会神地阅读时，即是在不断地思索、想象、判断、推理和评价。

广泛的阅读能不断促进知识的积累和技能的增长。一个人的知识越丰富，对事物的观察就越敏锐、深刻，而在诸多能力中起决定作用的思维活动就能在广阔的领域中进行，就能对事物的判断和推理机会更准确，更富有想象力和创造力。

3. 审美功能

人类追求的最高价值是真、善、美，其中，“真”属认识的价值，“善”属道德的价值，“美”属艺术的价值。阅读的审美价值即指读物和阅读活动本身对读者产生的美感陶冶作用。阅读可以增强读者的审美意识，培养读者的审美能力，激发读者审美创造精神。阅读的审美价值来自读物内容方面的思想、哲理、品质、情操、意境美与读物形式方面的语声、结构、形象、节奏美。阅读是复杂的心智技能，阅读审美价值的实现依赖于读者对读物内容和形式美的体验、鉴赏和评价。读者在阅读活动中能陶冶高尚的审美情感、熏染健康的审美趣味，从而完善读者的审美心理结构。

4. 培养品德、陶冶情操功能

培养品德、陶冶情操除了依赖于社会实践之外，善于阅读也是重要的途径之一。阅读有助于人们深刻地了解人与人、人与社会之间的关系实质，而这正是科学地对待人生、树立高尚道德情操的必要基础。阅读有价值的读物会使读者的心灵得到净化，性情得到陶冶，甚至影响读者的人生道路和人生观。

总而言之，阅读作为人们精神生活的基本内容和精神交流的重要渠道，其促进社会发展的作用是不可替代的。

（三）阅读研究的主要内容

阅读涉及人、阅读对象、阅读环境、阅读过程等多个方面，每个方面又包括诸多内容，归纳在一起，阅读研究包括以下三个方面的内容：

1. 阅读主体

阅读主体主要是指与查找、选择、阅读和利用文献有关系的人。它包括两个方面的社会成员：一是对文献信息有着现实需求的读者；二是文献信息的提供者和服务者（包括文献的作者与图书馆工作人员）。

作为阅读主体的读者，广泛存在于社会的各个行业和阶层，一切具有阅读能力并从事具体阅读活动的人，都属于读者的范畴。一个人成为阅读主体应该具有三个条件：第一，有阅读欲望；第二，具备一定阅读能力；第三，从事阅读活动。三者兼备，才是真正意义上的阅读主体。

2. 阅读客体

阅读客体又称阅读的对象，是阅读主体（读者）依据一定的时境，采取一定的手段所指向的对象。阅读客体不仅包括阅读对象（读物），还包含阅读环境、阅读时间、阅读工具等基本要素。

（1）阅读对象。阅读对象是以文字为主体符号，固定在一定物质载体上并被读者所认识了的精神产品。简言之，即读物，它是阅读客体中的第一要素。根据不同的分类标准，读物有不同的类别。从符号看，可分为文字读物和图画读物；从载体看，可分为无声读物和有声读物；从地域看，可分为中文读物和外文读物；从内容看，可分为人文读物和自然读物，等等。阅读的客体或对象只能是文本（包括超文本，即数字化文本）。对阅读对象的非文本化超越只能是对科学阅读概念的解构。

①文本的含义：第一，文本译自英文的text，是文学理论中的基本术语之一，是书面语言的表现形式。从文学的角度说，通常是具有完整、系统含义（Message）的一个句子或多个句子的组合。一个文本可以是一个句子

（Sentence）、一个段落（Paragraph）或者一个篇章（Discourse）。第二，计算机的一种文档类型。该类文档主要用于记载和储存文字信息，而不是图像、声音和格式化数据。常见的文本文档的扩展名有txt、doc、docx、wps等。第三，指任何文字材料。如基本由词汇组成的思维导图、广告材料笺，也可以看作文本。

②文本的特征。根据文本形态来看，从历史上的甲骨、青铜器、莎草纸、羊皮、竹简、木版、缣帛、纸张到今天的胶片、磁带、光盘、电脑网络等都是阅读的文本。总体来看，文本经历了从简策到纸本，从抄本到雕版印刷到机器印刷，再从印刷型到电子本的发展过程。然而，同一发展阶段存在多种文本并存的现象。某一时期文本的选择，受当时文献发展的客观需要、社会生产技术提供的现实性、读者个人的阅读兴趣等多种因素的制约。

（2）阅读环境。阅读环境被称为仅次于阅读对象的第二信息源，有主观和客观之分。主观环境指阅读的精神状态，包括读者的心理状态、学术观点等。客观环境指阅读的物质环境，包括自然环境和社会环境。

（3）阅读时间和阅读工具。阅读时间和阅读工具也是阅读客体中不可缺少的因素。任何阅读活动都是在一定的时间链条上进行的。科学地管理和运筹时间是提高阅读效率的保证。阅读工具是联系阅读主体与阅读客体的中介，是读者在认识把握读物过程中运用的手段。阅读工具包括各类工具书籍、器具和各种阅读工具学科以及工具语言。任何阅读实践，除阅读主体、阅读客体、阅读环境之外，都离不开阅读时间和阅读工具。

3. 阅读本体

阅读本体属于一种实践活动，通常指读者对某种读物的阅读。对阅读活动进行研究分析就会发现，阅读活动的本质是读者和读物互相作用的过程。在阅读活动中，读者与读物会产生精神方面的统一，这不仅是物质与精神的统一，更是个人行为与现实行为的升华。因此，我们可以认为阅读是开放的，通过阅读可以实现我们全方位的提升。也就是说，读者、读物与阅读本体是一个相互关联的整体，对读者阅读行为的研究需要结合各个方面因素综合考虑。

二、全民阅读的内涵特征

“全民阅读”作为一个术语，随着社会经济以及网络科技的发展，出现在我们生活的方方面面。“全民阅读”在我国属于新一轮的阅读革命，从阅读活动的组织和阅读规模、人数等方面均有新的突破，阅读方式和阅读的载体等也在逐步改变。

（一）全民阅读的特征

从现代社会发展角度分析国民阅读能力，可以发现全民阅读的效率性直接影响着社会文化的发展与传承。由于文化的创新与发展受阅读的影响，全民阅读能力的提高可以有效提高我国居民文化水平，增强我国核心竞争力。通过对全民阅读进行研究分析发现，其主要特征如下：

第一，以政府为主导核心，有效促进各方参与到全民阅读中。全民阅读的推广范围涉及了各个年龄段、职业、民族等，大范围意味着大困难，因此，全民阅读推广工作任重而道远。我们从针对立法目的实现机制的方面来对全民阅读进行研究分析，可以发现全民阅读并不是对阅读活动的简单开展。不同国家赋予全民阅读的意义不同，政府部门对全民阅读的要求也存在差异。因此，在进行全民阅读的过程中，既要提高自身的服务意识与能力，同时还需要增强主动性与积极性，通过各方共同努力促进全民阅读活动的有效开展。全民阅读涉及到各行各业，比如大众传媒、图书馆、教师、阅读推广公益组织等都是全民阅读的共同参与方。

第二，促进阅读，营造良好的社会阅读氛围。阅读能力的提升是个人成长的一部分，而随着全民阅读能力的提高，社会文化生活会更加和谐，国家综合软实力也会逐渐提升。当然，众多因素共同作用影响着居民的阅读生活，比如阅读活动宣传、其他娱乐活动占用时间等。随着社会发展，吸引居民注意力的因素越来越多，“不阅读”现象越来越普遍。促进全民阅读不是强制性行为，不会对个人其他行为进行限制，更多的是，通过政府支持为个人提供相应的阅读环境，保障阅读活动可以更好地进行，逐步让全体公民喜欢阅读，养成阅读习惯，形成良好的全民阅读文化。

第三，全民阅读属于全民行为，全民阅读中重点对象为未成年等特殊群体。阅读不仅可以增强自身知识体系，同时可以提升自我修养，改变自我。促进全民阅读的意义在于，让每位公民享有阅读的权力，不断学习、不断进步。不同国家的全民阅读存在一个共性，那就是重视未成年和特殊群体阅读活动。儿童和青少年是国家发展的未来，因此，儿童与青少年阅读是全面阅读普及的重点。其他特殊群体还包括残障人士、犯人等，这些人员的素质和文化水平均需要逐步提高。不同群体的阅读需求不同，因此，在开展全民阅读服务活动的过程中需要考虑不同群体特性。

第四，全民阅读需要兼容并包，逐步为阅读人员提供更加优质的阅读内容，增强其阅读兴趣。全民阅读的积极推进不仅需要我国原创作品的质量提高与数量的增加，还需要外来作品的加入，综合世界优秀作品，促进全民阅读的积极开展。当然，兼容并包并不是无目的地进行阅读，也不是填鸭式的灌输，我们还需要取其精华、去其糟粕，建立更多优质知识体系，摒弃低俗内容，促进青少年自觉进行阅读行为的同时让其健康成长。此外，全民阅读的推进还需要对阅读公益活动进行鼓励，从不同途径灌输全民阅读思想。

随着科学技术和网络的飞速发展，阅读形式也发生了翻天覆地的变化，传统的阅读形式已经不能满足目前的阅读需求，数字阅读已经逐步占据我们的阅读生活。数字阅读最大的优势便是检索方便，随时随地可以进行阅读，呈现的形式也是多样的，因此受到很多读者的喜欢。当然，数字阅读也存在一定的缺点，比如浅显化知识体系较多等。因此，在开展全民阅读活动过程中，我们需要对数字阅读进行把控，理性地去使用数字阅读，引导青少年养成阅读习惯，促进全民阅读工作开展。

（二）倡导全民阅读的时代意义

阅读对人成长的影响是巨大的，一本好书往往能改变人的一生。人的精神发育史相当于他自身的阅读发展史。全民族的阅读水平往往决定了一个民族的精神境界。

首先，人类文明的进步和发展少不了全民阅读。人的终身需求和精神层面的需求，必须通过阅读书籍和积累知识来实现。对全民阅读活动进行长期推进和坚持，利好众多：有利于每个公民的发展和成长；有利于良好的学习氛围、浓郁的读书风尚在全社会形成；有利于推进社会主义核心价值观的形成和国民素质的提高。所以，社会文明的发展和进步、学习型社会的建设和完善，少不了全民阅读水平的提高。对于民族振兴来说，全民阅读是根基，读书对民族素质的提高、个人思想境界的提升影响巨大，与一个国家的繁荣昌盛有密切的关系。

其次，经济社会进步和发展的必然要求是全民阅读的推进。建设精神文明和物质文明必然少不了传承文明、积累文化和发展文化等重要内容。随着经济快速发展，人们的经济收平和物质生活水平大大提高，人们在文化方面的需求也随之提高，这也提高了人们的阅读需求。尤其是在金融危机对人们的经济和收入产生了不利影响之下，人们的精神需求和文化需求更加强烈，需要大量的书籍和知识进行慰藉，使得文化活动更加活跃和频繁。

一言以蔽之，读书能塑造人的性格。从某种意义上讲，每个社会个体的读书史就相当于他的精神发育史。同样，一个民族群体的读书水平决定了该民族的精神境界。对于各民族的发展来说，全民阅读至关重要，尤其是在该民族的经济发展、文明传承、个体全面发展和和谐社会的建立发挥重要作用。

（三）全民阅读的价值体现

全民阅读对于个人、社会和民族都有非常重要的价值，具体如下：

1. 有助于提升个人素养

阅读是个人获取信息、增长知识、精神发育的主要途径。随着信息技术和社会的迅猛发展，信息已经成为影响社会各方面发展的重要因素。人们如何对信息资源进行获取？最基本的方式是亲身实践，包括考察、观察、感受和听取等活动方式。此外，人们可以通过对信息文本的阅读获取大量的信息，这也是目前人们获取信息的最重要、最有效和最直接的方式。可以说，信息社会发展的根基是阅读。

按照获取方式，知识主要包括间接知识和直接知识。在传统社会，人们获取的直接知识所占据的比例和地位都更加重要，这主要是受到了社会积累知识的质量和数量的影响。随着信息技术和社会现代化的发展，人们获取知识的途径越来越便捷和高效，间接知识代替直接知识在社会中占据更重要的地位。人们在获取间接知识的途径中，最主要和最基本的方式就是阅读。在如今的学习型社会中，阅读的作用不可替代，已然成为人们实现终身学习和自主学习的关键。

阅读是一个人精神生活的主要方式。纵观人类精神文明的发展历程，阅读在其中发挥着重要的作用。它最大的价值就是在浓缩文本的基础上，将人们一代又一代创造的精神文明积累和汇聚起来，让下代人继承和发展其中的优秀文明和精神，让人类社会的文明在传承的基础上不断发扬光大。

2. 有助于促进社会发展

阅读是促进经济发展、促进社会和谐、提高政治文明程度的重要途径。

于经济发展而言，语言文字对传播科学技术具有至关重要的作用。科研成果也是新科学和新技术的具体体现，比如，学术著作和研究报告等形式。所以说，要想对新科学和新技术进行了解和学习，就必须通过阅读获得。换句话说，一个国家普及科学技术的程度和创新科学技术的力度，与该国国民的阅读水平高低有密切的关系，最终也会对国家生产力的发展产生重要的影响。

社会和谐的重要内容之一是自我和谐。在市场经济环境下，人们受到权力和享乐以及物质等方面欲望的影响和诱惑，个人私欲不断膨胀，逐渐在追逐欲望的过程中失去自我，整个人的精神层面和心灵变得十分躁动。虚无的精神世界和心灵对个人的精神和道德以及情感产生不利影响。因此，阅读的价值，特别是经典阅读的价值在这个物欲横流的时代不可替代。

政治行为文明和政治意识文明，以及政治制度文明共同组成了政治文明，是政治文明的重要组成内容。在政治文明的发展历程中，阅读始终与之存在直接或者间接的关系。人们通过阅读能够加深对宪法和民主政治的了解，提高对法律的认识，阅读也有利于公民加深对自由、人权、平等、民主、公正等政治价值的理解；有助于公民对我国政治发展历程和对权利及义务的认识。通过阅读，人们可以了解和学习不同文明的发展，并从中思考和借鉴，从而推进本国社会政治制度文明的发展。政治行为文明也会受到阅读的间接影响，一般来说，人民群众的文化知识水平和阅读量越高，他们所拥有的参政议政能力和水平和相关的见解就会越深入。另外，公民拥有丰富的参政知识，有利于提高他们的政治素养和政治参与能力。

3. 有助于奠基民族未来

无数个民族个体组成了一个完整的民族，无数个民族个体所拥有的智慧、阅读能力和思考能力共同积累成了该民族的整体文化素养。对一个民族来说，民族文化自信心和创造力主要来源于该民族个体的思考能力、批判能力及阅读能力。

众所周知，我国目前正处于发展的关键阶段，处于从人口资源大国向人力资源强国转化的重要时期，全民阅读的发展对于这个转型起着便捷、高效的作用。只有在全社会范围内倡议人民群众积极阅读，促进阅读社会的迅速发展和形成，进而促进民族精神的形成和国民素质的提高，为实现中华民族的伟大复兴提供源源不断的动力。无数的科学研究和调查表明，阅读是走向美好未来的康庄大道，人的年龄越小，越容易培养阅读习惯，其受益就越多。

三、图书馆对全民阅读的促进

图书馆对全民阅读具有一定推广作用，这种推广形式不仅体现在阅读本身，还体现在推广图书馆发展上，不断扩大图书馆在全社会的影响力和积极作用，进而推进图书馆事业的发展和全民阅读率的提高。

第一，图书馆促进全民阅读有利于改变和创新图书馆服务模式，让图书馆从以往的被动化提供服务转变为主动向读者提供服务。

第二，图书馆促进全民阅读有利于促进学习型社会的建设和全民阅读率的提高。

第三，图书馆促进全民阅读有利于对阅读者的阅读权利进行维护和保障，特别是保障社会中弱势群体的阅读权利。提高读者阅读能力和信息素养是图书馆促进全民阅读的最终目的。在此目的的指引下，图书馆在地区的和谐发展中发挥积极作用，并且在社会中承担更多的责任。

全民阅读推广活动的开展并不是简单地为了推广阅读而推广、为了开展阅读活动而开展，更重要的是搭建起便于阅读者交流的桥梁。所以，图书馆要深入研究和探索阅读推广服务的相关理论，并制定阅读推广模式。

第二节 图书馆阅读推广概述

阅读是人类传承文化的重要手段，是提高国民素质和国家文化软实力的重要途径。党的十八大明确提出，需要开展全民阅读活动。2014—2019年，全民阅读连续6年写入《政府工作报告》，基于文化自信的阅读推广已成为实现文化强国战略的重大支撑性工程。图书馆不仅是推进全民阅读的重要力量，同时还肩负着文化传承与推广的使命和职责。如何结合阅读推广活动，发挥专业优势，彰显行业价值，引领社会形成阅读文化，提升国民文化自信就成为图书馆研究的重要课题。

一、图书馆阅读推广的基础知识

（一）图书馆阅读推广的内涵

图书馆是一个国家或民族最基础及核心的阅读推广主体之一。欧美各国阅读推广事业的发展，往往是在政府的引领下出台相关法案或计划，发动学校、图书馆、医疗机构、社区、教堂、出版社、书店等相关机构，携手营造出全社会重阅读、促阅读的文化氛围，进而推动社会阅读的发展。由于现代意义上作为书刊及知识信息提供中心的图书馆在我国出现的历史并不长，因此，阅读推广在我国的发展与欧美各国不尽相同，呈现与我国图书馆事业之发展水平紧密相连的态势。

图书馆阅读指导或导读是一个宽泛的概念，涵括了图书馆使用指导、阅读内容与方法指导、目录及工具书使用方法指导、文献检索知识教育等所有指导、引导或辅导读者利用图书馆、文献与阅读的服务及活动。从图书馆重点工作演变历史来看，过去被统括于导读工作范畴的内容逐渐分化并进一步拓展，成为专门的实践及研究领域，如参考咨询、信息素养教育，以及而今应时代要求脱颖而出的阅读推广。图书馆作为藏书机构和阅读的公共场所，推广阅读也是其存在的初衷。

20世纪，我国图书馆事业还处于建立图书馆网络、健全现代图书馆服务功能的状态。阅读推广意识较弱，阅读推广活动较为零散，其目标、理念、模式、规模等与当今提出的阅读推广均不可同日而语。

政府层面对于全民阅读问题的重视与支持，加之中国图书馆学会阅读推广委员会的多方引领，我国阅读推广事业近十年来发展迅猛。中国图书馆学会通过建立阅读推广专业委员会，召开阅读推广峰会，评选示范基地、优秀组织、优秀项目，开展阅读推广人培训，组织出版阅读推广教材等方式，地毯式推广进行阅读工作。中国图书馆学会阅读推广委员会下设的分委会数量逐渐增多，个数已从创建当年的15个增加至21个，每个分委会的人数25人左右，吸纳了大量的阅读推广人员。自2006年起，中国图书馆学会开始组织召开全民阅读论坛，至2018年，已连续召开12届。2013年，开始举办“全民阅读推广高峰论坛”。各分委会也举办了很多极具特色的研讨会，如经典阅读推广委员会于2013年举办“经典亲近边疆·边远行”研讨会。这些研讨会的举办，对于阅读推广理论与实践的发展起到了积极的推进作用。为激励及表彰全国阅读推广工作的开展，中国图书馆学会设立了“全民阅读示范基地”“全民阅读先进单位”“全民阅读优秀组织”“阅读推广优秀项目”等评选活动，这些评选活动得到了社会各界广泛响应。在建设全民阅读社会的呼声下，图书馆、出版社、书店、传媒机构、营利性机构（如亲子教育机构、国学培训机构、会员制的图书出借机构、移动阅读平台研制者）、学校或研究机构、政府及相关公益机构、社会团体（如志愿者组织“故事妈妈”）、个人等纷纷加入阅读推广大潮中来，从各自的视域开展了丰富多彩、各具特色的阅读推广实践活动，为整体社会性阅读推广风潮推波助澜。

作为阅读推广的核心机构，图书馆在阅读推广的全局工作中的位置已全然改变。过去，部分图书馆也会举办一些展览、讲座、读书竞赛等推广阅读的活动，但往往处于零星的、可有可无的、非系统非常态的状态。在世界性的阅读推广潮流中，图书馆亦无例外加入其中，面向公众或是所在地区开展阅读推广活动。

由于图书馆开展阅读推广服务，具有更强的主动性意识，有利于提高人们主动阅读的意识，帮助人们养成良好的阅读习惯，提高人们阅读兴趣，最终取得良好的阅读效果；同时，借助阅读推广的手段，能够有效地提高图书馆的社会影响力。这样不仅可以提高图书馆纸质馆藏资源及数字资源的阅读浏览量和利用率，还具备推进数字化全媒体时代图书馆发展的重要意义，是推广“全民阅读”的基本要求。

（二）图书馆阅读推广的发展过程

我国图书馆的阅读推广工作与20世纪80年代中后期我国开始出现的图书馆阅读指导、图书馆导读工作有所渊源。那时，图书馆的资源主要为纸本书刊，比较重视图书导读工作，通过创办读书社团、举办讲座、读书会、新书推介、推荐书目、读书写作与交流等活动，来营造阅读氛围的及推进公众人文综合素质的提升。随着信息技术的发展，电子资源逐渐成为图书馆馆藏的重要组成部分，并日益为用户所倚重。在此背景下，围绕着电子资源的推荐与使用，图书馆的工作重心发生了很大的转变，参考咨询、信息素养教育等工作日益被视为图书馆支持教学科研的主体服务；而以图书推介为主的图书导读工作逐渐被边缘化，与之相关的阅读指导及推广工作处于可有可无之状态。图书馆如果认为该工作值得投入人力、物力去做就开展；反之，就处于断断续续、时有时无的状态。

我国图书馆侧重于业界声誉的宣传推广。图书馆的宣传推广方式包括多元媒介的宣传报道、会议报告及开展读者活动。很明显，两者的推广目标、推广重点、方法及对象均有所不同。为增强图书馆与读者的联系，图书馆亦会举办形式多样的读者活动。过去，这类活动通常名之为“读者服务月”，活动项目涵括读书活动、信息素养教育活动，以及其他图书馆服务推广活动。阅读推广兴起后，许多图书馆以“读书节”“读书月”为名来开展读者活动，并有意识地突出活动的阅读主旨，并增强阅读推广活动在整体读者活动中的比重。虽然在图书馆宣传中无须特别关注各类型工作的定义区分，但在整体工作的规划、组织与管理过程中则需要明确其范畴所指，如此方能避免由于概念不明所导致的阅读推广重点与特色不足、创新性不够、成效不佳等问题。作为信息服务机构，信息素养教育是图书馆的重点工作。基于读者活动的传统，现今的研究者或图书馆从业人员异常将信息素养讲座视为阅读推广活动。从图书馆宣传或工作总结的角度讲，这样的归类有较强的便利性，但是，太宽泛的界定必定会削弱核心成效。在阅读推广已成为图书馆常态化、活动化的主体服务内容之一的形势下，仍将信息素养教育的内容归并到阅读推广工作中显然是不合适的认知及做法。阅读推广并不是图书馆日常活动的补充，也不是大众化的读者活动，它已成为与信息素养教育工作、情报服务工作等同样重要的图书馆服务工作重点领域之一。图书馆是向读者推广阅读的主体，必须要了解阅读推广的概念和范畴，方能有效定位、规划、推动各项工作有序开展。

（三）图书馆阅读推广的功能解析

阅读的功能也决定了阅读推广的功能。人类阅读可以带来政治上、文化上、社会上及经济上等方面的积极作用。从个体的角度来说，事业成功、品行修养、身心愉悦、智慧提升等都离不开阅读，这也正是古人思想中诚意、正心、修身及致知的体现。社会的基本单位是人，所以，社会的整体发展是建立在个体发展的基础之上的，这也是民众教化、创新改进、助力生产及文化传承等主要的社会功能的体现。作为推广阅读文化的一个组成部分，阅读推广主要有以下四个主要功能：

第一，传承文化。文化传承必须通过阅读来完成。人类文化的承载主要是通过书籍来体现，不管是个体，还是群体掌握的书籍，只有通过阅读，才能产生作用，文化不可能自动地进行传承。

第二，教化民众。自古以来，教化功能就是图书最主要的功能，这也需要通过阅读才能达成。亚里士多德是古代著名的科学家和教育家，他认为，官府藏书也好，私家藏书也罢，都需要向对外开放并用于教学，这样才能产生积极的作用。梁启超是我国近代著名的改革家、教育家和思想家，他在中国还未引入图书馆这一新生事物时，就于1895年和康有为一起成立了“强学会”，并为达成“群中外之图书器艺，群南北之通仁志士，讲习其间，推行于直省”的目标而努力着，强学会书藏这一新型的图书机构也是由其创造的，这是一个开放性的、以民智启迪和新学普及为己任的新型机构。不过，受当时条件和社会制度的限制，国民对图书馆的利用是非常有限的，甚至强学会成员还要号召大家来阅读。所幸的是，这一优于常人的理念和思维也是非常具有感染力的。这一行为和现在的阅读推广具有异曲同工之妙，也是阅读推广对民众教化功能的一种体现。

第三，助力生产。随着知识经济时代的到来，社会第一生产力毫无疑问就是科学技术，代表着先进的生产力。创新作为科学的本质内容，人才是不可或缺的重要组成因素。人才的形成离不开教育，而教育是建立在阅读基础上的。而且，只有阅读，才能发挥书籍的积极作用。所以，从个体的角度来说，只有阅读才能使之卓尔不凡，从国家和社会的角度来说，阅读推广则是促进国家繁荣昌盛的重要手段。

第四，保持创新。人类进步和社会发展是建立在不断创新的基础之上的，而创新则需要以阅读为基础。人类的创新并非异想天开、天马行空，而是需要一定的基础和理论支撑，这便是前人知识和智慧的重要作用。毫无依据的创新是不可能实现的，需要对先人的成果和成就予以继承，并进行一定的创意和发展，从而形成创新。而且，创新成果的推广也需要借助阅读的力量。

（四）图书馆阅读推广的新特征

第一，阅读的载体已经发生的大幅改变。需要指出的是，阅读载体的改变，势必会造成载体所能够承载的内容容量也会随之发生改变。针对传统阅读来讲，其主要阅读对象以纸质为载体，在具体的阅读内容上，比较集中，不容易发生改变。而现阶段，电子载体已经成为最常见、常用的阅读工具，因电子载体在具体的容量上十分的大，所以，其可以承载海量的资源，能够帮助读者获得更为广阔且丰富的阅读选择空间，如此一来，除了能够实现纵向的追踪阅读之外，还能够进行横向的跳跃式、检视式及比较阅读。

第二，信息表现形式变得越发多样化。针对那些将纸质当作载体的阅读对象而言，其在相应的表现形式方面，不仅有图表，还有文字等；而针对把电子当作主要载体的阅读对象来分析，其内容更为多样，除了有比较传统的图表、文字外，还有视、音频等。比如，通过应用VR技术，让读者有一种身临其境之感，较好地融合到阅读情景当中，给读者一种别样且逼真的认知感受。

第三，阅读方式出现大幅改变。伴随移动终端技术、现代信息技术及互联网技术的不断发展与完善，随心学、随地学、随时学便成为可能，且在采用屏求知的方式的同时，还能够带来“检视阅读”的价值，在此驱动下，形成一套完整的方法与技能。现代图书馆注重全面阅读素养的提升和学习型社会的构建，因而会不断向“阅读生态园”转变。

二、图书馆阅读推广的理念与原则

（一）图书馆阅读推广的理念

1. 服务理念

服务一直是图书馆讨论的主题，在某种程度上也是永恒的主题。阮冈纳赞提出的图书馆学五定律和刘国钧论述的图书馆学要旨，都是围绕着图书馆的服务来展开的，因为服务是图书馆的灵魂、服务是核心、服务是基础、服务是一切工作的出发点的价值观和理念。

图书馆服务就是图书馆为了满足社会和用户的文献信息等多方面需求，利用自身的资源，运用多种方法所开展的一系列服务活动。这样一个定义，既符合目前图书馆服务工作的实际，又符合图书馆服务功能开放性发展的趋势，具有一定的前瞻性。

阅读推广属于服务的范畴，不管是采取读书活动的组织，还是导读书目的编制等手段，其目标是让读者提高阅读能力、为读者提供更多、更好的阅读服务。沟通和干预是推广的本质属性，其真正的目的在于让更多的读者开展阅读、爱上阅读，而不是评价和教育读者的价值观、道德观和个人行为。推广的内涵中也带有一定的教育意义，所以大部分人认为，推广具有教育功能，其是对读者的阅读形式、阅读习惯和阅读内容进行教育的一个过程。但是，这只是针对小部分阅读人群，如不会阅读、不爱阅读，甚至有阅读障碍的人所产生的，而对于大部分的读者来说，它只是所提供的一种服务。

阅读推广属于公共文化服务的一种，从其本质来说，它必须具备服务的公平性，才能确保阅读推广过程中的公益性和非排他性特征的实现。虽然图书馆具有教育职能的性质，咨询服务和传递文献也是图书馆员的主要职能和作用，但在读者对文献进行挑选的过程中，他们不会提供任何参考意见，也不会对读者的阅读进行指导，而是让读者自主享有选择知识和信息的权利，为读者保守其阅读秘密，让他们的阅读内容不被其他人知晓。他们秉持的中立服务价值观念，体现了社会民主制度，这也是许多读者对图书馆持有赞许和肯定态度的原因。目前，图书馆最主要的服务方式就是阅读推广，虽然这种方式具有一定的介入性和活动性，但是在包容、专业和平等的服务理念下进行的，因此，也不能违背图书馆的核心价值体系，即“开放、平等、包容、隐私、服务、阅读、管理、合作”。

2. 权利理念

现代公民具备阅读权利，这是不容侵犯的。在阅读推广过程中坚持权利的理念则是要求阅读推广主体不管进行什么样的阅读推广活动，都需要建立在公民阅读权的保护基础之上。每个公民依法享有进行阅读的权利和利益则为阅读权，其阅读权的主要内容包括了自尊、自由和自主等，读者可以根据自己的个性需求等进行选择。

江苏、湖北、辽宁、四川和深圳等都为公民的阅读权利保障进行了相关的地方性阅读法规的制定。在各地立法中也频繁出现了如规范基金经费、指导公共服务、细化新闻出版方面的职责、设立全民阅读组织或机构，以及关照特殊群体等词汇；而且作为全民阅读推广的主干和枝节，不管是组织架构还是基金经费，也不管是公共服务还是部门职责等，都在五部地方性阅读法规中进行了详细地论述。这也可以表明，公民阅读权利已经获得了法律上的保障，并对推广主体的职业权利予以保障，这是一个国家文化梦想和追求的必要措施。

3. 创新理念

阅读从本质上说是具有私密性和个性化等特征，全民理念、服务理念、权利理念及自由理念也是阅读推广所必须遵循的原则，而且需要在自愿的前提下进行阅读推广。就是进行阅读立法，也只是为了从法律的角度来保障公民的阅读权利，而非强迫和限制公民阅读。所以说，吸引读者也是阅读推广方式中最为有效的手段。创新也是现代阅读推广过程中需要重点关注的，既要体现温故知新，更要追求推陈出新。为了更好地对读者形成吸引力，完成图书馆的工作，就必然要开展一定的阅读推广活动。近年来，图书馆学界和业界对如何进行图书馆服务空间的设计，如何提供服务场所的设备和服务水平等问题都进行了高度关注。同时，对阅读推广服务工作人员的创新意识和服务能力的提高也有了更高的要求。

只有具备以下三项基本素质，才能算是一个合格的阅读推广人：第一，要具备工作的自主性；第二，要具备较好的创新能力；第三，能够具备一定的社会资源的调动能力。当然，这都需要经过一定的培训才能达到。同时，阅读推广团队的建立更有利于这三项素质的提高。所以，为了将推广创新理念落到实处，阅读推广人的培训和阅读推广组织机构的设立等工作也在如火如荼地进行中。

（二）图书馆阅读推广应遵循的原则

1. 社会公益性原则

国家和社会的未来发展都受阅读能力的制约。个体通过阅读能够加强自省、提升自我价值；而从社会来说，阅读有利于知识的普及和延伸学校教育，是个人和社会相融合的一个重要途径。由于阅读具有这一功能，因此造就了阅读推广的社会公益性的本质内容。

从全球的阅读推广工作来看，其吸引了大量的政府组织、国际组织、图书馆界，以及各个传媒机构和出版机构的参与。而且，作为阅读产品的制造者和销售者，出版和传媒机构是从自身的利益出发来进行阅读推广的，但同时也起到了较好地阅读交流的促进、阅读影响的扩展和阅读读物的丰富化发展等作用。与出版与传媒机构不同的是，国际组织、各国政府和图书馆界的阅读推广活动的中立性、公益性和客观性更为明确。全球性的文化机构包括了国际图书馆协会联合会、国际阅读协会、国际儿童读物联盟和联合国教科文组织等，它们在世界性的阅读推广活动中都发挥了积极的作用，有利于全人类文化素养的提升。各国政府在阅读推广活动中扮演着制定者、阅读经费的提供者、倡导组织者和实施者的角色，也是阅读推广中不可或缺的重要因素。

在社会文化传播过程中，图书馆的作用是非常重要的，而且有效地促进了全民阅读的进程。在教育儿童、加速社会发展、扫盲识字和促进社会公平和稳定上来说，民间阅读推广的作用也是至关重要的。

2. 人文价值性原则

“人文”是指人性文化“以人为本”，也是对人性的充分尊重，因此，阅读推广的人文价值就是指，需要以人性为基础开展阅读推广活动。阅读推广工作需要以人的阅读主体性为基础来进行，人是进行一切推广活动的前提条件。阅读推广的人文价值需要从以下三个方面体现：

一是关注人，要培养爱阅读的习惯。从全球范围来看，崇尚人文精神的国家的人民都具有良好的读书习惯。犹太民族是全球最喜欢读书的民族。该民族每人每年要读64本的书。良好的阅读习惯也使得这个民族成为一个具有进取心和上进心的民族，就算亡国了两千多年依然能够复国，并迅速成长为一个发达的现代化国家。

二是发展人，要培养人人会阅读的能力。三个重要挑战是信息时代阅读不得不正视的问题：首先表现在读物的无限大和时间的有限性的矛盾；其次是高增长的信息量和低效率的阅读能力之间的矛盾；最后是新知识和传统观念之间的矛盾。所以说，分众阅读推广和分类读物推荐也是全民阅读推广中的一项重要措施。例如，古今文学佳作可以针对儿童进行推广，中外人物传记可以主要针对青壮年进行推广，这样才能使得读物结构更为合理，也有利于好书佳作和经典名著的推广和传承。

三是尊重人，要保障特殊人群的阅读权益。在《公共图书馆宣言》中就明确指出：公共图书馆的服务以平等利用为基础，不分年龄、种族、性别、国籍、语言或社会地位，为所有人提供。公共图书馆须为不能利用常规服务和资料的用户，如小语种民族、残障人士、住院人员或被监禁人员，提供特殊服务和资料。

3. 服务专业性原则

近年来，阅读推广发展势头非常迅猛，这是在专业理论和专业人员的共同支持下而产生的。

一方面，以理论的角度来说，之前，图书馆学理论并没有很重视和过多地关注这一服务内容，因此，在阅读推广理论上来说还是比较缺乏的，所以，需要有足够的阅读推广相关的基层理论和实操经验予以支持。

另一方面，以实践的角度来说，活动是阅读推广服务的主要形式，而前期调研、内容策划、项目宣传组织实施和效益评估是一项活动的基本环节，这对专业技能人员的要求比较严格。例如，进行前期调研工作时，需要大量的推广人员制作问卷、掌握调查方法并具备统计数据的技能等；进行宣传工作时，要对宣传途径和宣传效果进行把握；实际实施时，需要能够顺利完成分解任务、组建团队及安排进程等任务；之后还要具备分析和挖掘数据、整理和收集资料等效益评估能力等，如此才能使得活动顺利展开。

一般来说，一个具有职业精神的人最基本的条件就是具备创新能力、社会资源调动能力及工作自主性等，而这也需要通过一定的努力才能获得。所以，只有对阅读推广人才进行评估、激励及培养，才能更好地促进阅读推广服务的专业化发展。为了凸显阅读推广活动的高度专业性，中国图书馆学会也开展了“阅读推广人培育”活动。

三、图书馆阅读推广的组织分析

（一）图书馆阅读推广的组织架构与部门职责

1. 图书馆阅读推广的组织架构

阅读推广已成为图书馆的重要工作领域。相应地，图书馆亦需要采取有效的组织管理机制来推进此项工作的开展。图书馆的传统组织结构通常设置有采编部门、流通借阅部门（或称读者服务部门）、信息技术系统支持部门、参考咨询与情报部门、行政与后勤部门，以支撑图书馆的运营。在而今转型变革及建设全民阅读社会的时代，有许多图书馆对传统组织结构框架下的岗位设置及职责进行了调整，也有为数不少的图书馆对组织结构进行革新，以适应变化的形势及需求。

2. 图书馆阅读推广部门的职责

（1）部分职能调整

为应对快速变化的外部环境，多数图书馆采用了依托传统职能部门——主要是读者服务部流通借阅部，也包括参考咨询部或其他相关部门，来开展阅读推广工作。这种组织方式的优势有二：一是便于图书馆在不做大的组织调整的情况下开展社会需求的新业务、新服务；二是在稳定推进的基础上推进传统部门的业务创新。

（2）跨部门项目组

从不同业务部门抽调人力组成项目小组，通过部门间的协调推进阅读推广工作，也是不少图书馆的选择。这种组织方式最大的特点在于灵活、机动，且便于组织开展阅读推广工作需要的、分布于不同部门及岗位上的成员，打破固有部门容易导致的条块分割，促进不同部门间的交流与协作，这种方式对于组织管理者的领导、协调能力要求甚高，对于大型图书馆尤其如此。例如，在活动中组建了展览布置、海报与网站专栏设计、影视片选放、相关图书推荐，以及征文作品选评等工作小组分别开展工作。待项目完成，抽调上来的工作人员回到原来的岗位中。

（二）图书馆阅读推广的组织理论

阅读推广工作的成效与图书馆对其组织管理的方式紧密相关。当前，图书馆主要从实践需要出发，为开展阅读推广工作采取了相应的组织架构方式。

1. 系统开放性

阅读推广系统具有开放性。阅读推广系统离不开外界环境条件，与社会相互联系。系统接收环境的输入，继而加以转换，然后输出再供给社会。而社会接受阅读推广系统的输入后，又产生了新的社会环境，新的社会环境又再次输出，如此形成一个生态循环体。阅读推广系统不断地从外界环境中汲取先进的理念和资源保证，维持其发展的基本要求，不断发展。同时又将阅读推广事业的成效传播给周围环境和社会环境，通过营造阅读推广氛围，从而影响公共或是社会文化事业的发展。阅读推广系统与外界环境通过彼此间的相互作用、相互交流、相互影响，彼此不断完善、共同发展。阅读推广活动的目标会随着外部环境需求的改变而不断完善，阅读推广团队也通过不断地自我学习，激发创新思维，更新已有知识，以适应环境的不断变化。因此，阅读推广系统所传递的知识、文化也具有开放性。

2. 结构不平衡

不平衡就是无法达到平衡态，指的是在一个系统的内部能量的分布是不均衡的。远离平衡态是有序之源，如果没有远离平衡态，系统仅仅开放是没有用的，因为系统仅在平衡态附近，与外界交流也仅能是类似微扰的作用，不能使系统发生本质的变化，只有将系统逐渐从近平衡区推向远离平衡的非线性区，才有可能使系统演化成为有序结构。耗散结构与平衡结构本质上是有区别的。图书馆阅读需求是不断变化着的，图书馆阅读推广组织遵循远离平衡态的原则，才能建立有效的管理体系。阅读推广团队的成员具有不稳定的特征，阅读推广团队是新形成或是尚抹完全确立下来的，具有较大的不固定性。阅读推广活动更强调阅读推广的目标、理念、品质，力求做到推动社会文化的提升，乃至推动全民文化素质的进步。因此，反映在阅读推广的文化上则是不能保持静态的平衡状，要不断地自我完善，顺应社会需求的发展，追求创新，不断突破。阅读推广的外部环境需求在一个随机变化、难以预测的环境中，因此，必须具备随机应变的能力。

3. 相互作用性

图书馆阅读推广组织的各要素中具有非线性的相互作用的特征。非线性相互作用具有非独立相干性、非均匀性、非对称性等特点。非线性作用是自组织产生与发展的根本原因。阅读推广组织多个子系统之间存在非线性的相互作用：其一，阅读推广的外部环境与阅读推广团队组织之间存在非线性相互作用，能够促进阅读推广团队的发展和壮大，激发阅读推广团队成员的积极性与主动性；其二，阅读推广团队成员与读者之间存在着相互非线性的作用。如读者对团队成员组织的阅读推广活动的赞赏与积极参与，或是通过阅读推广活动受到启迪并给予良好的反馈，能够激发阅读推广团队成员工作的积极性和主动性，使他们的工作具有获得感和成就感。

4. 趣味性

阅读推广对象即读者，通过阅读推广活动培养了阅读兴趣，进而形成了崇尚阅读的校园风尚，能够推进图书馆阅读推广机制的发展和完善。其实，阅读推广团队成员之间存在着非线性的相互作用。馆员的科学指导与启发，能够激发学生团队参与的主动性与积极性。与此同时，读者团队的参与和反馈，也能够促使馆员不断调整团队相处模式，从而使阅读推广团队的效益最大化。

（三）图书馆阅读推广的组织结构设计

自组织理论对于图书馆阅读推广工作的组织架构具有很强的适应性和指导意义。以用户为中心的“自组织”式的阅读推广组织结构应当有如下特点：第一，阅读推广目标既具确定性又具灵活性；第二，组织者和读者是阅读推广活动的共同主体；第三，阅读推广活动是一个开放的系统，要适应开放的外部环境要求；第四，阅读推广活动过程是一个正负回归的交替运作过程。因此，在阅读推广活动中，要形成动态的激励和考核制度。

1. 确定目标

阅读推广活动的目标是指，阅读推广活动所要达到的预期标准，以及读者通过阅读活动所产生的预期效果，也是阅读推广活动想要达成的最终结果。在自组织式阅读推广中，阅读推广活动的目标虽不乏要推进全民阅读的总体目标，但活动的细分目标往往都是暂时性的规划，具有很强的灵活性和不确定性，需要随着活动的开展，以及开展过程中组织者和读者的相互作用而使其不断清晰、明确。因此，组织者在制定目标时，要明确其具有纲要的、多元的、开放的、动态的规划特征，对其进行弹性预备。组织者可以采用以车轮式策略、树枝式策略和网络式策略三种方式确定目标。车轮式策略是指，组织者在充分了解活动环境和受众情况的基础上，以某一特定目标为母目标，预备各种可能产生的、彼此独立的子目标，并在活动过程中根据实际的活动情境对其灵活择取和选用。车轮式策略的特点是活动目标辐射范围广。树枝式策略是指，组织者依据活动环境、受众情况和特定活动目标为基础衍生出与此目标相关的另一个目标，并又以第二个目标为母目标衍生出新的目标。网络式策略是指，组织者依据活动对象和效果，对活动过程中可能产生的问题与兴趣点进行联想并罗列出来，并以此为基础进行联想，罗列出相关的问题与兴趣点，最后综合起来形成一个活动目标网络。

2. 建立组织共同体

（1）制度保障

图书馆阅读推广的核心因素是人。因此，阅读推广必须充分发挥人的能动作用，要通过制度文化来鼓励竞争，建立完善的激励机制，协同发展。

稳固的制度保障能够有效地减小阅读推广组织受外部环境、对象反馈等不稳定因素的影响而引发的巨大涨落，从而促进阅读推广组织稳定、成熟。制度设计是图书馆阅读推广活动的起点。

（2）运营团队

扁平化的组织结构能够更加有效地促进协调运营团队的发展。通过进行组织结构的调整和精简，通过运营团队的组织结构的改革变化来推动阅读推广工作的开展。通过以任务为导向的方式，基于某一阶段具体工作，以核心团队为中心，根据具体要求引进具有相关技能的辅助成员共同完成阅读推广工作。

核心团队：图书馆阅读推广是一个常态化的工作，涉及的环节较多，参与人员主体多样，具有复杂性，因此，需要一支专业的运营队伍，且运营团队的核心团员需要由专业的馆员担任，负责推广工作规划的制定、日常运营和与学生团队的沟通协调。图书馆可以根据实际阅读推广工作的体量和需求，确定自己的核心团队，既可以成立固定的阅读推广或是文化活动相关部门，也可将阅读推广工作纳入传统职能部门的部分馆员职责。首先，专业馆员队伍需要具有专业的业务能力，熟悉图书馆的馆藏资源与服务，能够制定专业的阅读推广活动规划。其次，专业馆员队伍需要具有较强的沟通协调能力：由于阅读推广工作的复杂性，专业馆员需要和馆内技术部门、资源部门、服务部门等进行沟通协调；同时，组织阅读推广活动往往还需要与校内各部门形成联动；专业馆员需要具备与读者的良好的沟通能力，以促进活动效益的最大化。再次，专业馆员队伍需要有明确的分工，根据具体的业务要求对专业馆员的岗位职责进行细分，既有负责专职推广活动的活动策划人员，也有负责宣传推广工作的全媒体宣传员等。

辅助团队：由于阅读推广工作具有多样性的特征，活动形式丰富，内容涉及面较广，需要不断地对活动模式进行创新性探索，单独依靠核心团队很难有效地完成任务。因此，往往还需要拥有相关专业背景的学科馆员、技术背景的技术人员及资源馆员等。辅助团队根据不同的任务灵活组建，能够实现团队成员之间的优势互补，减少了工作的盲目性，从而使团队效能得到最优发挥。

第三节　基于公共文化服务均等化的图书馆全民阅读推广策略研究

全民阅读推广是新时期图书馆工作的重要内容，在社会公共文化服务均等化体系构建中发挥着重要作用。党的十九大报告指出，我国社会主要矛盾已经转化为人民日益增长的美好生活需要和不平衡不充分的发展之间的矛盾。探究基于公共文化服务均等化视角下的图书馆全民阅读推广策略，有助于构建社会保障制度公平化、均等化基础上的现代公共文化服务体系，加快社会文化转型步伐，营造良好社会文化氛围，维护社会成员基本文化权益。“知识改变人生，阅读塑造社会”，图书馆全民阅读推广是促进社会公共文化服务均等化、提高国家文化软实力的助推器。

一、公共文化服务均等化与图书馆全民阅读推广

（一）公共文化服务均等化

公共文化服务均等化是建立在一定社会共识基础上，由政府主导提供的，与现阶段社会经济发展水平相适应，旨在促使社会大众公平可及地获得大致均等水平的文化服务。机会均等、效用均等、享有较大自主选择权是公共文化服务均等化的基本内涵，均等性、基础性、公益性、便利性是公共

文化服务均等化的基本特征。《中共中央关于构建社会主义和谐社会若干重大问题的决定》指出，要“逐步实现基本公共服务均等化”。随后，党的十七大、十八大、十九大等重要会议均就促进公共服务均等化做出明确要求和部署，推进基本公共服务均等化总体实现已成为2020年全面建成小康社会战略目标的重要内容。图书馆公共文化服务均等体现为图书馆为不同地域、不同群体获取文献信息提供基本的、大体均等的馆藏资源及无偿性、针对性知识服务等基本服务，是图书馆在信息检索、文献查阅、专业咨询、知识共享等公共文化服务上的均等。2017年3月，国务院印发的《“十三五”推进基本公共服务均等化规划》明确提出，图书馆基本公共文化服务的主要发展指标是“‘十三五’时期公共图书馆年流通人次要从2015年的5.89亿次提高到2020年的8亿次，国民综合阅读率要从2015年的79.6%上升到2020年的81.6%”。公共文化服务均等化已成为深化社会制度公平、协调社会和谐发展、优化全民整体素质的重要举措。

（二）全民阅读推广

全民阅读推广是以阅读为纽带的“全民阅读”与“阅读推广”的有机融合，主要有以下含义：一是“全民性”，即创造舒适、便捷的阅读空间与环境，营造良好的阅读氛围与风气，让公民爱上阅读，促进阅读全民化，使阅读成为公民自觉的内在意愿；二是推广阅读，以优化阅读环境、丰富阅读资源、激发阅读兴趣、培养阅读习惯、增强阅读能力、优化阅读效果、提高阅读水平为出发点和落脚点，拓宽阅读范围，深化推广力度。

“世界读书日”源于1995年4月23日，“让世界上每个角落的每个人都能读到书”是联合国教科文组织（UNESCO）实施阅读推广的宗旨。20世纪90年代，我国围绕“阅读”相继开展了系列活动；2006年4月5日，中宣部等11个部委联合印发《关于开展全民阅读活动的倡议书》，拉开了全民阅读新序幕；2014年以来，“全民阅读”连续6年成为国务院《政府工作报告》关键词，这不仅从国家文化发展战略高度表明了党和政府开展全民阅读的决心，也为阅读推广奠定了坚实的理论基础。

（三）公共文化服务均等化搭建图书馆全民阅读推广平台

1. 公共文化服务均等化奠定阅读推广理论基石

公共文化服务均等化为图书馆全民阅读推广提供了坚实的理论基础、强大的政策支撑和有力的制度保证。公共文化服务均等强调的是全体公民拥有平等的基本权利，共享大致均等的基本公共文化服务，这与图书馆全民阅读推广理念是一致的。图书馆公共文化服务均等既不是平均主义，也不是等额分配，而是借助有效的制度、管理、技术等机制及手段，通过优化馆藏资源及服务的共轨模式，在全体社会成员间共享机会均等、受益大体相当的阅读推广权益，尊重公民阅读的自由选择权，深化阅读体验上的公正、平等，以拓展不同阅读群体的不同层次需求，推动公民文化素养与社会经济协调发展。

2. 公共文化服务均等化深化阅读推广核心价值

国际图联《公共图书馆宣言（1994）》强调，图书馆应“向所有的人提供平等的服务”，充分体现了公共文化服务均等理念上的图书馆阅读推广内在要求。公共文化服务均等已全面渗入图书馆工作各个方面，深化了全民阅读推广核心价值。

3. 公共文化服务均等化扩展阅读推广实现路径

公共文化服务均等化引导并扩展了阅读推广实现路径，彰显了以开放、平等、共享为原则的全体公民享受阅读资源及阅读权益上的公平与均等，迭代优化了社会公共文化服务资源在显性需求者及潜在隐性需求者间的流动与转换，有助于全民阅读推广活动多层次、多渠道、全方位开展。

4. 图书馆全民阅读推广践行公共文化服务均等化发展战略

（1）图书馆全民阅读推广是社会公共文化服务体系的重要构成。

图书馆是社会公共文化服务体系的重要主体，是为社会大众提供文化资源和知识服务的窗口，全民阅读推广“充分体现图书馆核心价值”，已成为“最具活力的”“自觉的”图书馆服务，在构建学习型社会、维护公民文化权益、提高大众科学素质等方面具有示范作用，不仅可以缩小不同地域间资源配置的调节与分配差距，弥补城乡文化架构与发展的鸿沟，而且可以扩大不同受众群体获取文化服务的辐射范围，引领社会公共文化服务创新发展。

（2）图书馆全民阅读推广的开展契合并践行了“公共文化服务均等化”战略。图书馆全民阅读推广在推动公共文化服务均等化和提升公众精神文化素养上显现独特优势及显著功效，是对公共文化服务均等化最好的诠释。现代社会人们对精神层面的需求更趋突出，然而，图书馆馆舍城乡分布失衡，城乡居民阅读状况差异显著。多元治理机制下的图书馆全民阅读推广活动契合了阅读的基本性、普惠性、平等性和便利性，是建立科学高效、城乡覆盖、公正均等的现代公共文化服务体系，践行公共文化服务均等化战略部署的首要之举。

二、公共文化服务均等化视角下的图书馆全民阅读推广策略

图书馆应充分利用自身专业优势，建立基于公共文化服务均等化视角下多元、高效的全民阅读推广机制，通过管理层、推广人、总分馆制、服务机制、智能技术等多层面、多维度协同创新，强化公众阅读理念，多元阅读，精准推广，让阅读成为社会大众新的文化追求和自觉行为。

（一）政府主导，全民参与——构建基于公共文化服务均等化的图书馆阅读推广体系

政府是社会的管理者，有着强大的权威性和广泛社会影响力，政府的高度重视和战略部署是全民阅读推广的体制机制保障。基于公共文化服务均等化下的“全民阅读推广”政策措施、法律法规的制定与颁布，凸显了政府对全民阅读推广的引领及导向功能，有助于协调各方资源，提升服务效能，推进全民阅读工作常态化、规范化进程。推进全民阅读、建设和谐社会是当今世界共识。为促进阅读社会构建，国家相继出台系列政策法规，明确制度建设框架，完善政策体制机制。例如，我国首个国家级全民阅读规划——《全民阅读“十三五”时期发展规划》提出，要建立“以人为本、面向基层、

惠及群众、兼顾重点”的全民阅读推广服务体系和全民阅读工作长效机制；《全民阅读促进条例》对接社会公共服务均等化，赋予并维护了公民基本阅读权，全民阅读被提升到国家战略发展高度；2018年1月正式实施的《中华人民共和国公共图书馆法》，标志着我国图书馆事业进入法治化、规范化轨道，图书馆成为全民阅读的坚实基地和阅读推广主导力量。图书馆要强化政府主导下全民阅读推广的整体发展设计，把阅读推广嵌入自身发展战略。完善基于公共文化服务均等化体系下的一整套自上而下与自下而上有机结合且成熟的图书馆“全民阅读推广”行动规划与工作机制，借助扁平化与智能化的组织机构，制订具有个性化且针对性明确的阅读推广计划，统筹协调，整体合力，多元探索，实现阅读服务标准化、均等化，推进全民阅读推广在组织模式、管理机制、运营方式、业务平台、服务效能等全方位、多层次的新突破。

（二）激励导向，智慧服务——重视“阅读推广人”培育

阅读推广人是阅读与公众连接的纽带与桥梁，既指独立的个体，也包括阅读组织机构。“传播阅读理念、开展阅读指导、提高市民阅读兴趣和阅读能力”是阅读推广人开展阅读活动的宗旨。阅读推广人作为阅读推广活动的策划者、组织者与实施者，是阅读推广活动的核心构成，其素养和能力直接影响着阅读成效。推进阅读推广人培育，有助于规范、有效地开展阅读推广活动，提高阅读推广专业化质量，加快全民阅读发展步伐。图书馆要始终贯穿“以人为本，用户至上”服务理念，制定并完善既具有理论指导性又富有实践操作性的阅读推广人培育课程；针对阅读活动对象，借助专题研讨、论坛、年会等不同形式，建立阅读推广人分级、分类培育机制，通过多渠道、多层次、多内容的培训及考核，提高阅读推广人的服务意识与阅读素养，提高其活动策划能力和现场掌控能力。此外，应强化阅读推广人职业认同感，激励导向，智慧服务，在不断创新中谋取发展，既服务社会，更以自己的服务影响社会。为有效促进阅读推广人培育工作的科学规范进程，国家图书馆学会邀请了图书馆界、教育界、出版界等社会知名专家学者，成立了“阅读

推广人”培育指导委员会，出版“阅读推广人”培育系列教材。迄今为止，已成功举办12期“阅读推广人”培育行动，培养了3000余名阅读推广人，造就出一支立志阅读推广、掌握专业技能、富有实践经验的专业化阅读推广人队伍。

（三）整合资源，互联互通——推进并完善总分馆制

总分馆制是指在合适的地域单元内，由一个或多个建设主体构建的最经济、最有效的“图书馆群”服务体系，总馆主导协调多个分馆，共建共享，统一管理模式，统一业务系统，统一采购、分编、加工各类资源，统一服务平台，统一物流配送。总分馆制实现了区域内城市、社区、乡村图书馆间资源和服务的优化整合及互联互通，是阅读向基层，特别是偏远乡村“全覆盖、无盲区、零死角”延伸。例如，嘉兴市通过建立完善的层级式“中心馆—总分馆”服务体系，实行总分馆“一卡通行”。“嘉兴模式”以市馆为中心馆、各县（区）馆为总馆，协同乡镇（街道）分馆共同架构辐射城乡的图书馆总分馆体系，通过联动开展阅读空间再造、阅读品牌体验、馆际互借互还等系列活动，成功打造出“大嘉兴”范围内“城乡一体、普惠均等”的全民阅读推广“金名片”。总分馆制通过对分散资源的统筹整合及对阅读服务的扩展延伸，推进了社会基本公共文化服务供给规模和水平上的区域标准化、均等化，节省了基层图书馆的建设及运营成本，提高了服务效能和服务水平。

（四）引领活动，提升效能——拓展阅读推广长效服务机制

阅读推广机制是促进图书馆各类文献信息资源合理调配，并使阅读推广各构成要素间紧密联系、协调运行、高效利用，为用户搭建多元化综合阅读服务平台为目的的长效服务机制，是培育阅读组织、满足阅读需求、实现阅读品牌创新的有效举措。为配合全民阅读推广活动的开展，中国图书馆学会于2006年4月成立了专门阅读推广机构——阅读推广委员会，旨在拓展阅读推广机制，保障阅读推广工作制度化、规范化、常态化，推进图书馆服务及阅读活动持续开展。

探索和建立阅读推广长效服务机制，有助于发挥图书馆在全民阅读推广中的核心作用。要构建多层面、多形式的阅读文化推广平台，围绕各年度阅读活动主题，创设阅读推广活动品牌。例如，中国图书馆学会为更好地在实践层面推进社会阅读，2007年开始推出品牌项目“全民阅读论坛”，每年设不同主题，至今已在不同城市成功举办13届，对阅读习惯的养成起到了示范作用，推进了全民阅读活动的持续开展。

（五）智能技术，融合创新——深化全民阅读“数字化”进程

全民阅读“数字化”是智能技术下公共文化服务均等化的有效途径。以“互联网+”“大数据”“云计算”“物联网”等为代表的新型智能技术，驱动现阶段全民阅读推广向纵深方向发展，开启了公共文化服务均等化下的图书馆数字化阅读创新发展新模式。

“数字化”阅读主要指互联网时代下手机、电脑、iPad等新媒介、新载体的新型主流阅读方式，是成年国民接触媒介的主体。我国半数以上成年国民倾向于数字化阅读。数字化阅读提高了国民综合阅读率和数字化阅读方式接触率，对增加整体阅读人群、拓宽阅读广度、降低阅读成本等均发挥着重要作用。

图书馆充分利用便捷、高效、人性化的数字化阅读新技术，深入探究用户阅读行为和阅读习惯的数字化转型，融合创新，构筑个性化、智能化应用场景，打造公共数字网络空间，整合数字文化资源库群。2019年，中国图书馆学会发布的有关全民阅读工作的通知强调，要创新“互联网+”下图书馆全民阅读推广服务模式及内容，丰富阅读资源类型，创新数字阅读推广形式，借助“悦读、悦听、悦览，码上同行”等多样化阅读推广活动，推进全民“数字化”深阅读。

（六）多元阅读，精准推广——提高公共文化服务均等化水平

图书馆要不断创新阅读推广模式，针对不同层级用户群体，构建多元化阅读推广综合服务平台。要把新技术、新热点等时代元素主动嵌入阅读推广策略、模式、内容、活动等服务方式及服务过程中，延伸阅读体验空间，培

养用户优良的阅读行为和阅读习惯，引导多元化、立体化阅读。要充分发挥阅读推广在社会精神文化建构中的主导作用，借助悦读会、书友会、真人图书馆、书评系统等不同的信息交互与推送系统，开展广泛的知识文化传播活动，做好多元化阅读推介，拓展基本公共文化服务内涵，推动基本公共文化服务多元化、均等化进程。

图书馆要聚焦用户各类阅读需求，加大对阅读形式的全方位变革，开拓新阅读体验和泛在的知识服务。要结合用户具体特征，提供新形势下阅读活动的组织与支持，增强阅读意识，促进阅读“精准推广”。要利用主流搜索引擎平台优势，通过“微服务”网络，如QQ、微信、微博等，关注潜在用户的阅读意愿与行为，推出音频、视频、文字等多种形态并存的便捷阅读，增加用户使用黏性。例如，国家图书馆“掌上国图”移动数字图书馆，通过手机门户网站、微信公众号、移动阅读平台等多种服务形式，拓展数字图书馆服务范围，为用户提供优质资源及针对性服务。“掌上国图”资源丰富，涵盖电子图书、期刊、音视频、图片等各种类型，截至2019年6月，其资源量已达到11万余册电子图书，460余种期刊，1200余种、4万余集听书。用户可随时随地浏览国家图书馆的图书资源，享受全方位、跨类型、多层次、个性化资源服务，形成基于群体互动分享体验的社会化阅读推广模式，提高社会公共文化服务均等化水平。

公共文化服务体系背景下的全民阅读推广是当代图书馆工作的历史使命和基本职责，在保障社会大众基本文化需求、传播先进文化理念、培育和践行社会主义核心价值观、促进社会和谐稳定发展、推动文化强国目标实现等进程中发挥着独特作用。阅读无处不在，图书馆作为全民阅读的实践者和示范者，理应把阅读推广作为图书馆工作的核心要素与中心任务。要挖掘阅读新需求，创新阅读新形式，丰富阅读资源，扩大阅读范围，把阅读文化和阅读实践渗入社会各个角落，融入公民日常生活，传承经典，普及新知，引领全民阅读新发展。

第四节　全民阅读时代图书馆阅读推广体系建设研究

自中国图书馆学会于2005年制定阅读推广规划至今，阅读推广已经成为各类型图书馆的核心业务，成为图书馆面向大众开展的一项常规服务，同时也成为各级、各类图书馆必须承担的使命与职责。历经十几年的实践发展，阅读推广理论研究逐步深入，为图书馆阅读推广实践提供了科学、系统的理论基础。在创建图书馆阅读推广体系过程中，必须依靠全体图书馆从业者和社会各界的共同努力，必须依托于技术优化、数据平台构建、服务标准制定及馆藏资源构建，从服务、培训、评价等几个层面进行系统建设。

一、图书馆阅读推广体系建设框架

阅读推广服务的定义主要有狭义和广义两个层面。广义概念涵盖了阅读、借出、参考询问、导读、新书推荐等所有服务层面；狭义概念仅限于阅读推广层面，主要涉及三个方面的推广目标：一是多读书、读好书；二是提升全民素养；三是实现阅读服务的均等化。但是，此三项目标有效达成的关键在于科学构建一个能够涵盖理论依据、法规基础、关键内容及主体框架，且可以合理落实于实践中的阅读推广服务体系。经过研究和梳理，笔者认为，图书馆阅读推广体系建设框架应分为三部分：政策法规指导体系、阅读推广理论体系、阅读推广实践体系。

（一）政策法规指导体系

近年来，我国相继出台了一系列的政策法规以促进和保障文化事业发展。从2014年开始，全民阅读被6次写入《政府工作报告》；2017年，我国颁布《中华人民共和国公共文化服务保障法》；2018年年初，《中华人民共和国公共图书馆法》开始实施。这些政策、法规的颁布与实施，为我国全民阅读工作的深化发展提供了强有力的保障。

《中华人民共和国公共图书馆法》体现了国家对图书馆事业的高度重视，起到了为建设书香社会保驾护航的作用。《中华人民共和国公共图书馆法》将多年来我国推动全民阅读的经验总结上升为法律制度，完善了全民阅读的法规政策体系。同时，各省市也相继制定阅读推广相关配套政策，为全民阅读推广工作持续健康发展提供政策保障和机制保障。

（二）阅读推广理论体系

基于图书馆阅读推广实践的发展及其理论研究的日益成熟，图书馆阅读推广的理论体系应包括理论历史与现状、阅读与阅读文化、阅读推广基础理论、阅读推广服务和管理五个方面。

1. 图书馆阅读推广理论历史与现状

这一部分主要介绍图书馆阅读推广的理论史，梳理阅读推广理论现状，讨论并研究对于阅读推广的重要性。

2. 阅读与阅读文化

图书馆阅读推广研究离不开对于阅读、阅读行为和阅读文化的研究。阅读与阅读文化研究主要包括：阅读的一般问题研究、阅读行为研究、国家全民阅读研究、阅读推广的研究。

3. 图书馆阅读推广基础理论

图书馆阅读推广若要成为理论体系，必定有它的基础理论。图书馆阅读推广的基础理论主要包括：图书馆阅读推广理论概念与特征、现代图书馆理念与阅读推广、图书馆阅读推广的合理性审视、图书馆阅读推广的支撑理论。

4. 图书馆阅读推广服务

这部分将图书馆阅读推广作为服务讨论。主要内容包括：图书馆阅读推广的服务目标、图书馆阅读推广分类概述、图书馆阅读推广的主体与客体。

5. 图书馆阅读推广管理

对于图书馆学研究而言，在阅读推广的诸多实践问题中，管理问题是最值得关注的。开展图书馆阅读推广的管理研究，宏观上，能够为管理者制定图书馆阅读推广的政策、法规和标准提供政策思想及决策依据；在具体的服务活动中，则是提高阅读推广效益与效率，保证图书馆阅读推广可持续发展的关键。主要内容包括：图书馆阅读推广法律法规、政策、标准研究，阅读推广的管理研究、图书馆阅读推广总结与测评。

随着图书馆阅读推广的理论研究的迅速发展，内涵越来越丰富，加上实践中图书馆阅读推广的边界不断拓展，这一体系无疑需要不断完善与发展。

（三）阅读推广实践体系

在阅读推广体系建设过程中，馆藏资源建设、服务规范与规章制度、信息平台建设与技术上的支持是阅读推广活动有效开展的基础支撑和有力保障，属于第一层的保障体系。而在阅读推广体系建设框架中，服务体系建设是核心，培训体系为服务体系建设提供专业支持，并保障其服务朝着更加专业化方向发展。所以，服务体系与培训体系是一个整体，并非各自独立。上述三项体系的构建，为研究制定阅读推广评估体系奠定了基础。建立阅读推广评估体系和质量评价标准的意义在于，对服务系统的核验，针对阅读推广进程展开评价，对阅读推广活动的质量与效能进行评估，有利于驱动阅读推广工作的持续、健康发展。

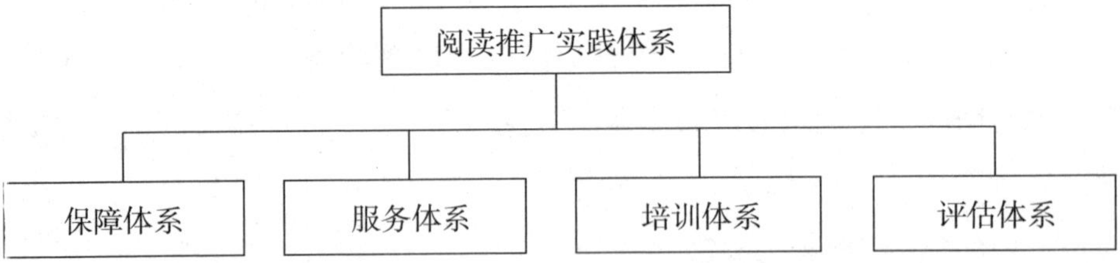

以上四项内容构成了图书馆阅读推广实践体系，四者之间相互关联、相互依托、相互制约，成为图书馆阅读推广工作发展愈加健全、持久并常态化的重要保障。

二、阅读推广体系建设的基本保障

（一）以馆藏资源建设作为阅读推广的支撑

鉴于近年来移动互联网的快速发展，阅读推广工作已形成了线上、线下共同发力、兼收并蓄的发展态势，阅读推广活动的载体多元、内容多样，辐射范围广，影响力越来越大。但纵观图书馆阅读推广实践，所有取得成效的阅读推广活动，无不是以图书馆的馆藏资源为依托和支撑的。馆藏资源是图书馆阅读推广工作的基础。图书馆阅读推广工作必须采取实体资源与虚拟资源并重的策略。实体馆藏是指，个体图书馆直接拥有的、可以为读者开展服务的信息资源总和；虚拟馆藏是指，客观存在着的、只有使用权而无所有权的那部分信息资源。图书馆馆藏虚实结合，纸质与电子互为补充，传统资源与现代资源共同构成了图书馆阅读推广活动的资源基础。这些资源既可以是本馆资源，也可以是通过共享模式能够获取的馆外资源。这些资源成为图书馆阅读推广活动顺利开展的有力保障。

（二）以规范服务作为阅读推广的前提

规范服务是图书馆读者服务工作的基本要求，是阅读推广体系科学发展的基础与核心。阅读推广体系建设必须依据一定的服务规范和规章制度，才能保障其可持续开展。制定规范制度要与读者的阅读行为、阅读需求相吻合，同时，其在阅读推广实践中必须切实可行。所以，制定规范制度必须体现人性化、合法化、专业化、标准化的原则，保障阅读推广各项工作规范有序、科学发展，从而让图书馆阅读推广服务与读者的精神文化需求有机融合，创造阅读推广服务的良好效能，推动阅读推广服务持续、健康发展。

（三）以信息平台建设作为阅读推广的保障

在“互联网+”时代，现代信息技术已成为图书馆阅读推广工作发展的重要驱动力。现代信息技术在图书馆的广泛应用，为图书馆阅读推广工作深化发展、创新发展创造了条件。当前，不仅图书馆网站、公众号等广泛应用于图书馆阅读推广服务，大数据、云计算等技术更使图书馆阅读推广服务如虎添翼。欲强化图书馆阅读推广服务的影响力、辐射力，图书馆必须提高现代信息技术的开发与应用能力，构建现代化的信息资源加工、整合与传播平台，让图书馆阅读推广服务呈现载体多元化、内容多元化、形式多元化、手段网络化的发展态势。图书馆要以信息平台建设为基础，立足实际，强化内容建设，以特色资源和精准服务对接读者需求，加大读者的关注度；以快捷便利、新颖独到的信息传播形式，激发读者参与阅读推广活动的兴趣和热情。

三、图书馆阅读推广服务体系构建

（一）组建专门阅读推广机构

随着阅读推广工作的深化发展，阅读推广服务已成为图书馆的核心业务之一。图书馆需要建立专属机构，即阅读推广部或阅读推广组，专门负责统筹、规划和实施阅读推广相关工作，不仅要负责阅读推广活动方案的策划与实施，还应密切关注和了解读者需求，及时收集和反馈信息，不断研究阅读推广工作面临的新情况、新问题，不断探索图书馆阅读推广服务的新技术、新方法、新模式。图书馆应为阅读推广工作提供专门的资金支持和资源保障，配备专门的人员从事阅读推广工作，并结合工作实际健全和完善相关工作规范和制度。例如，近年来，辽宁省图书馆、沈阳市图书馆成立了专门负责阅读推广工作的部门和团队，有效推动了图书馆阅读推广工作的高质量发展。建立专门的阅读推广机构是阅读推广服务体系化建设的一个重要环节。

（二）整合专业阅读推广人队伍

阅读推广是人与人之间通过知识交流，宣传引导读者了解图书馆、利用图书馆、参与阅读的过程。阅读推广活动如何有效激发参与者的主动性与阅读兴趣是衡量阅读推广活动成效的关键。可以说，阅读推广工作具有实践性、专业性、科学性的特点，需要有专业的阅读推广人来策划、组织和落实。图书馆需要建立一支专职的阅读推广人队伍。首先，要建立“内培外引”机制，建设一支勇于创新、充满活力的阅读推广专业团队；其次，要融入专业阅读推广理念，使阅读推广活动从策划、宣传到具体实施都站在一定的高度；最后，要做好跨专业、跨学科阅读推广人的挖掘培育工作，加强社会合作，吸引社会各领域专业特色明显、具有影响力的专家、学者和志愿服务于图书馆阅读推广。

（三）科学制定阅读推广服务标准

在阅读推广服务实践中，服务效能需要有科学的标准来衡量。图书馆对于所举办的阅读推广活动要有量化的服务标准，对阅读推广人所开展的服务也应有考核指标。阅读推广应以宣传图书馆、宣传藏书、宣传图书馆服务为目的，其内容与形式既要考虑到目标读者的现实需求，同时也要体现当代社会的发展特征，适应人们获取利用信息的技术环境和习惯。图书馆阅读推广活动应追求经济效益和社会效益的统一，但应把社会效益放在突出的位置。为体现这一原则，图书馆阅读推广活动必须立足本馆馆藏资源，充分融合本馆现有的技术条件、读者需求及人才储备，研究制定科学的阅读推广服务标准，对阅读推广活动的策划与实施进行规范，对其服务效能进行科学预测和评价。建立一套符合实际的图书馆阅读推广服务标准和规范，有利于最大限度发挥阅读推广活动各要素的综合效能，推动阅读推广工作的科学发展、长效发展。

四、图书馆阅读推广培训体系建设

图书馆阅读推广工作既是向读者宣传图书馆资源和服务的过程，也是培养读者图书馆意识、阅读意识、信息意识和信息能力的过程。图书馆需要建立一套完善的阅读推广培训体系。

（一）建设一套分级、分类的读者培训课程体系

不同的读者对图书馆有着不同的服务需求，不同的读者利用图书馆的意识和能力也不尽相同。基于此，人们在长期的阅读推广实践中总结形成了分级、分类阅读推广的理论，并且得到了实践的验证。所谓因材施教，图书馆需要建设一套针对不同类型、不同层次读者的阅读推广培训课程体系。笔者

认为，阅读推广培训的课程体系应分为普及型课程、基础型课程和提高型课程，三种类型的课程适应不同层次的读者对象。普及型课程的目标受众为所有服务对象，如图书排架方法、阅读常识、数据库介绍、文献类型介绍、馆藏布局等基础知识。基础型课程是基于普及型所涉阅读内容有目的性进行导读，如文学作品的分类鉴赏和经典作品导读等。提高型是基于一定理论框架下进行的阅读推广形式，如读书节、世界读书日等推广形式。通过活动的开展与实施，在理论指导下总结实践经验，两者互相促进，使得普及型和基础型相关课程的目的性更强、价值更大、效果更好。

（二）形成阅读推广人的培养模式

所有阅读推广活动的核心为阅读推广人，阅读推广人直接决定着具体活动目的、主旨、思路及节奏，所以，推广人的针对性、高效化及专业化将决定着阅读推广活动开展的质量。阅读推广人的选拔和培训依赖于外界专家学者与图书馆员的共同参与。外部阅读推广人需要具备推广经验与理论和全局观等专业能力，从而为营造阅读氛围注入新动力，扩大图书馆阅读推广工作的视野，填补阅读推广文化的空白。针对阅读推广人的培训任务，可主要由图书馆内专业性强的馆员负责，同时适当邀约部分阅读经历丰富的学者和读者参与培训项目。培训内容以知识储备和了解馆内文献资料为主，培训方式可采取馆内培训与馆外实践相结合的形式。另外，阅读推广活动所需设施、场地及时间等由图书馆协同配合提供，共同促进书香社会的构建。阅读推广工作实践需要内容与形式的完美结合与和谐统一，阅读推广工作的内容与形式更需要彰显“以读者为本”的理念，一切以满足读者需求、提高读者图书馆意识和信息素养为目标。建设科学的阅读推广培训体系与选择培养优秀的阅读推广、培训人才同等重要，这可以使图书馆阅读推广工作事半功倍。

五、图书馆阅读推广评估体系建设

我国的《公共图书馆服务发展指南》中提出：“图书馆必须建立合理的评估机制，针对实际推广活动进行评价，从而用于后期规划的完善与制定。”[①]因此，图书馆亟待建立标准化、合理化的评估机制，完成对阅读推广活动的评价工作，通过科学评价，不断调整阅读推广工作的策略和方向，促进阅读推广工作的高质量发展。

（一）评价体系的参考标准

阅读推广评估体系应综合考量如下几方面的因素，并制定相应的评价标准：第一，读者感知度，即推广人的专业能力、场地配置及馆藏构建等有形内容。此内容应作为制定服务规划的方向，决定着读者感知度的高低。有形内容对于读者而言最为直观，是服务能力和水平的直接体现；第二，服务准确度，即阅读推广人可以毫无遗漏地兑现所有的服务承诺。服务准确度有效回避了服务环节的漏洞，是读者最为看重的评价维度；第三，适应力，即阅读推广人基于参与者所有需求，可以实时匹配，保证服务的快速与高效；第四，服务质量保障力，即服务态度和工作水平。这要求阅读推广人具备丰富的知识储备与优质的服务态度，继而保障活动的各个环节顺利进行，能够以其亲和力与知识储备服务不同的读者群体，增强读者的信任度；第五，移情化，即阅读推广人能够从读者角度看待需求，并竭尽全力满足读者需求。它要求阅读推广人充分发掘和了解读者需求，并以此为依据制定相应的服务策略，让读者在服务中感受到温馨。

（二）健全完善的评估体系

1. 建设内部评估体系

内部评估即图书馆针对阅读推广活动所有环节展开自我评价。这需要图书馆建立评估组织，依据评估标准，针对活动需求、活动环节，以及活动效果展开评价，通常涵盖总结性评价、形成性评价及需求评价。阅读推广活动在具体实施前必须展开深入调查和研究，力求活动的内容与形式准确匹配读者需求，这项工作即为需求评价。需求评价应全面梳理读者需求信息，逐渐缩小读者期望目标与活动预期目标的差值。形成性评价是基于阅读推广活动

① 万行明，李博阳．我国图书馆阅读推广服务标准化建设研究 [J]. 图书馆论坛，2019（09）：100–107.

的具体实施方案，采用一定的标准对其科学性、可操作性所展开的评价。此项评价的重点在于判定实际活动效果与预期效果的差距。总结性评价是针对阅读推广活动的效果所展开的评价，通常在活动结束的一定周期内，通过各种反馈信息，对活动所形成的积极效应进行综合评价。这些评价工作都需要建立、健全科学规范的内部评价机制。

2. 建设外部评估体系

外部评价的主体由读者构成，同时还包括相关专家和学者，即大众评价与专家评价是外部评价机制建设的核心要素。外部评价和内部评价的评价标准除了视角上的差异，其评价体系、评价指标基本一致。外部评价和内部评价共同组成了健全的评价体系。外部评价有效填补了内部评价的空白，使内部评价更加客观、科学；内部评价使阅读推广活动的内容与形式更加适应读者需求，同时也使外部评价结果更加趋近于图书馆阅读推广活动的目标预期。大众评价的主体为读者，读者是阅读推广活动的服务对象，其意见最为直观。大众评价需要全方位的信息征集，征集人群要涵盖各阶层、年龄段及性别，特别要关注弱势群体信息的征集，从而保证征集信息全面、系统，为评价结果的可靠性提供科学依据。专家评估的主体是阅读推广领域的专家、学者；图书馆管理者和活动策划人员，其对具体阅读推广活动的评价，可以从纵向、横向发展的视角为图书馆提供有益的借鉴。两项评价的目的都在于促进阅读推广活动的高质量发展。

阅读推广工作已成为各级、各类图书馆常态化的核心业务，其涉及多领域、多要素，欲保障阅读推广实践的科学发展和持续发展，需要构建以人为本的工作机制和阅读推广服务体系。图书馆应遵循与时俱进的原则，敏锐捕捉读者需求的变化信息，科学策划，开展多元化的、接地气的阅读推广活动，不断提升阅读推广人的专业素养，构建标准化的培训与评价体系，促进阅读推广活动的高质量发展，创造更高的图书馆阅读推广服务效能。

第二章　我国公共图书馆阅读推广的对策研究

第一节　公共图书馆阅读推广概述

在全民阅读大背景下，公共图书馆在全民阅读推广中发挥的作用越来越大。2017年11月4日，第十二届全国人民代表大会常务委员会第三十次会议表决通过了《中华人民共和国公共图书馆法》。这部法律于2018年1月1日正式施行。这是党的十九大之后，国家出台的文化方面的第一部法律，旨在进一步促进公共图书馆事业发展，引领并带动全民阅读发展。在这种背景下，公共图书馆在阅读推广上的创新就显得尤为重要。

一、公共图书馆

公共图书馆是人类社会发展的产物。早在19世纪中叶，公共图书馆就相继在英国和美国出现。我国2018年实施的《中华人民共和国公共图书馆法》指出，“公共图书馆是指向社会公众免费开放，收集、整理、保存文献信息并提供查询、借阅及相关服务，开展社会教育的公共文化设施”。公共图书馆的服务对象为全社会所有的普通居民，包括儿童、学生、工人、老年人等，是社会主义服务体系的重要组成部分。区别于其他类型的图书馆，公共图书馆的经费直接来源于国家财政和地方财政拨款，其主要活动内容及受众群体范围具有普遍性、广泛性，是群众进行图书借阅、信息资源查询、休闲和学习等的重要场所。另外，《中华人民共和国公共图书馆法》明确规定，作为国家和地方文化事业不可或缺的公共图书馆，包括各地地方政府管辖的省级、县级的图书馆，应当坚持政府主导，鼓励社会参与公共图书馆建设。

二、公共图书馆在全民阅读推广中的角色

公共图书馆承载着知识传承、文化教育、提高全民素质的使命。全民阅读推广是公共图书馆的重要责任，也是其服务的核心之一。

（一）公共图书馆是全民阅读推广的承担者

1. 阅读推广资源的丰富化

公共图书馆拥有大量的阅读资源，秉承平等、免费的理念向用户开放。近十年来，阅读推广在我国逐渐得到重视，各级政府加大了对公共图书馆的公共设施建设，馆藏资源经费充裕，优秀读物供应及时，为用户阅读提供了有力支持。同时，公共图书馆电子资源充裕，多种载体的阅读资源为公共图书馆开展全民阅读推广提供了保障。

2. 服务网络覆盖的全面化

公共图书馆通过国家、省、市、区（县）的四级服务网络，满足了用户阅读需求，缩小了各区域间阅读差距；在发达的城市街区建有市、区、街道、社区馆，有的区域还有流动书车、24小时自助借还阅览区，使阅读服务的网络星罗棋布，为用户提供了方便获取阅读资源的硬件设施。

3. 阅读场所设施的专业化

公共图书馆拥有宽敞、专业的阅览区，能为读者提供舒适、休闲的阅览座位，成为市民阅读、休闲的日常场所。以广州市为例，截至2016年，全市区公共图书馆的建筑面积总计为27.32万平方米（数据不包含辖区内的省级、街镇以下图书馆），每年接待读者近千万人次。

（二）公共图书馆是全民阅读推广的实施者

1. 阅读权利的全民保障

《公共图书馆宣言》中明确指出：“公共图书馆在平等的基础上对所有人，不论年龄、种族、性别、宗教、国籍、语言和社会地位，提供服务，即

对全民开放。”公共图书馆承载着全民阅读的责任，保障全民阅读权利的均等性，让每位读者都公平享有使用图书馆资源的权益。

2. 阅读社会的全民共建

公共图书馆担负着社会教育和提升全民文化素质的职能，其在普及全民阅读理念、建立阅读社会、倡导全民阅读中具有重要的作用。公共图书馆营造了人人阅读的社会氛围，推进了全民终身学习的进程，使阅读社会的全民共建得以实现，是全民阅读推广的实施者。

三、公共图书馆全民阅读推广活动策略

（一）结合社会资源，完善阅读平台结构

公共图书馆是面向大众的、公益性的文化服务机构，主要由地方政府的公共财政支持，对其资金投入也随着国家经济的发展逐步增多，开馆的条件也逐步改善。但是，全民阅读推广活动需要在馆内进行组织和引导，需要投入更多的资金和人力，因此，图书馆就需要寻求更多的社会资金，如加强与各企业、慈善基金等的联系，可以帮助企业进行宣传等，用双方共赢的方式募集资金。图书馆不仅为人们提供资源服务，同时也为人们交流提供机会，因此，为了更好地推广全民阅读活动，应不断加强自身建设，依据地方人们的实际文化水平和需求，建立具有针对性的图书馆。同时，区域内的各级图书馆也应加强系统文化建设，不断完善阅读平台结构，便于满足不同层次民众的阅读需求。

（二）加强图书馆间的联系，扩展阅读范围

不同区域内的图书馆，无论是人流量还是阅读资源上都存在一定的差异性，每个图书馆都有自身的经验和手段，因此，加强图书馆之间的联系，不仅能实现阅读管理经验、优秀制度上的资源共享，还能为全民阅读推广活动的顺利开展提供保障。公共图书馆具有公益性特点，面向的是所有大众群体，为了拓展服务范围，图书馆可以在医院、监狱等开展阅读活动，提供阅读服务指导，培养他们的阅读兴趣。同时，还应提供志愿服务，保证少年儿

童、残障人士及社会中的弱势群体的阅读权利。加强图书馆的无障碍开放，是图书馆践行阅读公平性的表现，也是尊重公民阅读权的体现。《公共图书馆宣言》中写道："公共图书馆是各地的信息中心，用户可以随时得到各种信息和知识。公共图书馆应不分年龄、种族、性别、社会地位等，面向所有群体提供平等服务"。[①]志愿服务的提供有效地扩大了图书馆服务的深度。

（三）创新全民阅读服务方式

在社会经济和科学技术的不断发展下，公共图书馆全民阅读推广活动的形式也应不断创新和发展。首先，开展经典代读服务。经典藏书的阅读人大多是研究学者和兴趣爱好人，交流范围和地点都有一定的局限性。因此，公共图书馆可以发挥自身优势去传播文化，联合媒体与学者开展经典代读活动，为民众对经典阅读从代读更好地过渡到自主阅读发挥促进作用。其次，提供阅读咨询服务。公共图书馆内有着较为丰富的资源，读者在选择阅读时会缺乏针对性，因此，图书馆可以培养具有较强观察能力、交流能力的人员，在全面了解和掌握馆内资源的基础上，能够根据读者的需求为其推荐合适的读物。最后，为了满足上班族、老年人群体的需要，公共图书馆可以在区域内设立流动图书馆、农家书屋等，为城乡阅读提供更加便捷的基础条件。

（四）运用现代科技手段进行全民阅读推广

充分发挥出现代科技手段的作用，不断地完善阅读活动的调查方案，提升推广活动的效果。借助微信、微博等平台，展示和介绍公共图书馆的功能服务等，让更多的群体去了解和认同图书馆，提高全民阅读推广的有效性；在开展阅读活动时，应深入调查阅读对象、阅读方式及阅读内容，根据调研数据展开推广活动，将权威的调查数据和评估数据展示给公众，使更多的人了解阅读的重要性，进而使更多的人参与到全民阅读推广活动中。

阅读是一个国家软实力的重要体现，全民阅读活动是提高国民道德素

---

① 李超．公共图书馆对全民阅读的推广作用 [J]. 文化产业，2018（03）：33-34.

质、知识内涵的重要手段。公共图书馆是传承文化的载体，在互联网信息时代，人们的阅读方式发生了多种形式的变化，公共图书馆如何满足读者的需求是当前亟须解决的问题。在全民阅读推广活动中，应积极做好宣传工作，争取更多的资源支持，不断地完善和拓展阅读推广活动的形式，满足当下国民阅读的需求。只有真正地实现了全民阅读，才能更好地提升国民的文化素养，才能提高国家的国际竞争力。

第二节 公共图书馆开展儿童阅读推广活动的研究

近年来，我国公共图书馆开展儿童阅读推广活动形式多样，涵盖故事会、亲子阅读、比赛活动等，各地如火如荼地开展阅读推广工作。公共图书馆作为基础文化服务体系的组成部分，开展儿童阅读推广活动是使命，也是职责。

一、儿童阅读推广活动

在不同国家、不同领域对儿童的定义有着不同的界定。1969年，美国图书馆协会颁布的《公共图书馆儿童服务标准》将儿童的年龄界限划定为0～13岁。英国在1997年出版的《儿童和青少年：图书馆协会发布的公共图书馆服务指南》中明确规定：儿童是以12岁为界限与青少年进行划分，0～12岁的孩子为儿童。基于此，笔者将本节涉及的儿童的年龄限定为0～12岁。

儿童阅读推广活动是公共图书馆与社会各级机构组织合力，通过提供丰富的阅读资源和良好的阅读环境，运用阅读指导和鼓励阅读分享等阅读推广形式，以促进儿童阅读水平和阅读能力的提高的活动。

二、公共图书馆开展儿童阅读推广活动的必要性

开展儿童阅读活动不仅可以激发儿童的脑力与语言发展，开启儿童的想象力和创造力，促进儿童的思维能力、视觉能力和听觉能力的发展，还可以增进成人与儿童之间的情感交流，进而促进儿童心理良好的发展。儿童阅读作为全民阅读的重要组成部分，儿童阅读推广活动势在必行。作为儿童教育的第二课堂的公共图书馆，开展儿童阅读推广活动有其客观现实的必要性。

（一）我国儿童阅读现状的现实需求

当前，我国在儿童阅读方面发展缓慢，不仅阅读人群数量少，而且儿童课外阅读量不够。究其原因，主要是我国儿童阅读氛围不够，家长对儿童阅读的重视度不够，以至于家庭藏书状况不佳，家庭阅读环境缺乏儿童气息，在一定程度上都影响了儿童的阅读兴趣。1994年，联合国教科文组织颁布的《公共图书馆宣言》指出，公共图书馆的使命包括“从小培养和加强儿童的阅读习惯，激发儿童的想象力和创造力，支持和参与各年龄段群体的识字活动和计划，在必要时组织发起此类活动”。因此，通过公共图书馆开展儿童阅读推广活动，不但弥补了家庭阅读的缺失和家庭阅读教育存在的不足，还延伸和继续了学校的教育，是实施素质教育的重要场所，也应该成为儿童阅读推广的重要阵地。

（二）儿童阅读推广活动是公共图书馆发展的必然趋势

儿童不仅是公共图书馆现在和未来的读者，更是长久的读者，而培养人阅读习惯的最佳时机就是儿童时期。如果从儿童期就养成了良好的阅读习惯，就能终其一生轻松阅读并从中找到乐趣，因而爱上阅读。因此，公共图书馆要想推广全民阅读，打造书香型社会，首先从儿童阅读推广作为切入点，重点培养儿童的阅读兴趣和提高儿童的阅读能力，从而实现全民阅读的目标。大力发展儿童阅读推广活动，不但可以为全民阅读推广活动奠定基础，也是公共图书馆开展全民阅读推广活动的突破口。

公共图书馆在美国有着双重身份，既为公民提供阅读服务，也为儿童教

育提供服务，而且还是儿童教育的一个重要环节。因此，几乎每个公共图书馆都会专门设置有家庭作业指导，在线的或者馆内的课后协助项目，为学校提供帮助。同时，各公共图书馆会举办形式多样、内容丰富的儿童阅读推广活动。儿童阅读推广活动是一项长期复杂的工程，涉及儿童发展心理特征、儿童教育、儿童阅读推广对象等因素和内容，公共图书馆在推广儿童阅读活动时，应在科学理论的指导和优秀案例的示范带动下，结合自身的实际条件，开展适合本馆的儿童阅读推广活动，促进实现儿童阅读推广的目标。

三、儿童阅读推广活动的特点

（一）社会性

公共图书馆阅读推广活动是系统性的社会化工程，仅依靠图书馆的自身力量开展阅读活动是无法满足儿童日益增长的阅读需求的。只有将儿童阅读推广活动放置在社会环境中，并充分考虑儿童阅读兴趣和阅读现状等微观因素，家庭成员和家庭环境等中观因素，文化、制度和习俗等宏观因素，才能使公共图书馆儿童阅读推广活动更好地展开，提供契合儿童阅读需求的多样化推广活动。

（二）持久性

儿童阅读推广活动本身是培养儿童的阅读习惯和阅读方式的一项长期、逐步深入的系统性工程，注重的是阅读推广活动开展的持久性。现阶段不少公共图书馆通过提高阅读推广的工作业绩以应付评估工作，或是为参评阅读推广大赛，推出创新性、话题性极强的儿童阅读推广活动，但这些都是昙花一现，没有将一项儿童阅读推广活动持续开展，对儿童的阅读效果影响有限。所以说，突击性、临时性的阅读推广活动不可取。

（三）悦读性

悦读指的是快乐阅读，儿童在阅读推广活动中释放天性、体会阅读乐趣、享受阅读。儿童阅读推广活动不是教育儿童如何识字，如何提高学习成绩，而是让儿童勤于阅读、乐于阅读和善于阅读，并激发儿童的阅读兴趣、培养儿童的阅读习惯。通过儿童阅读推广活动提供深度的阅读指导，让儿童从被动阅读转变为主动阅读，从浏览式阅读转变为思考式阅读。

（四）情景性

儿童阅读推广活动是符合儿童的好奇心，满足儿童的探究能力，融合视听、手工等多种方式的阅读活动。在绘本阅读中，以读物提供的情景为载体，开展绘本剧表演、手工制作和故事续写活动，帮助儿童更好地理解故事内容、体会故事情感，在情景中感悟阅读乐趣。

（五）多元性

儿童阅读推广活动的多元性体现在阅读材料和阅读活动形式上。阅读材料主要是纸质阅读资源和数字化阅读资源两种形式。纸质阅读资源是以纸质图书为载体进行阅读，使儿童感受到阅读的温度。数字化阅读资源是随着网络和新媒体的产生而受到广泛关注的阅读资源，图书馆数字资源包括电子书、电影、音乐、游戏和在线课程等。阅读活动形式主要涵盖视、听、说、做等方式。

四、公共图书馆开展儿童阅读推广案例分析

（一）以“故事会”为主题

“故事会”是以讲故事的形式推广儿童阅读，已成为我国多数公共图书馆进行儿童阅读推广服务的主要方式之一。

表 2-2-1　以“故事会”为主题的活动

活动名称	举办方式	举办时间	面向对象	举办方
七色花亲子故事会	本馆专员或馆外人员	每月举办2次	3 ~ 8岁儿童	河南省图书馆
低幼悦读会	本馆专员	每周五下午3点	3 ~ 6岁儿童	国家图书馆少年儿童馆
周末故事会	本馆专员	每月举办4次	5 ~ 10岁儿童	国家图书馆少年儿童馆

故事会的主要举办形式大多是“一对多”的形式，即一个馆员或者是馆外人员面对多个小读者，为他们阅读图书。举办时间虽然不尽相同，但都保持在平均每月两次。例如，河南省图书馆的“七色花亲子故事会”为培养儿童早期良好的阅读习惯，丰富他们的暑期生活，邀请郑州人民广播电台城市88.9频道的少儿节目《小铃铛》主持人吴桦走进河南省图书馆少儿阅读中心，为小朋友们举办了一场精彩的故事盛宴。根据年龄进行分级阅读最早是由欧美国家提出的，图书馆根据读者的年龄和认知能力，提供符合其身心发展的图书，不仅能吸引读者，还可以培养其阅读兴趣。

（二）以阅读积分为主题

阅读积分制就是按照一定的标准，把读者的各种阅读行为都量化为积分来进行记录的方式，是各大图书馆为了推广儿童长期阅读而举办的主要活动方式之一。

表 2-2-2　以阅读积分制为主题的活动

活动名称	举办时间	举办方
“七彩悦读成长”计划	2013年	首都图书馆少儿馆
“读者成长”计划	2014年	温州市少年儿童图书馆
“少儿智慧银行”计划	2015年	深圳图书馆

由表2-2-2可以看出，该类活动无年龄限制，一般以未成年读者为主；活动周期较长，通过不同的活动，以活动完成量获取积分，取得名次并给予荣誉称号等奖励。例如，2015年，深圳图书馆推出了“少儿智慧银行”计划，鼓励少儿读者通过阅读行为累积自己的智慧财富，激发阅读兴趣，提高阅读能力，培养良好的阅读习惯。该项活动是为了鼓励儿童阅读的长效性，通过一些奖励使儿童养成长期阅读的好习惯。儿童的身心尚处在发展阶段，具有不稳定等特质，积分活动正是根据儿童的此项特质开展的。有的研究者认为，“阅读积分制”体现了“以读者为本”的原则，具有优越性，以提高读者的道德标准和文明程度为目的，也激励了少年儿童图书馆开展延伸服务，强化了文化服务功能。深圳图书馆、温州市少年儿童图书馆等将积分制

引入图书馆的读者服务管理当中，不仅激发了读者的阅读兴趣和参加阅读活动的积极性，也培养了他们良好的阅读习惯。

（三）以“图书漂流”为主题

图书漂流活动是我国公共图书馆进行少儿阅读推广的主要活动之一。该项活动既突破了传统图书馆借阅图书的局限性，又使图书处于一种流动状态。大部分的图书漂流活动都是与学校合作开展的，尤其是面向一些贫困地区的学校，使图书漂流到资源匮乏的地方，让当地的学生有机会阅读到大量、丰富的图书，并交流读书心得，由此提高图书的利用率，培养他们良好的阅读习惯和自主学习能力。

（四）以“小图书管理员职业体验活动”为主题

小图书管理员职业体验活动是让读者通过角色扮演，体验图书管理员的日常工作，使他们对图书馆的工作有更深刻的了解，对图书的认识更加专业化。少年儿童具有活泼、好动的特性，他们的感知主要通过体验来加深。小图书管理员职业体验活动正是让读者亲身体验，通过参与图书馆工作流程和图书馆工作实践，让孩子们真正了解图书馆，学会利用图书馆馆藏资源，并学会使用网络和数字图书馆查找资料。该项活动一般会在寒暑假举办，使读者有充足的时间参与，同时，该活动本身寓教于乐，深受小读者们的欢迎。

五、儿童阅读推广活动优化对策

（一）多元主体协同

公共图书馆阅读推广工作是系统性的社会化工程，仅依靠图书馆的力量开展阅读推广活动是无法满足儿童日益增长的阅读需求，必须整合社会力量和资源，形成以公共图书馆为中心，与学校、社区协同开展儿童阅读推广活动。

1. 学校阅读推广活动

目前，公共图书馆与学校的合作是在图书室的建设、图书借阅服务和流动图书车的进驻这三方面，而合作开展儿童阅读推广活动的经验尚浅。学校阅读推广活动应从公共图书馆、教育主管部门和教师的角度探讨。

首先，公共图书馆重视与教育主管部门之间的沟通，以阅读活动有利于学习的研究成果帮助教育主管部门认识到开展学校阅读推广活动的重要性和必要性。教育主管部门整体规划学校课程设置，鼓励各学校将公共图书馆作为第二课堂，将阅读活动课程作为必修课程的一部分；其次，重视与教师的配合。教师在儿童的心中具有权威性，通过教师布置阅读活动任务，可以保证阅读活动的质量，增加儿童的阅读时间。教师的阅读引导是格外重要的，教师可以根据儿童的阅读状态、学习情况，有针对性地提供阅读指导和阅读书目推荐；最后，公共图书馆提供人力、物力的支持，帮助学校设立读书兴趣小组和图书漂流站。学校和教师鼓励儿童在寒暑假、课间休息参与讲故事、读书会等阅读成果分享活动，提高儿童的阅读能力和阅读素养。图书馆提供儿童集体参观图书馆、参加阅读推广活动的机会，帮助儿童尽早建立图书馆意识、培养阅读习惯。

公共图书馆儿童阅读推广活动与学校教育是相辅相成的，通过阅读推广活动，儿童既能体会到阅读的乐趣，又能提高学习能力。学校阅读推广活动是实现儿童个性化阅读的有效途径。

2. 社区阅读推广活动

与学校阅读推广活动相比，社区开展阅读活动的时间和场所更随意，儿童阅读氛围也更轻松。放学后和周末是开展社区阅读推广活动的最佳选择，可以与学校阅读活动完美衔接。社区作为家庭的集合，社区阅读推广活动解决儿童放学后家长下班前的学习和安全问题，打造一个不走出社区就可以享受阅读的空间。首先是在公共图书馆的帮助下，完善社区阅读点、图书阅览室和图书角的建立工作，保证阅读推广活动的阅读资源；其次是组建社区阅读推广活动服务队伍，以有文化专长的社区居民和有志愿服务意向的学生为主体，由公共图书馆提供阅读活动志愿者的培训工作。再者，开展自下而上的社区阅读推广活动。社区阅读推广活动是一个自由的分享空间，儿童可以随时随地反馈阅读喜好，展现阅读需求。活动组织者根据儿童阅读活动需求精心策划各项主题活动，通过社区宣传栏发布通知，提醒儿童参与社区阅读推广活动。

社区阅读推广活动不仅是促进阅读这么简单，是社区文化治理的一部分。通过阅读活动将社区居民聚集起来，用阅读拉近邻里关系，增强社区凝聚力。

（二）分级阅读细化

如今，我国尚未有统一、广泛使用的分级阅读标准，分级阅读标准是开展儿童阅读推广活动的基础和准则。公共图书馆开展分级阅读，可以借鉴国外已被验证的分级阅读体系，根据其涵盖的因素和构建原则，结合本馆服务对象阅读需求，将阅读推广活动与儿童的阅读能力、阅读兴趣和阅读动机相融合，为儿童提供阅读分享平台。

儿童阅读活动内容需求集中在科普知识与传统文化这两方面，以儿童阅读活动内容需求为导向，开展细化分级阅读十分必要。科普知识与传统文化的分级阅读划分应以儿童的生理和心理状态为依据。针对尚未识字的低龄儿童，提供内容简洁明了的绘本阅读，通过馆员的口述介绍科普信息，以观看舞台剧、视频播放的方式帮助儿童了解传统文化，使儿童身临其境感受科普知识与传统文化的魅力；针对有一定阅读基础的儿童，提供专业性稍强的科普读物和历史书籍，通过实践性操作和分享历史故事，加深对阅读内容的理解，培养儿童的缜密思维和民族自豪感；针对积累了大量科普知识和喜爱传统文化的儿童，鼓励他们成为阅读推广活动的主讲人，注重将儿童所掌握的知识进行应用，分享阅读成果。公共图书馆应该设立经典读物和科普读物的专属书架，为儿童推荐符合其阅读特点的图书目录，以供儿童借阅。通过分级阅读，从关注儿童的阅读量到提高儿童阅读能力的转变，以帮助儿童愉快阅读。

（三）特色服务创建

特色服务创建主要是通过多样化的宣传方式提高图书馆的社会地位和知名度、树立图书馆阅读推广品牌形象，可以影响更多的儿童参与到图书馆阅读活动中来。

受传统观念影响，不少人依然认为公共图书馆仅仅是看书、借阅图书的场所，对图书馆的教育功能、社会功能和开展的儿童阅读推广活动知之甚少。公共图书馆应该从两个方面提升自身形象：一是加强儿童阅读推广活动的深度和广度宣传；二是建设儿童阅读推广活动品牌，深化特色服务。公共图书馆儿童阅读推广活动应继续保持以图书馆官方网站、微信公众号、微博和媒体报道等方式进行宣传，重视与社区、电视、电台建立合作关系，通过粘贴活动通知、电视节目、广播实时播报活动信息、在人口密集地区发放宣传资料，努力做到与儿童及家长的阅读推广宣传方式需求相一致，实现宣传方式的广泛性；公共图书馆通过刊发馆刊的方式，记录各项儿童阅读推广活动的开展情况，并开展24小时在线阅读指导服务。采用人工与自动回复相结合的方式，分析并解决家庭阅读过程中出现的问题，对亲子阅读给予恰当的指导，深度宣传儿童阅读推广活动。在宣传内容上，不仅要有各项阅读活动的具体信息，还应包括如何帮助儿童阅读的指导方法、与阅读活动相适应的图书信息。

公共图书馆需要将品牌意识渗透到儿童阅读推广活动的各个环节，用心设计，做到精益求精。通过细分儿童用户、开展具有针对性的阅读推广活动，以征集阅读活动标语、活动吉祥物和活动主题音乐的方式，增加与儿童家长的交流机会，掌握其对阅读推广活动的需求，并通过发放阅读活动的纪念品以强化阅读推广活动品牌。公共图书馆阅读推广活动的品牌打造应从小做起，慢慢发展，但需要长时间、持续性地开展同一阅读推广活动，只有把一项阅读推广活动长期坚持下去，才能吸引儿童广泛关注，形成特色服务。

（四）阅读推广人才培养

公共图书馆儿童阅读推广活动的开展依赖于基础设施的完善和阅读推广人的智慧。

公共图书馆必须保证纸质馆藏的数量，图书的选择应与国际图书馆协会联合会制定的《儿童图书馆服务发展指南》标准相一致，注重高质量、适合于儿童所处的年龄阶段、具有时效性和准确性、能反映各种价值观、城市文化和世界文化。同时配备种类多样的数字资源，并且整合合作图书馆的阅读推广网络资源，对本馆的阅读推广数字资源进行补充和拓展。在阅读推广活动面向对象是年龄较小的儿童时，其对文字及图画不是很敏感，公共图书馆可以通过提供视听资源帮助其构建阅读环境。为缓解家庭藏书量过少，无法满足儿童的阅读需求这一现象，公共图书馆在不侵犯知识产权的前提下，向家长及儿童提供复印、打印图书资源的设备及场所。将公共图书馆官网资源对所有访问者开放，取消权限设置，保证访问者随时随地访问和使用。图书馆不仅要拥有丰富的馆藏，还必须懂得如何利用资源服务儿童，这就说明阅读推广人是尤为重要的。

阅读推广人是公共图书馆儿童阅读推广活动质量和水平的一面镜子，必须加强阅读推广人队伍的建设。华东师范大学范并思教授曾说，阅读推广人往往带有“自封”性质，缺乏阅读推广的基础知识与专业能力。所以，规范阅读推广人的培养是亟须解决的问题。公共图书馆培养儿童阅读推广人有两条路径，即通过招聘具有儿童教育学和儿童心理学专业背景的新馆员和培训现有馆员以提升其阅读推广意识。

通过外部干预的方式提高现有馆员的能力和素质，其方法一是“走出去”。选送更多的馆员参加中国图书馆学会举办的阅读推广人培训班，通过对阅读推广活动流程的系统学习，提高馆员的阅读推广意识。二是“引进来”。通过邀请国内外学者、图书馆人士以讲座、研讨会的方式传授阅读推广理念、讲解真实阅读活动案例，并将会议内容公布在图书馆的首页或者刊行发表，扩大对馆员的影响范围。同时，馆员要具备学习和研究能力，主动培养多元化的阅读兴趣，形成对儿童读物的鉴别能力与欣赏素养。在工作中时刻保持职业素养和职业意识，面对儿童及家长充满激情与活力，要蹲下来与儿童互动、交流，帮助儿童形成良好的阅读习惯。

（五）评估机制建设

现阶段，阅读推广活动的效果评估主要以读者满意度调查的形式进行，如邯郸市图书馆阅读推广活动开始前发放意见卡，活动结束后回收并进行意见统计，实时反馈阅读推广活动中的困难和问题；秦皇岛市图书馆以微信交流群作为阅读推广活动的评价渠道；长春市图书馆以儿童的报名情况确定儿童对前期阅读推广活动的满意度，对阅读推广活动后期影响没有做过深入调查和研究。

评估工作既是儿童阅读推广活动的总结，也是下一阶段阅读推广活动的开端，完善公共图书馆儿童阅读推广活动效果评估机制是当务之急。活动效果评估机制应由国家和公共图书馆共同创建与实施。一是在国家层面，设立专门的阅读推广活动评估小组。每年定期开展全国性的公共图书馆儿童阅读推广活动调研，对儿童阅读推广活动的参与者、志愿者和活动设计的馆员进行追踪调查，形成年度报告，并通过固定网站定时向社会公布，方便社会监督。通过对评估结果的集中公开，使家长及儿童对阅读推广活动更加了解，有助于他们选择性地参加各类阅读推广活动。二是，公共图书馆根据自身实际情况建立活动效果方案，主要集中对三个方面进行考察和评价。首先，考察活动的举办情况，评估活动是否与儿童阅读需求相一致、阅读推广活动内容是否丰富、形式是否多样及各项儿童阅读推广活动的参与情况；其次，考察媒体、家长、儿童等社会人士对儿童阅读推广活动的看法和评价，确定哪些阅读推广活动应该继续坚持、哪些应该不断完善或者取消；最后，考察活动是否对儿童的阅读兴趣产生影响，是否吸引了更多的儿童走进公共图书馆。公共图书馆需要“走出去”，深入儿童及家长中间，广泛听取他们的阅读推广活动需求和意见。

第三节　公共图书馆开展青少年阅读推广活动的研究

随着现代化社会的迅速发展，“互联网+”与时俱进，人们的生活节奏猛然增快，使得青少年阅读推广工作的开展面临着巨大的困难。对此，公共图书馆必须迎难而上，重视推广工作的开展，不断创新推广内容与形式，促使青少年养成良好的阅读习惯，循序渐进地提升他们的文化素养。

一、公共图书馆开展青少年阅读推广活动的意义

首先，在新的历史时期，倡导全民阅读，是重振中华文化、实现强国梦的重要内容，也是构建书香社会的基本要求。教育家苏霍姆林斯基说过，学生的智力发展取决于良好的阅读能力。公共图书馆作为重要的社会公益文化教育机构，是书香社会建设的重要阵地，理所当然应承担起阅读推广的重担，为书香社会添砖加瓦。

其次，阅读是青少年获取知识信息的重要方式。书籍是传递知识、增长见识的平台。阅读书籍是最直接、有效获得知识的方式，特别是对青少年来说，由于知识和经验缺乏，他们只有通过阅读和大量的知识累积，才能与时俱进，开拓创新。阅读能让青少年洗涤心灵，为他们将来适应急剧变革的社会打下良好基础。

最后，阅读是青少年树立世界观、人生观和价值观的重要途径。约翰·卢保克在《读书的乐趣》中写道："书籍为我们建起一座完整的、光怪陆离的思想之宫。"书籍在我们日常生活中所赋予我们的规劝和慰藉，质同金玉，价值无量。青少年处于身心发展的敏感叛逆期，其心理的发展具有成熟和幼稚、独立和依赖、自觉和盲动等诸多矛盾并存的特点，易产生各种各样的心理和行为问题。科学、有效的阅读不仅能帮助青少年观察和认识世界，帮助青少年净化心灵和陶冶情操，还可以潜移默化地帮助青少年树立正确的人生观和价值观。

二、当前青少年阅读的现状分析

（一）阅读随意性较大，科学阅读指导缺位

第十六次全国国民阅读调查显示，9~13周岁少年儿童的图书阅读率为96.3%，14~17周岁青少年的图书阅读率为86.4%，但在青少年读书倾向调查

中发现，青少年主要倾向于选择小说、漫画类读物，家长却对这两种读物很排斥。青少年群体中大部分没有个人的读书计划，而是依据兴趣阅读图书，极具随意性。因此，青少年科学阅读指导存在缺位。

（二）课外阅读时间不足，阅读的功利性增强

我国青少年普遍面临课后作业繁多、学习压力大的现状，加之课外兴趣班等，学生真正剩余的、可利用的阅读时间十分有限，青少年为应试而阅读的成分偏大，功利性阅读动机越来越明显。这种功利性阅读忽视了阅读的本质，不利于青少年自身素质的提高。

（三）阅读方式占比失调，传统阅读面临挑战

随着互联网的发展和智能电子设备的普及，数字阅读成为青少年首选的阅读方式，传统纸质阅读已受冷落。网络阅读常常是碎片化、快餐式的阅读，这种走马观花式的阅读方式，不能让青少年静下心来精细阅读，削弱了阅读的自主性。在网络阅读时，青少年往往会受不良信息影响，严重情况下还会歪曲青少年的价值取向。

（四）公共图书馆资源紧张，造成图书阅读资源分配不均

据统计，中国平均每46万人才拥有一家公共图书馆，全国人均拥有公共图书馆藏书仅为0.27册。从数字上看，图书馆人均拥有率仍然偏低。再加上由于城乡地域差异，农村偏远贫困地区很少能享受到，而且馆藏的书籍中满足青少年阅读的书籍数量偏少。少数乡镇图书分馆也存在着“有馆无藏”或者馆藏不合理的现象。

三、青少年阅读推广策略探析

（一）公共图书馆可设置专职负责阅读推广馆员

公共图书馆可成立阅读推广部，招聘专职阅读推广员来引导青少年科学阅读。推广部要合理选聘成员，其成员必须热爱阅读，乐意且有合适的专业技能从事阅读推广工作。

（二）根据馆藏资源创新青少年阅读推广方式

1. 创新书籍推荐方式

为使青少年读者尽快了解图书馆新进图书，充分利用馆藏图书资源，图书馆应积极开展新书推荐活动。公共图书馆可以通过设置新书推荐宣传栏、设置专门的新书书架、策划新书展等方式来向青少年推荐新书。当前互联网快速发展，可以通过微信公众号、朋友圈等向青少年推荐有利于青少年发展的新书、好书，以此来达到阅读推广的效果。

2. 创新阅读引导方式

中国阅读学研究会会长徐雁教授强调“在成人过程中成才，在成长进程中成才”、对阅读人群细分的理念。青少年处在成人进程中的关键节点，是一个个性鲜明的群体，图书馆人可根据青少年的兴趣和性格特点，以性格阅读倾向的不同为依据，对青少年进行差异阅读引导，实现“为书找人，为人找书”。同时也可根据家长期待值差异进行分类引导。在图书排架上，可按照青少年性格阅读倾向差异设置特色的阅读读物专区。

（三）开展多元化的互动阅读推广活动

第一，公共图书馆应根据青少年的身心发展特点，开展形式多样的阅读推广活动。例如，结合“少年强中国梦”主题活动，开展爱国教育读书交流会、爱国角色扮演读书会、爱国知识有奖竞赛、爱国主题征文、爱国主题摄影展等活动。图书馆也可联合学校开展“今天我荐书”“我是图书管理员”等社会实践活动鼓励青少年参与阅读推广活动。阅读对于青少年来说，不应该是一个单向的阅读过程，更多地应该成为一种双向的互动。

第二，公共图书馆可以开设亲子共读体验区，父母以身作则参与阅读，不仅能够鼓励孩子养成良好的阅读习惯，也能帮助家长更好地了解孩子的阅读爱好，从而引导孩子正确地选取合适的书籍。

（四）推动阅读推广活动入驻校园

基于图书资源分配不均的现状，公共图书馆可开展“送书进校园”活动，把书送到学校，特别是农村偏远山区的学校。在学校或班级设立图书角，开展图书漂流瓶等活动引导青少年养成阅读习惯；作为图书馆人应该努力使公共图书资源均等化，最大限度地让更多的孩子享受到阅读的乐趣。

（五）理性看待数字阅读，加强互联网的利用

数字阅读时代的来临无可争议，而作为有机生长体的图书馆，在坚持倡导以传统纸质阅读为主的同时，必须适时跟上数字化变革的潮流，充分利用新兴的数字化技术，升级改造图书馆的馆舍设备，为数字阅读提供良好的条件。

目前，人们的生活对网络的依赖程度越来越高，而青少年已然成为网络的最大利用群体，因此，图书馆要加强对网络的利用，这样才能提高开展青少年阅读推广的效率。第一，净化网络环境。图书馆要积极引导青少年绿色上网，并与相关部门进行合作，加强对网络上不良信息的净化；第二，为青少年提供更加和谐的网络服务。为提高绿色上网质量，图书馆要研发出一款绿色上网网址，并将网址设置在桌面上供青少年随时进行浏览阅读；第三，进行网络教育。图书馆要在线上开展丰富的网络教育课，并不断优化内容，激发青少年的学习兴趣。同时在线下与线上积极开展丰富的体验活动，提高青少年的阅读兴趣，进而提高图书馆图书资源的利用率。

第四节　公共图书馆开展老年人阅读推广服务的研究

为广大老年读者提供服务是公共图书馆一项重要职责。早在2002年，联合国第二届世界老龄大会就把积极应对老龄化作为21世纪人口老龄化的政策框架，提倡老年人群体主动参与到社会各项活动中来，以此来提升老年群体的满意度、幸福感。公共图书馆开展针对性的阅读推广，是满足老年人文化需求的重要途径。

一、老年群体阅读特征分析

（一）阅读能力存在较大差距

老年群体本身的文化水平存在较大差异性，导致其阅读能力也存在较大差距。与此同时，年龄的持续增长，老年人各项身体机能持续衰退，再加上生活方式、居住条件及经济基础等因素影响，导致老年人的阅读行为受到诸多制约。

（二）阅读目的与阅读渠道单一

相较于年轻群体来说，老年人的阅读目的、阅读渠道较为单一。其阅读目的主要在于了解新闻资讯、奇闻逸事、养生保健、消遣娱乐等，阅读渠道主要是电视、报纸、书刊，对于图书馆的利用率较低。此外，部分老年人对于新媒体了解不足，加上自身接受能力较差，难以体验新媒体所带来的阅读便捷性。

（三）适合的图书刊物类型较少

从整个图书市场来看，专门针对老年群体的图书占比相对较低，主要是以养生保健类图书为主，无论品种还是数量都相对较少，且缺乏有效的细分，难以有效调动老年人对阅读的兴趣。

二、全民阅读环境下开展老年人阅读推广的意义

（一）有利于老年人身心健康

老龄化时代的全面到来，老年人群体的身心健康状况日渐为社会各界所关注。健康本身不仅局限于生理层面，良好的物质基础、医疗条件是身体健康的基础，而活跃的思维与健康的心理同样是健康长寿不可或缺的一部分。勤读书、勤思考能够有效提高人的思维能力和记忆力。此外，通过阅读医疗保健相关图书，帮助老年人系统学习相关知识，规避生活中各种不良因素的影响，同样有利于促进老年人的身体健康。

（二）落实全民阅读的需要

《中华人民共和国老年人权益保障法》明确提出，老年人享有继续受教育的基本权利。无论是对政府来说还是对社会来说，均需要为老年人营造学习的良好环境。老年人阅读推广不仅是老年人自身学习和发展的重要需要，同时也是贯彻和落实全民阅读国策的关键途径，是精神文明建设不可或缺的一部分。其一，老年人通过阅读，能够不断更新自身的知识；其二，老年人阅读行为会对社会其他群体产生影响。老年人通过自身所学的知识服务家庭、社会，潜移默化地在社会中营造良好的氛围，为学习型社会建设提供有效的支持。

三、全民阅读环境下公共图书馆开展老年人阅读推广的措施

（一）联合社会力量加强图书馆宣传工作

老年人阅读推广活动能否取得有效成果，做好图书馆宣传工作是关键所在。当前环境下，部分老年人对图书馆的认知有限，不会主动进入图书馆，自然也就无法了解阅读推广的相关内容。所以，帮助老年人认识图书馆、走进图书馆、利用图书馆至关重要。图书馆开展宣传工作的途径多种多样，但仅凭图书馆自身力量显然难以获得理想的效果。这就需要图书馆主动联合社会力量，如疗养院、老年人活动中心、社区服务中心等，多方宣传图书馆服务，组织参观图书馆活动，或与老年工作有关机构合作，为即将退休和已退休的老年人免费发放宣传资料，引导老年人主动进入图书馆。除此之外，图书馆还应当有效利用各种新媒体大力宣传图书馆，尽管新媒体应用的主体是年轻人，但年轻人家庭中多有老人和孩子，可通过对年轻人的宣传来扩大图书馆阅读推广覆盖面，通过亲子阅读方式引领老年人进入图书馆。

（二）基于老年人爱好组织阅读活动

阅读活动能够帮助老年人巩固阅读兴趣，通过集中效应，使得老年人之间进行深入的交流，进一步巩固老年阅读推广的效果。图书馆组织阅读活动

要参考老年群体的实际爱好，充分围绕老年人爱好来进行活动的设计，通过多元化阅读活动的组织，吸引更多的老年人参与进来。基于现阶段实际情况来看，图书馆可尝试组织以下几种阅读活动：

1. 讲座

讲座是最受各年龄段读者欢迎的阅读推广形式，图书馆在组织讲座活动前，要深入了解老年群体感兴趣的内容，讲座可以是有关健康的，也可以是有关阅读内容方面的，保证讲座的吸引力和针对性。

2. 读书会

读书会主要指的是一群爱好读书的朋友相聚，依照既定主题开展阅读交流。老年人退休后基本上赋闲在家，其本身与社会的交流大幅减少，人际接触的范围也在不断缩小，而读书会能够为老年人的社会交往建立一个平台，把一些志趣相投的老年人聚集到一起。对于读书会的组织，图书馆并不需要做过多干涉，让老年人自主制定相应的制度、计划及选举领导（召集人）。图书馆主要负责提供活动场所和相应的图书。

3. 书展

书展也是图书馆阅读推广的主要方式，可以在老年活动中心、公园、社区等老年人活动的区域举办。书展的主题需要认真调研，主要选择文学传记类、时事政治类及保健养生类等老年人普遍关注的图书。

（三）构建符合老年人实际的微媒体阅读模式

当今社会已经进入“互联网+”时代，微媒体的作用越来越显著，已成为图书馆阅读推广中不可或缺的一部分。微媒体阅读推广主要包含服务模式、互动体验、传播内容及传播渠道等核心内容。如今，使用智能手机的老年人越来越多，微媒体阅读模式成为有效满足老年人阅读需求的重要方式。根据老年人对智能手机的使用情况，图书馆应设置专门人员负责指导老年人的微阅读，解决微阅读过程中存在的问题。在此基础上，通过微信公众号、微信群等方式，为老年人提供微阅读服务，提供保健、旅游、文化、养生、时政等方面的阅读推送，并建立相应的互动窗口。此外，图书馆还应当主动引入大数据技术，通过大数据挖掘老年群体的真实需求，针对这些需求提供个性化、人性化的阅读推广模式，进一步提升阅读推广的针对性、精准性。

（四）联合出版单位开发丰富的老年读物

在经济效益、社会效益的博弈过程中，出版单位迫于压力，在老年读物出版方面投入普遍较少。基于此，图书馆一方面需要加大老年人读物的采购力度，另一方面要主动联合社会团体和公益机构等策划、组织老年人阅读推广活动，努力做到主题新颖、形式多元、覆盖面广，不断提升活动的号召力、感染力，有效吸引老年人参与，为老年阅读提供更丰富的精神食粮。

（五）发动志愿者力量拓展老年人阅读推广工作

当今公共图书馆的服务范围越来越广泛，服务方式和内容也越来越丰富。然而，公共图书馆的人力、物力、财力较为有限，在不断拓展服务的同时，难免会面临阅读推广力量不足的问题。因此，老年人阅读推广工作要想取得良好的效果，全面引入志愿者是必不可少的。在新媒体使用指导方面，因为老年人群体本身对新生事物的接受能力较差，往往需要反复指导才能有效掌握相关技能。为此，图书馆可以引入年轻志愿者，对老年人不仅进行常规指导，也可以集中开展新媒体使用培训，全面提高老年人的阅读能力。还可以根据当地实际组织开展多元化的老年阅读推广活动，以提高老年阅读推广工作的质量。开展老年人阅读推广活动不仅要发动年轻志愿者，还可以依靠老年志愿者。老年志愿者最了解老年人的需求，可以更好地提供相应的服务。图书馆可邀请赋闲的老年专家和学者，为老年人举办文化艺术、健康养生等专题讲座，或通过老年志愿者组织开展符合老年人兴趣、爱好的相关读书交流活动，老年志愿者自身也能够通过这些活动不断充实自己，实现双赢。

综上所述，大力发展老年事业是社会、时代发展的必然要求，在全民阅读的大背景下，公共图书馆开展老年人阅读推广也是大势所趋。公共图书馆本身的公益性质决定了其在老年人阅读推广方面的责任与使命。对公共图书馆来说，应当充分认识老年人阅读推广的必要性和迫切性，深入分析老年人群体的阅读需求，积极开展符合老年人实际的阅读活动，为构建学习型社会添砖加瓦。

第五节　公共图书馆开展残障读者阅读推广服务的研究

随着知识经济时代的到来，阅读作为人类获取知识的重要途径受到了广泛的关注。全民阅读的呼吁和互联网、电子图书的高速发展，拓展了公共图书馆事业的服务广度，为公共图书馆赢取了更多资金、技术、政策支持。然而，在对残障读者的阅读推广方面，我国公共图书馆仍然存在着服务能力较弱、残障阅览室“遇冷”等现象。因此，我国公共图书馆应通过制定完善的法律和法规、保证阅读推广服务持续性地开展、提高残障读者阅读推广工作的专业性、加强与外界的交流等措施，完善我国公共图书馆残障读者的阅读推广服务。

一、面向残障读者的公共图书馆阅读推广的原则

满足残障读者这一群体的需要是公共图书馆生存的保障，以及获得自身发展的社会基础，有利于为自己创设良好的发展环境。公共图书馆积极开展面向残障读者的阅读推广工作，开发相关的品牌，从而达到宣传和推广的目的。在当今时代，人们对残障读者的关怀，使得图书馆的残障读者阅读推广工作开展得非常顺利，并在媒体的帮助下，形成了适合公共图书馆发展的社会舆论气氛，财政上也获得社会各界人士的支持，促进推广工作进一步发展。

第一，针对性原则。残障读者因为各种特殊因素而不能与常人一样读书，针对这一现象，公共图书馆必须制订具有针对性的方案，为残障读者提供阅读服务，改变服务方式。有效的措施下，残障读者的阅读推广工作也能取得更为显著的成效，服务的质量也能大大提高。所以，公共图书馆要贯

彻针对性的原则，针对不同残障读者的具体情况，采用具有针对性的措施及相应的服务方式，有针对性地购买无障碍资源。通过了解他们阅读的方式和习惯、喜好，从而为他们提供喜欢的阅读资源，开展一些相关的阅读推广活动。

第二，科学性与创新性原则。科学、有效的方法才能使原本存在的问题得以快速解决，残障读者的特殊性，让公共图书馆员需要更专业性的指导。因此，公共图书馆面向残障读者阅读推广服务应采取科学性原则。听取专业性的意见和建议，组织符合残障读者心理与生理要求的阅读推广活动；制订科学、合理的方案，提升推广效果。

由于残障读者的特殊性，使许多公共图书馆的残障读者阅览室出现“遇冷”现象。因此，公共图书馆面向残障读者阅读推广服务应坚持创新性原则。要求馆员提升创新意识，积极策划生动、有趣的阅读推广项目。不断推陈出新，激发残障读者阅读兴趣。坚持创新性原则，既是公共图书馆面向残障读者阅读推广工作的基本要求，也是提高其服务质量的必要因素。

二、面向残障读者的公共图书馆阅读推广服务的策略

策略一：强化阅读推广服务创新理念。公共图书馆要想真正做到满足残障读者的阅读需要，时刻关注残障读者，真诚地为他们服务，就必须要强化阅读推广服务的创新理念，只有这样才能使残障读者的阅读推广服务持续不断地进行。所以，为了达到这种目标，国家公共图书馆、国家盲人协会等组织纷纷带头举办了一些全国范围内的残障读者阅读推广活动，广邀全国各地区不同图书馆共同参加，在各种不同组织的带头宣传下，残障读者的阅读推广工作也进一步发展，加强了人们的服务意识。在社会舆论气氛的高度渲染下，其引起了社会各界人士的重视；同时，在国家公共图书馆的榜样示范下，其他各级的公共图书馆也纷纷效仿，进一步促进了残障读者阅读推广工作的开展。

策略二：制订合理的活动计划。兴趣是最好的老师，它可以使人们提高

学习积极性。基于此，国家级各级公共图书馆应该注重关注残障读者的阅读兴趣、爱好及需要，组建有关的兴趣小组。一些专业的人员和可以胜任的小组人员一起负责兴趣小组的组建工作，如此，既有利于这些负责人近距离地与残障读者交流沟通，了解他们的意见及建议，同时，残障读者在这个过程中有参与的体验，可以提供自己的意见和问题，与其他人合作制订合理的活动计划，可以使他们获得参与感，更积极地采用活动，从而使残障读者阅读推广工作持续发展。

策略三：采用多种方式，提高服务创新能力。不断创新残障读者阅读推广活动形式，使形式更加多样化。通过提高服务创新能力，保证阅读推广工作不断开展，使残障读者在活动中有参与感，也使他们的精神世界得到充实。可以通过建设QQ群，群成员由残障读者及其家庭成员、相关的图书馆工作人员共同组成。在群里可以开展一些活动，例如读书分享会、交流会等，一起分享自己的读书资源，残障读者的家庭成员也可以在图书馆工作人员的引导下，帮助残障读者阅读。

残障读者中有一类比较特殊的群体，即青少年残障读者，图书馆更应该同这些青少年残障读者的家长一起合作，帮助青少年残障读者开展阅读活动。公共图书馆可以通过提供一些有声图书或盲文等为青少年残障读者拓宽阅读的资源渠道，且通过一些沟通软件与他们保持联系。

第三章　公共图书馆阅读推广与志愿者服务的融合

第一节　志愿者参与公共图书馆阅读推广工作

一、志愿者认知

由于历史、文化、政治等方面的差别，不同国家或地区对志愿者的定义不尽相同。在西方，志愿者是指不受私人利益的驱使、不受法律强制，基于某种道义、信念、良知、同情心和责任感，为改进社会而提供服务、共享个人时间、才能及精神，而从事社会公益事业的人或人群。联合国将志愿者定义为“不以利益、金钱、扬名为目的，而是为了近邻乃至世界进行贡献活动者”。由于译法不一致，我国香港和台湾地区对志愿者的称谓也有所不同，如台湾地区称之为“志工”；香港地区称志愿者为“志工”或“义工”，是指在不为任何物质报酬的情况下，为改进社会而提供服务，共享个人时间及精神的人；我国大陆学者一般认为，志愿者是在不谋求任何物质、金钱及相关利益回报的前提下，为需要帮助的人士提供服务、贡献个人的时间及精神的人。

综上所述，虽然对志愿者定义的表述略有不同，但对志愿者的本质要求是统一的：具有志愿精神、自愿性、无偿性、非营利性、运用自己的知识专业和特长、公益性等。

志愿者种类繁多，根据不同标准分为相应类别。按照志愿者的年龄，可以分为以大中专学生为主体的青年志愿者、中年志愿者及老年志愿者；按照志愿服务目的及功能，可以分为救济性、互助性、公共服务性及公民参与性等几种类型的志愿者；按照志愿服务或领域的不同，可以分为医疗志愿者、科普志愿者、消防志愿者、文化志愿者及其他专业特长志愿者等。其他如奥运志愿者、世博会志愿者、马拉松志愿者等专项活动志愿者也屡见不鲜，并且发挥了重要作用。各个志愿者类型时有重叠或交叉，统一于整个志愿者概念之下。

中国的志愿者事业逐步发展，中国志愿者的队伍也日渐壮大，志愿者本着爱心与热忱，越来越多地参与到教育文化、交通安全、环境保护、卫生保健、经济发展、治安维护、科学研究、运动休闲等各项公共服务中，促进各项公共事业的发展的同时，中国志愿者的身影也开始频繁地出现在世界的舞台上。

二、志愿者参与公共图书馆阅读推广的背景与意义

（一）志愿者参与公共图书馆阅读推广的背景

1. 志愿服务的兴起与发展

人类利他性的行为和活动自古有之，无论是外国中的博爱与慈善理念，还是中国传统文化中的仁爱观念，都是人类利他性行为的思想渊源，也是志愿服务发展的文化和思想基础。现代意义上的志愿服务起源于西方国家的慈善服务，在社会服务之外，志愿服务也强调公民精神、公民权利和义务，指任何人自愿贡献个人的时间和精力，在不为物质报酬的前提下，为推动人类发展、社会进步和社会福利事业而提供的服务。

随着社会文明的进步，公民意识的增强，志愿服务被看作公民参与社会的重要途径，逐渐成为考量社会文明程度和公民素养状况的标志之一。志愿者已成为不可或缺的社会力量，他们不受私人利益的驱使，不受法律强制，而是基于某种道义、信念、良知、同情心和责任感，从事社会公益事业，参与社会建设和社会服务。志愿者组织也独立于政府和商业组织之外，为社会提供多样化的服务。

志愿服务强调个人参与社会事务的权利和促进社会进步的能力，以及对社会繁荣、共同进步所负有的义务和责任，而参与志愿服务工作就成为公民权利和义务的具体表现，公民通过这种形式实现权利、承担义务。在世界范围内的志愿服务发展中，“全民化”是一个突出的趋势。无论年龄、身份地位、资格和收入情况如何，每个人都可以、也应该参与志愿服务或成为志愿者，并在志愿服务中体现自己的公民权利。志愿服务在西方国家和地区经过长期的发展，已经十分成熟，志愿者来自各行各业，服务领域涵盖了教育、科技、医疗、文化、体育、环保、弱势群体帮扶、突发事件应急、社区服务管理等社会生活的方方面面，志愿服务为社会管理和公众生活带来巨大便利。

随着志愿者法治建设日趋完善、志愿组织管理的进步、志愿者权益维护加强，西方发达国家的志愿服务开始向新的高度发展，在进一步吸引志愿者的同时，也对世界其他国家和地区的志愿服务起到了引导性的作用，提供了宝贵的实践经验和理论指导。

中国的志愿服务也在国际志愿服务发展浪潮中不断涌进，志愿服务的发展在很大程度上促进了社会进步，很好地弥补政府公共服务的不足。在志愿服务范围不断扩大，全民化趋势充分显现的同时，志愿服务也呈现专业化的发展方向：第一，重视不同志愿服务组织提供服务的专门化；第二，重视志愿服务与志愿者个人兴趣爱好、专业技能或特长的结合气在文化、体育、科技等不同领域都出现了专门的志愿者，这些志愿者在志愿服务中发挥个人专业技能或特长，为不同领域的活动提供支持。文化志愿服务也随之产生，文化志愿者活跃在志愿服务的舞台上，通过文化讲座、艺术鉴赏、科学普及、知识培训、文艺演出等形式进行文化传播。

2. 全民阅读时代为志愿服务奠定基础

在人类社会和世界文明进步的背景下，文化竞争力和影响力是一个国家或民族发展的标志之一，一个国家或民族的文化传承和发展则系于公民或个人，个体作为文化细胞，是国家或民族文化基因传承和革新的基点。因此，不同国家或民族无一例外地重视公民素质的培养和文化的发展。阅读则是文化传承的一个重要途径，是公民素质培养的重要方式。许多国家，尤其是西方发达国家，十分重视国民阅读习惯的培养，全民性的阅读推广活动也应运而生。

正是由于各个国家对阅读的重视，阅读已经成为一种世界文化，而全民性的阅读活动和阅读推广活动往往规模宏大、范围广，不可能完全依靠政府进行，因此，在阅读推广过程中，除了政府组织和机构的支持、民众的参与，社会力量也发挥了十分重要的作用。志愿者作为重要的社会力量，活跃在阅读推广活动中，诸如加拿大、澳大利亚的国家阅读活动也是在志愿者、非营利机构等组织的共同协助下得以成功开展。这也为志愿者深入地参与阅读推广奠定了基础，提供了可能。

3. 图书馆志愿服务的发展创新

国外志愿服务发展历史悠久，很早便进入图书馆领域。在文化志愿者中，逐渐分离出以图书馆为主要服务平台，以读者为主要服务对象的图书馆志愿者。图书馆志愿者也成为专门的志愿者类型或群体，指那些不以利益、金钱、扬名为目的，志愿为了知识信息的自由、平等、广泛有序传播而参与图书馆服务或活动，进而奉献社会的个人或团体。随着志愿服务的深入和图书馆功能的扩展，志愿者的服务内容也从图书馆基础服务，包括图书借阅、书库管理、咨询服务等向图书馆服务拓展，美国、加拿大、澳大利亚、新加坡等国家的公共图书馆中，图书馆志愿服务形成了一些特色项目，如西雅图公共图书馆的“家庭作业帮助者”活动，新加坡公共图书馆每个季度推出一项“图书馆馆藏资源选择、评价”活动等，都是图书馆特色志愿服务活动的代表，深受读者的欢迎。欧美等国家和地区也对图书馆志愿服务进行了持续性的探索，并形成了较为完善的图书馆志愿者管理体系和服务机制，包括志愿者的招募、培训、管理、反馈等，充分发挥志愿服务的功效，开展优质的图书馆服务。

21世纪后，我国的许多公共图书馆、高校图书馆陆续引进了志愿者服务。而志愿服务的引入，在图书馆界也产生了较大的反响。上海图书馆、深圳图书馆、重庆图书馆、广州图书馆等图书馆都十分重视志愿者队伍的建设和志愿服务内容的创新，在图书馆志愿服务的探索上取得了一定的成果。图书馆志愿者也在图书馆服务中起到了广泛的作用。图书馆志愿服务不但在弥补工作人员与经费不足、促进图书馆与社会的开放交流、推动公共图书馆精神传播等方面发挥了作用，而且为志愿者实现自我价值、培养社会责任感搭建了平台，产生了一定的社会效益。

阅读推广服务也逐渐成为志愿者参与图书馆服务的一项重要内容。无论是在国外的图书馆志愿服务中，还是在国内的图书馆志愿服务中，阅读推广志愿项目都是其中的一个亮点。澳大利亚悉尼公共图书馆的"对话和工作坊"深夜图书馆、电脑培训、儿童与青少年活动、"书友会"等活动，美国洛杉矶公共图书馆的"讲故事助理"活动，加拿大多伦多图书馆的导读服务等，都是图书馆阅读推广志愿服务项目的成功实践。我国的图书馆志愿服务发展较晚，但是在积极借鉴国外经验、结合自身情况进行探索的基础上，也出现了很多阅读推广志愿服务的有益尝试，形成了一些宝贵的经验。一方面是专门的阅读推广志愿者队伍的建设，一方面是图书馆阅读推广志愿服务项目的探索，在儿童阅读推广、全民阅读推广、特殊读者阅读推广等方面都出现了一些经典案例。如苏州图书馆的"阅读宝贝计划"阅读推广项目，沈阳图书馆的"星期六剧场"、浙江省图书馆的"文澜讲坛"、辽宁省图书馆的"对面朗读"等项目，都取得了良好的阅读推广效果，志愿者的参与则是活动取得成功的关键要素之一。

随着信息化时代的发展，图书馆志愿服务也将呈现新的面貌，迎来新的发展，而在图书馆阅读推广方面，志愿者仍然具有不可替代的价值，志愿者参与图书馆阅读推广依然具有重要意义。

（二）志愿者参与公共图书馆阅读推广的意义

1. 对公共图书馆的意义

公共图书馆作为公共文化服务机构，阅读推广是其使命之一。志愿者参与阅读推广为图书馆的阅读推广提供助力，有助于图书馆更好地履行公共服务的职能，更好地完成阅读推广的使命。

第一，传播图书馆精神。图书馆精神既包括信息公平、和谐包容的精神，也包括开放合作与资源共享的精神，图书馆精神和志愿精神也有契合之处。吸收志愿者参与图书馆阅读推广，可以更好地推动全民阅读，促进信息公平的实现，让更多的读者共享图书馆丰富的馆藏资源和服务。而志愿服务与图书馆服务的结合，本身也是合作和资源共享的表现，是图书馆精神的题中之义。志愿者在图书馆阅读推广服务中的参与行为是图书馆精神的体现，同时有助于图书馆精神的传播。

第二，加强阅读推广的队伍建设。在传统的图书馆阅读推广中，馆员承担着全面的阅读推广工作，但是基础服务占用馆员大部分的时间，阅读推广面临着馆员数量不足、馆员素质参差不齐等尴尬问题。志愿者为阅读推广服务补充了充足的新鲜血液，具有专业特长的志愿者们组成的阅读推广志愿者队伍成为图书馆阅读推广的大军，为图书馆阅读推广服务的顺利进行提供了条件。

第三，优化阅读推广服务。志愿者的出现为图书馆提供了更多的智力支持，志愿者可以在图书馆阅读推广活动的策划、组织、开展、评价等各个阶段发挥相应的作用，帮助图书馆优化阅读推广服务。志愿服务与图书馆阅读推广服务的结合，不仅丰富了阅读推广参与人员的背景，大大优化图书馆工作人员的知识结构，更是服务理念、服务方法、服务内容的融合和创新。来自不同背景、具有相同兴趣和热忱的志愿者能够创造更多的阅读推广形式，提高阅读推广服务的质量。志愿者在参与图书馆阅读推广活动中，也在客观上扩大了图书馆的群众基础，使图书馆的阅读推广活动更易被读者接受，提高阅读推广服务的质量。

第四，促进社会力量共同参与阅读推广。阅读推广是一项复杂的活动，需要多方的参与，只有更多的社会力量参与进来，更多的社会资源得到合理的整合，阅读推广活动才能获得更大的成功，产生更大的影响。志愿者的参与为其他社会力量的介入提供了可能，可以带动更多的社会力量共同参与到阅读推广的实践中。

2. 对志愿者的意义

志愿者参与到公共图书馆阅读推广服务中，完成从读者到工作者的角色转变，除了对阅读推广工作的贡献之外，对自身的发展也有重要意义。

第一，自我价值的实现。在阅读推广服务中，志愿者承担了重要角色，运用自己的聪明才智、时间和精力推广阅读，甚至引导和指导读者阅读，既可以收获完成任务的成就感，也是自我情感的实现和自我价值的肯定。

第二，知识和技能的增长。阅读推广活动对于志愿者的要求较为严格，针对志愿者进行的专业培训和志愿者本人在参与阅读推广服务中的实践，都有助于提高志愿者的相关技能，帮助志愿者增长新知、扩展视野，增强解决实际问题的能力。

第三，人际合作能力的提高。阅读推广服务不同于一般的图书馆服务，需要志愿者与读者进行广泛的沟通和持续的接触。阅读推广活动的效果很大程度上取决于志愿者能否与读者深入沟通和交流、有效地传播阅读理念和方法。通过与读者的互动，志愿者可以显著地提高与人沟通的能力与技巧，而在推广过程中与其他志愿者、馆员、读者的配合与协作也是对志愿者合作能力和团队意识的锻炼。

3. 对读者的意义

志愿者兼具读者和公共图书馆阅读推广服务者的身份，对读者而言，具有天生的亲切感。志愿者参与图书馆阅读推广服务，缩小了图书馆阅读推广服务与读者的距离感，让读者可以更加轻松地参与其中。

首先，可以消除读者与图书馆之间的隔阂。志愿者的参与改变了传统阅读推广中“有人宣传，无人理会”的局面，分担了馆员的工作，更多的志愿者参与其中，使馆员有精力、也有时间在阅读推广的宣传过程中与读者互动，解答读者的咨询。不同于以往摆摊式的阅读推广，志愿者的参与使阅读推广变得更加贴近读者，拉近了与读者的距离。

其次，读者的阅读需求可以得到更好地满足。兼具读者身份的志愿者，对于读者的需求有更直观、更切身的感受。在设计活动、开展活动时能够充分考虑读者的需要，在面对读者的反馈时也能够形成更加合理的认同，增强了读者在阅读推广中的获得感和体验感。

总之，公共图书馆的阅读推广需要志愿者的参与，志愿者的参与不仅能够改善图书馆的阅读推广服务现状，为读者提供更加人性化的服务，也能够拓展阅读推广服务的内容和形式，帮助图书馆更好地开展社会阅读活动，改善国民阅读状况，提升社会阅读风气。

三、图书馆服务与志愿服务的结合

（一）图书馆服务与志愿服务本质上相契合

图书馆服务作为公共文化服务的一种，与志愿服务，特别是文化志愿服务有很多相似的地方，二者的精神内涵，即图书馆精神与志愿服务精神也有强烈的共鸣。可以说，图书馆在公共文化服务方面发挥着举足轻重的支点作用，文化志愿服务则是公共文化服务体系建设的一项重要内容，二者在本质上存在天然的共性。志愿精神作为一种利他主义和慈善主义的精神，与图书馆的服务精神、人文精神在内涵上也存在显著的关联。

首先，文化志愿服务与图书馆服务在性质上有诸多相似之处。一方面，文化志愿服务与图书馆服务在服务方式和手段上都是以提供公共文化产品和文化服务为主，二者在公共性、服务性和文化性等方面不约而同；另一方面，作为志愿服务中的有机组成部分，文化志愿服务不以获得物质报酬为前提，致力于提供全方位的、公益性的文化服务。图书馆则是公益性文化事业单位，其宗旨就是为人民群众提供基础的公共文化服务设施。二者在非营利性和公益性方面别无二致。

其次，图书馆精神与志愿精神之间有强烈的共鸣。在图书馆服务行为和文化志愿服务行为背后，是图书馆精神和志愿精神的张扬。不论是图书馆精神还是志愿精神，二者都是以人文精神和人文情怀为基础。①自由、平等的人文精神。公共图书馆精神要点有两点：平等服务和免费服务。平等、自由的人文精神同样渗透在志愿服务中，构成了志愿精神的精髓。志愿者是每个公民应有的权利和义务。②助人的人文精神。图书馆精神和志愿者精神都强调帮助他人、服务社会，这也是图书馆和志愿服务公益性特点的内涵支撑。③共享的人文精神。志愿服务提倡“共享个人的精力、才能和精神”，从事社会公益事业，而图书馆的建立正是基于知识共享的理念。因此，无论是志愿者精神还是图书馆精神，都充分体现共享的人文精神。

（二）图书馆自身发展的需要

图书馆作为非营利性公益事业，以社会效益为追求。充分开发、利用图书馆公共资源，宣传和扩大图书馆社会影响力是图书馆发展的必由之路。在我国建设精神文明、加强文化自信的时代背景下，图书馆需要更加主动地发挥其文化功能，在文化建设中发挥更加积极的作用。在此过程中，如何协调和调动各种社会资源，共同促进图书馆的发展，无疑是图书馆必须认真思考的课题。志愿者则是社会资源中不容忽视的组成部分，图书馆可以对他们进行招募和管理，是有效利用社会力量的创新举措。而志愿者们不计报酬、怀着强烈的兴趣心和高度的责任感帮助图书馆提供读者满意的活动，是图书馆建设和发展的新鲜血液和有益助力。志愿者队伍的建设情况和服务质量，也是对一个图书馆文化吸引力、综合管理能力、社会影响力进行判断的依据之一。

（三）图书馆进一步开放的要求

大多数志愿者都来自图书馆的读者群体，他们既是图书馆服务的受益者，又是图书馆服务的工作者。他们拥有双重视角，既了解图书馆服务中最使读者舒适且满意的地方，也了解读者想要在图书馆服务中寻求什么。正是由于这种身份的双重性，志愿者成为图书馆与读者之间沟通和交流的桥梁和纽带。开馆有益，图书馆志愿服务的引入符合图书馆的开放精神。而志愿者在宣传图书馆文化、为读者和图书馆提供更多服务的同时，在读者和志愿者角色的转换中，更能发现图与馆存在的一些问题和不足，能够改善图书馆的服务，进一步促进图书馆更加合理地开放，使广大的读者受益更多。

图书馆具有吸引志愿者、使志愿精神发扬光大的客观优势和现实土壤，而志愿者作为强大的社会力量，在服务过程中可以促进图书馆的发展，帮助图书馆更好地履行使命、服务读者。

四、公共图书馆志愿者工作的内容

图书馆志愿者的工作内容或服务内容是基于图书馆的基本业务和延伸服务展开的，我们分别称之为常规服务和延伸服务。

（一）常规服务

常规服务主要是协助图书馆员完成图书馆日常工作，主要包括读者咨询导航服务、图书整理、图书馆宣传推广及大型活动的支持等工作。在提供常规服务的过程中，志愿者更多扮演的是一种义务馆员的角色，协助图书馆更好地发挥其功能。

第一，读者咨询导航服务。图书馆志愿者在图书馆读者咨询台或咨询点、服务大厅、借还书处、参考咨询部门及阅览室等公共区域解答读者基本咨询问题，引导和协助读者使用查询机，为读者提供计算机使用、网络查询及数据库检索的指导服务，协助读者解决资料检索上的问题，引导读者文明读书等。

第二，图书整理服务。主要包括新书加工处理，修补图书，图书上架、整架等图书流通基本工作。①新书加工处理：在采编部门进行图书验收、登录建档、粘贴书标、图书加工；②修补图书：修补破损图书与书标；③图书上架、整架，在总借还台预约书架整理，将归还的书刊进行分类并排架，书架整理还原等。

第三，活动支持服务。活动支持服务是指志愿者协助图书馆开展讲座、展览、读者培训、社会教育等活动。志愿者负责协助图书馆开展会务或展览的筹备、策划、接待、讲解、翻译或主持等工作。其中包括读者培训活动，如为读者介绍便利的计算机应用工具和使用方法等知识也需要志愿者的协助和支持。

第四，阅读推广服务。阅读推广服务以多种形式向社会公众推介公共图书馆服务，传播图书馆文化和扩大图书馆影响往往也需要志愿者的参与。图书馆借助志愿者开展阅读推广活动，挖掘公共图书馆的潜在读者，帮助图书馆充分发挥其文化枢纽的功能，推进全民阅读，助力阅读型社会的建设。如加拿大多伦多图书馆志愿者每周为学生提供的免费导读服务，通过一起读书、一起游戏等方式帮助学生养成爱阅读的好习惯。英国的图书馆每年都会招募志愿者协助图书馆开展“暑期阅读挑战”活动，志愿者的主要工作就是协助馆员开展活动，向孩子们宣传这项活动并鼓励他们报名参加，倾听孩子们讲述他们读过的书籍，协助活动的宣传推广等。

（二）延伸服务

随着现代图书馆的发展，图书馆志愿者以常规服务为基础，也积极参与图书馆的延伸服务，甚至形成一些由图书馆志愿者主导的特色服务项目。

第一，知识辅导服务。志愿者为青少年等特定群体提供免费的知识辅导，丰富图书馆文化的内涵，拓展图书馆功能区间。如，美国西雅图公共图书馆的“家庭作业帮助者”计划，为青少年提供免费的作业辅导；纽约图书馆的“创新实验室”项目，营造轻松的学习环境，借助先进的多媒体电子设备辅助教学，帮助孩子们获得21世纪的必备技能，获得技能提升和自我身份认同等。

第二，外语志愿者服务。图书馆志愿者协助图书馆为读者提供免费的语言交流和学习平台。如美国西雅图图书馆的西班牙语学习强化项目、我国国内很多大型图书馆开展的“英语角”系列活动。

第三，图书馆在线服务。比如志愿者为读者提供网上咨询服务，在线回答读者咨询。又如“虚拟图书馆志愿者”服务，工作内容包括：测试图书馆主页、数据库、下拉菜单的可用性及图书馆与社区信息库的链接是否有效等。当发现问题后，他们以电子邮件的形式通知图书馆处理，这样可以有效提高图书馆的线上服务质量，优化读者使用图书馆数字资源的体验。再如，具有相关专业背景的志愿者进行数据制作及整理，协助进行图书馆纸质文献的数字化、数据库的建设等。

图书馆志愿者的服务内容，因各个图书馆的优势和相关读者的需求而有所不同，除了以上列举的服务类型之外，还有其他多种多样、具有特色的志愿服务活动。图书馆志愿者在这些志愿服务中扮演了主要角色，承担了重要职责。

在信息化高度发展和网络通信技术日益发达的今天，除了传统意义上的志愿者外，还出现了网络志愿者。网络志愿者既可以是通过网络招募的志愿者，也可以是通过网络环境参与志愿活动的个人或团体。进行图书馆在线服务的志愿者，也应该在网络志愿者的范围内。因此，在传统的图书馆志愿者之外，应该注意到图书馆网络志愿者，在传统的图书馆线下志愿服务之外，应该开拓和发展图书馆网络或线上志愿服务。网络环境条件是网络志愿者参与公共图书馆服务的主要途径，公共图书馆所提供的各类服务机会和场所设备条件是网络志愿者参与公共图书馆服务的前提条件，目的在于协助公共图书馆更好地为社会大众提供其所需的服务内容。随着服务路径的拓宽和服务内容的丰富，今天的图书馆志愿者在图书馆服务中可以发挥更大的作用。

第二节　公共图书馆阅读推广中的志愿者管理

管理是指一定组织中的管理者，通过实施计划、组织、领导、协调、控制等技能来协调他人的活动，使别人同自己一起实现既定目标的活动过程。科学的、高水平的志愿者组织与管理工作，是为志愿者提供出色的志愿者服务的前提与保证。随着志愿者组织的迅速发展，志愿者人数的与日俱增，如何对志愿者实施有效的管理正变得日益重要。从人力资源管理角度来说，志愿者管理是一项复杂的社会系统工程。最大限度发掘志愿者自身尚未发挥的资源，创造一个能让所有成员都贡献他们最大极限能量的环境，是志愿组织对志愿者管理的本质所在。由此，志愿者管理活动的组织，主要包括规划、招募与甄选、指导与培训、绩效评估、奖励与激励等。

一、公共图书馆阅读推广志愿者管理的必要性

自从提出“人力资本”概念以来，经济学中资本的概念得以扩大，人力资源的作用和人力资本的投资收益率开始受到人们的广泛重视，人力资源的地位日益凸显。在当今世界，人力资源已经成为组织中最重要的资源。长期以来，图书馆的管理者忽视或避讳谈及志愿者的管理，他们认为志愿者从事的是公益爱心事业，大多数图书馆将管理重心放在组织物质资源和资金资源的处理上，而忽略了对人力资源，尤其是志愿者的管理。然而，这种长期以来所形成的错位，以及由此导致的对人力资源管理的忽视给图书馆带来了种种问题，如志愿者流动率高、组织效率低下等。

图书馆阅读推广志愿者是特殊的人力资源，不能简单套用企业的人力资源管理。志愿者管理作为一种理念和文化、政策和制度，影响志愿者在志愿服务中的价值观、责任感、态度、技能和行为，而志愿者管理与人力资源管理的区别主要在于价值观和责任感的不同，志愿者管理更为强调对社会和他人的关怀。志愿者进入图书馆，更多的是抱有一种责任、信念和使命感，而不仅仅是为了物质利益和金钱报酬。志愿者并不意味着免费劳动力或廉价劳动力，而是组织内一项重要资源。因此，管理不善不仅难以吸引高素质的志愿者，也会导致对社会资源的浪费，更有可能严重削弱阅读推广志愿者对图书馆的信任，损害志愿者对志愿服务的热情和信心。

不得不承认，这些问题的解决有赖于图书馆对志愿者进行有效的管理。志愿者作为一种宝贵的人力资源和智力资源，具有能动性和增值性。图书馆可以凭借对志愿者的人力资源进行整合和开发，从而推动图书馆的发展。

二、公共图书馆阅读推广志愿者管理的流程

图书馆阅读推广志愿者管理在实际应用中更加注重管理流程。从志愿

者产生志愿动机，经由图书馆管理提供阅读推广志愿服务，从而产生社会公益，实际上是一个较为复杂的过程。这一过程对专业化的图书馆阅读推广志愿者管理提出了更高的要求。

图书馆阅读推广志愿者的管理流程由工作规划、招募、培训、评估、激励等工作构成。

志愿者的工作规划、招募、培训、评估、激励是一个循环往复的过程，反馈参透在整个过程之中，能够时刻监控图书馆阅读推广志愿者管理过程，及时对管理工作做出调整，同时权益保障贯穿整个管理过程。通过使志愿者参与到图书馆阅读推广志愿服务管理的过程中，使志愿者从被动管理变为主动参与，可大大提高志愿者参与阅读推广志愿服务的积极性，减少不必要的流动性，从而实现图书馆阅读推广志愿者管理的高效化、科学化、人性化和可持续发展。

三、新环境下公共图书馆阅读推广志愿者管理工作

（一）志愿者参与图书馆少儿阅读推广

少儿阅读推广的目的在于培养少年儿童良好的阅读习惯，进而使其阅读水平得到显著改善，其组织者多为图书馆和社会相关文化机构、组织。作为公共图书馆和不同层次主体进行多元合作的成果，少儿阅读推广的实现经历了一个多种活动设计、开展的过程，而志愿者在这个过程中所发挥的重要纽带和桥梁作用是不容忽视的。所以，当下公共图书馆少儿阅读推广活动的重要力量和重要支撑就在于志愿者。

随着国家全民阅读政策的日渐成熟，很多公共图书馆逐渐与公众群体建立合作共助机制，联合开展以少儿读者及其家庭为核心的阅读促进类文化活动，也就是通常所说的志愿者参与少儿阅读推广。

当前较为常见的体验式推广形式是以少儿认知的规律特点为基础、融合大学生的特长创设的一种合作模式，将这种方式导入少儿阅读推广过程中，要求阅读推广活动必须具备良好的阅读氛围和互动式阅读过程、全方位的

阅读支持。它将通过推广活动客体所收获的参与感和体验感作为活动过程的重要内容。不同于公共图书馆现有的偏传统化的阅读空间布局和硬件设施，在营造阅读氛围方面，志愿者通常会围绕阅读推广主题，进行有关情境的创设、布景，从而与公共图书馆形成互补；区别于公共图书馆在阅读资源上的形式单一，在引导阅读和陪伴阅读方面，志愿者更加注重以强化与少儿读者之间的互动为目的的多样化活动的设计；就阅读支持方面来讲，公共图书馆服务平台主打线上、线下虚实结合的模式，而少儿及其家庭良好阅读习惯的养成同样需要专业团队提供的专业理论知识和形象指导，二者之间同样可以优势互补，共同促进少儿阅读推广活动的进展。

从实践的层面来讲，现实儿童阅读推广活动中已经开展了多种形式的以“体验式”为特征的推广形式，比如围绕书籍阅读主题展开的故事会、朗读会、好书推荐等，围绕语言和美术相融主题展开的绘本故事创编活动，围绕传统文化主题展开的手工制作活动，围绕表演艺术主题展开的绘本剧目展示活动，围绕科教主题展开的科学实验等。经过长时间的儿童阅读推广实践探索，志愿者的特长融入推广活动中的各个环节，在活动前期设计和具体实践过程均得到了很好的发挥。这种相融性对公共图书馆少儿阅读推广中所存在的人员短缺、内容缺乏创新、形式有待进一步丰富等问题进行了极大的改善。

（二）公共图书馆阅读推广与网络志愿者服务的融合

1. 网络志愿者参与图书馆阅读推广服务的方式

（1）少儿阅读推广服务方式。近年来，随着培养少儿阅读能力在学校和家庭教育中越来越被重视，由公共图书馆组织的多种多样的少儿阅读推广活动相继出现，积极引导社会力量的加入对于公共图书馆少儿阅读推广活动的正常开展而言，可以提供强有力的人力资源支持和资金经费支持。基于此，在众多社会力量中，图书馆就与网络志愿者之间建立了最佳合作伙伴关系。就目前网络志愿者参与公共图书馆少儿阅读推广活动的现实而言，我国港台地区无论是在内容上，还是在形式上都更为多元，并积累了丰富的经验，比如，由香港中央图书馆组织的“亲子故事坊”系列活动。相对于我国港台地区的成熟，内地虽然也有一些为社会所认可和赞扬的成功案例，比如，由南京图书馆设立的馆中馆——“0～6岁少儿馆”活动。家长通过这些活动感受到了网络志愿者的周到服务，同时也体现了网络志愿者与少儿之间的良好互动和沟通。但不可否认的是，内地公共图书馆和网络志愿者合作推动少儿阅读推广活动仍处于起步阶段，需要进一步探索和尝试。

（2）文化扶贫阅读推广服务方式。开展以基层农村贫困群体为中心的专项阅读推广活动是文化扶贫工作的重要内容之一，这类活动的开展从长远来讲，将为扶贫对象素质的提升、扶贫对象自我发展能力的进一步强化，以及脱贫致富的实现注入强大的力量。同时，社会各界的支持，特别是长期从事农村基层服务的网络志愿者，为该项工作的进展发挥了重要作用。具体来讲，网络志愿者的作用发挥主要体现在识别扶贫目标人群、阅读推广读物的分配及专项讲座的组织上，这些作用的集中表现主要得益于两方面：一是就文化扶贫工作的开展方式而言，这些网络志愿者具备长期的农村基层服务经验；二是文化扶贫阅读推广活动的公益性也需要由网络志愿者的参与实现进一步丰富。所以，充分发挥和组织具备长期农村基层服务经验的网络志愿者的力量，是切实做好公共图书馆文化扶贫阅读推广工作的重中之重。

（3）真人图书馆服务方式。真人图书馆在我国多所高校图书馆中已经步入了初步试验阶段。在日益完善的服务模式带动下，真人图书馆以其独到的吸引用户广泛关注、为用户提供全新的阅读体验和多样化服务等优势，受到越来越多的图书馆，特别是公共图书馆的认可，也收获了用户超高的体验评价。这种局面的形成，主要取决于其真人图书的构成为各行各业的志愿者精英。这些志愿者因其在所属领域的突出成就和受人尊敬的社会地位，使得大批用户对其产生一种由衷的信任感。与此同时，对于图书馆志愿服务而言，这种“真人图书”的志愿服务形式是对已有模式的创新，提升了其服务形态的层次性。

（4）数字化信息支撑服务方式。随着社会的进步，我国公共图书馆志愿者服务的内容实现了进一步拓展，图书馆志愿者服务的实现也得到了有效的推进，这一切成果的取得都离不开迅速发展的现代信息技术的强大支撑力。就现阶段而言，虽然网络技术应用于公共图书馆服务已经取得了显著成效，如已开通在线借阅服务等，但整体上讲，图书馆志愿者服务的发展速度始终无法与志愿者的服务意愿，以及以自身知识为基础来开展公益服务的内在需求相适应。所以，公共图书馆若想实现长远、健康的发展，则必须提高对数字化网络环境的重视程度，就需要对数字化网络环境与其相关的志愿者服务内容的外伸延展之间的内在联系有更为清晰的认识。比如，在阅读推广服务中，实现志愿者由提供体力服务到提供智力服务的转变，数字图书馆可以大力拓展服务工作，如强化引导与培训、制作多媒体数字影音、数据分析等。

2. 图书馆阅读推广与网络志愿者服务融合的推动策略

（1）进一步完善网络志愿者服务管理机制。除了从法律层面对志愿者服务进行规定和约束外，部分国家在发展资金的获取方面还充分调动了政府和社会力量，设置专门的志愿者管理机构对其进行服务管理。以美国图书馆的志愿者管理为例，其管理方式主要表现为购买人身保险保障志愿者人身安全，以及完善的规章制度保障、定期的志愿者培训提升机制、科学的评价考核机制等。其他国家的这些成功经验均可为我国公共图书馆网络志愿者服务所吸收和借鉴，综合考量体制机制、法律法规、资金支持等各方面来推动科学公共图书馆志愿者管理体系的进一步完善。首先，从自身的角度来讲，必须设置专业的志愿者管理机构对管理方法、管理制度进行进一步完善，从而切实发挥专业化数字管理系统在提高志愿者资源利用率方面的重要作用；此外，从社会的角度来讲，为保障阅读推广服务工作的正常、有序进行，公共图书馆必须积极寻求与其他部门的合作，从资金上充分保证阅读推广工作的质量。

（2）进一步激发公共图书馆阅读推广活动中网络志愿者的积极性和能动性。对于社会大众参与网络志愿者服务而言，其发展的根本动力源于公共图书馆阅读推广活动的公益性和志愿者的无私奉献精神。所以，网络志愿者参与公共图书馆阅读推广活动的积极性和能动性是有效保障推广质量的重要影响因素，这就需要公共图书馆进一步强化与网络志愿者的良性沟通，确保二者之间合作、共助的可持续性。第一，强化网络志愿者的工作认同感。其实现途径主要表现为两方面：①颁发证书、表彰会公开表扬等正式激励认同措施；②口头表扬、电子邮件感谢等非正式激励认同措施。第二，强化网络志愿者的工作幸福感。即从人文的角度，对网络志愿者予以生活上的关怀和工作上的尊重，比如建立志愿者意见反馈机制，及时听取志愿者的建议或意见，或组织便于网络志愿者之间互动的网络志愿者交流会等。第三，强化网络志愿者的工作自信感。即创造网络志愿者进行自身素养和职业技能提升的机会，为网络志愿者开放更多的组织管理权，充分尊重网络志愿者自主策划相关工作的权利和自由。

（3）进一步丰富公共图书馆与网络志愿者之间的合作内容和形式。得益于新媒体环境和不断进步的互联网技术，公共图书馆与网络志愿者之间的合作内容和形式实现了进一步的丰富和创新。具体来讲，主要表现为：第一，自媒体方式（如志愿者服务专项微信公众号、微博账号等）为公共图书馆阅读推广活动相关志愿者岗位信息的发布与阅读提供了极大的便利，同时，对于社会大众，特别是青年人群而言，他们实时掌握公共图书馆阅读推广公益活动的组织动向也更加快速和有效。第二，以“互联网+”技术为依托建立的虚拟化交流平台，突破了阅读推广活动服务对象与推广者公共图书馆、网络志愿者之间互动交流的时空局限，使得阅读推广内容的互动更加自由和灵便。第三，众包模式的应用对于公共图书馆阅读推广服务的复合化、多元化发展具有非常重要的推动作用。所谓的众包模式就是由专业化水平较高的网络志愿者组织分包部分阅读推广活动内容的合作模式。

第四章　我国公共图书馆阅读推广活动与形式

第一节　阅读推广项目概述

一、阅读推广项目的类型划分

阅读推广项目的标准不同，分类也不同：

从目标群体的角度，主要可以分为：①儿童阅读推广项目；②青少年阅读推广项目；③成年人阅读推广项目；④老年人阅读推广项目；⑤农民工阅读推广项目；⑥盲人阅读推广项目等。

从项目举办情况的角度，主要包括了以下两类：

第一，常规阅读推广项目，主要是针对图书馆长期开展的阅读推广项目而言。阅读习惯的养成需要一定的时间和持续性，常规阅读推广项目也是必不可少的，需要长期坚持，而这一项目的间隔时间，可以由图书馆的实际情况决定，一周、一个月、一年都可以，但是要具有规律性。图书馆的常规阅读项目包括儿童的故事时间、书目推荐活动等。

第二，主题阅读推广项目。不同于常规阅读推广项目，主题阅读推广项目是为了达到阅读推广影响力的扩大而进行的。一般在节假日或者阅读活动周开展的项目，都属于这一类型，还包括专题性质的活动，如天津市和平区图书馆曾开展读书漫画大赛，是通过结合读书和漫画进行阅读主题漫画作品的征集、评选和展览的一种阅读活动。

二、阅读推广项目策划的读者群定位

对读者群进行定位是阅读推广项目策划的首要工作。国外阅读推广项目的共同点在于，具有明确的目标群体。例如，小学高年级和初中低年级学生是英超俱乐部“阅读之星”主要受众；寄养家庭儿童是“信箱俱乐部”的主要服务对象。又如，挪威还对16～19岁高中生开展阅读推广项目活动，参加人数达6万多人次，这一项目通过向高中生进行文学书籍和教师指南的免费发放，让高中生能够理解教师是怎样将教学和该书本联系起来的。此外，挪威针对运动员还进行运动和阅读等专业的阅读推广项目的开展，在各个比赛场地和运动俱乐部开展图书阅读活动，加强运动员阅读习惯的养成。

确定读者群是每个阅读推广项目的前提条件，若是没有明确的读者群，会限制项目的实施效果。不论阅读推广项目大小，都需要明确读者群。

三、阅读推广项目策划的主要内容

（一）读者群的选择与分析

1. 读者类型的细分与选择

分析读者需求是图书馆的首要任务，应对读者需求的优先顺序进行排列，并从图书馆的实际情况出发，进行阅读推广项目的确定。由于很多图书馆的工作人员有限，人力不足，还应该基于本馆的服务人群和工作重点情况等，对重点读者进行确定。

儿童和老年人是公共图书馆的重点服务对象，学生是高校图书馆的重点读者，并在这一基础上进行不同兴趣和不同年龄的划分。对此，可以针对0～1岁、1～3岁、3～5岁、6～9岁等年龄段的儿童读者和兴趣、爱好进行划分：如喜欢汽车绘本的、喜欢动物小说的、喜欢科普内容等。可以将老年人读者划分为两类：一是高知老年读者；二是普通老年读者或者爱好烹饪的老年读者、爱好音乐的老年读者等。相对来说，高校的读者群体较为简单，即为大学生。

对读者群体进行定位后，当前的阅读推广工作重点需要依据图书馆的工作规划进行，从而对读者群进行选择，可从两个层面进行：

首先，图书馆应该根据资源特征和限制进行相应的读者阅读推广服务。

其次，选择合理的阅读推广时间，如大一新生入学、新学期开始等，可以促进大一新生的适应性为主题进行阅读推广；或者是入园时期，针对小朋友的分离焦虑情况等进行有关绘本阅读推广，让小朋友更快适应幼儿园的生活和学习。

2. *分析读者群特点的方法*

为阅读推广确定准确的读者群后，应该详细地分析和研究此类读者群的特征，以此对阅读推广的主题和方式予以确认。例如，英国的一个阅读推广项目将读者群锁定为不爱阅读的男孩子，分析这类男孩子的特征发现，他们对足球比较热衷，所以，可以将阅读结合足球话题进行主题的确定，将有关于足球方面的书籍推荐给这类儿童读者群，将足球礼品，如签字笔、徽章等作为奖励，发放给认真阅读的男孩子。若是将3～5岁的儿童确定为阅读群，图书馆应该针对该年龄段儿童的心理特征予以了解和分析。若是高校图书馆针对大一新生开展一次阅读推广活动，应该先把握好大一新生面临的最大问题——因大学阶段的学习和高中阶段的差异性而出现较大的不适应性。需要特别引起注意的是，图书馆无论针对哪个读者群体开展阅读推广活动，都需要先对读者群体的特殊性和特征进行分析，可以从以下方面对读者群体的特点进行了解和分析：

第一，文献法。图书馆馆员为了更好地对某个读者群体的特征信息和知识进行了解，可以通过专著、论文及相关教材等途径获得，如关注儿童发展心理学方面的论文和著作，有利于对3～5岁儿童的心理特点进行了解；若是针对老年人开展阅读推广，可以适当地阅读有关于老年心理学的资料，这样做，可有效把握特定读者群的整体特点等。

第二，调查法。文献法并不能确保对所有读者群特点进行了解，因此，有必要结合其他的了解方法。例如，问卷调查法是一种普遍采用的方法，有利于较为准确地对读者的特点进行把握，还能掌握读者的有关特点信息，甚至可以了解馆里老年人的兴趣。当然，这种方法只能针对到馆读者，为了更好地对未到图书馆的读者特点进行了解，需要采取其他方法进行相应调查。

第三，流通数据分析法。读者使用图书馆资源的情况，可以通过流通数据获悉。为了更好地把握读者的兴趣和特点等信息，可以通过分析流通数据获得。例如，对流通数据进行分析后，可以对本馆的大一学生、大二学生或者文科生、理科生比较喜欢阅读哪一类型书籍进行了解，可以获得具有相同阅读兴趣的人群，有利于阅读分享活动的策划。

（二）确定阅读推广目标

经过以上两步工作，应该对阅读推广项目的目标进行确定。该阶段应该遵循可评估性和可明确性两个原则，包括两个主要的阅读推广目标：首先，是为了让读者的阅读兴趣得到提高；其次，是为了让读者的阅读能力得到提高。比如，英国为提高成年人读写能力的阅读推广项目，其目标是：针对读写能力不佳的成年人，督促其在3个月时间内进行6本书的阅读，该目标非常明确，且具有可评估性。

（三）确定阅读推广方式

1. 常规性阅读推广方式

第一，馆藏推荐。阅读推广的一个基本方式是书目推荐，某个领域的图书和期刊比较优秀，于读者来说是不清楚的，因此，图书馆进行相应的推荐工作十分有必要。图书馆应该基于馆藏进行推荐，但是并非限于馆藏资源。此外，推荐的可以是图书书目，也可以是电影、游戏或者是杂志等。通常情况下，图书馆包括以下馆藏推荐：

借阅排行：图书馆最为普及的一种方式，包括按月、按季度和按年度的借阅排行榜，也可以分为文学类、经济类等按类别进行的借阅排行。

新书推荐：图书馆还经常采用新书推荐的阅读推广方法，即先进行新书暑假设置，然后开展定期巡展，或者通过网络进行推荐等。特别需要引起重视的是，应选择性地进行新书推荐，否则推荐不具备适用性。

编制主题书目：图书馆出于需求进行某一主题资源的宣传活动称为编制主题书目。这一书目不但包括图书，还有数字馆藏和报纸等资源。

馆员推荐：图书馆馆员对馆藏资源的了解较为全面和系统，因此，馆员推荐是基于这一条件进行的一种方式，不但充分利用馆员的资源优势，也有利于其工作热情的激发。目标用户群的特点是馆员推荐的前提和基础，而馆员推荐的主要作用是为了激发读者对书本的兴趣，而非展示馆员文采。因此，目标用户的特点和需求才是重点。

读者推荐：读者是图书馆不可或缺的资源，对读者资源的有效组织也是图书馆的一项重要工作，应该在阅读推广中充分利用这一资源。读者推荐的形式非常丰富，如苏州独墅湖图书馆，将图书推荐圣诞树放置在阅览室，供读者进行书目推荐和理由的阐述。需要特别注意的是，应该基于读者群体的特点选择合适的推荐方法，如针对儿童进行推荐，可以考虑采用卡通形象的推荐卡，吸引儿童的注意力，让他们填写，并不需要写推荐语才能进行书目推荐，还可以使用绘画、Flash及视频等方式进行推荐。

推荐后续活动的设计和开展：吸引读者阅读是所有馆藏推荐的最终目标，因此，推荐书目的陈列并非唯一工作，后续推动也必不可少。列出书目只是工作的一个组成部分，还需要一定的激励措施，促进读者阅读。当然，需要根据面向的读者群特征，进行激励措施的制定。

第二，常规读书活动。阅读推广既可以采取馆藏推荐的方式，也可以进行丰富多彩的读书活动。需要引起注意的是，任何一种方式的阅读推广都是为了让人们养成良好的阅读习惯，并将之常态化，所以，也应该作为图书馆的一项常规工作而非偶然的、临时的。因为阅读习惯的养成是长期的、持续的过程。

公共图书馆面向的服务群体较为多样化，阅读推广的主要人群包括儿童、青少年及老年人等，学生是高校图书馆的重点服务人群。由于读者群体的不同，所采用的推广方式也有所不同。此处不再详细地分群体进行阐述，以下只将比较常规化的读书活动予以呈列，以供参考和借鉴。

“故事时间”——这一阅读推广活动的主要负责人可以是儿童图书馆的馆员和聘请的志愿者。国外有细致的儿童读者群体划分，主要包括0～1岁、2～3岁、4～5岁等年龄段。无论是公共图书馆总馆还是分馆，都会进行一星期一次的故事时间，根据年龄阶段进行。图书馆馆员通过夸张的表情和语气进行故事讲解，进行相关的活动延伸，如画画、手工等，促进儿童对“故事时间”活动的兴趣。当然，国内图书馆对故事时间也比较重视，但唯一不足的是，对儿童年龄的划分不够细致，且很少有3岁以下儿童的“故事时间”。

图书馆需要根据本馆实际情况，开展“故事时间”活动。目前，大部分的图书馆对故事时间”比较重视，但是受人力资源不足的限制，需要考虑吸纳更多的志愿服务者参与。例如，江苏吴江图书馆吸引了很多台湾志愿者，给少年儿童定期开展“故事时间”，且效果非常显著。

读书交流活动——图书馆不但要指导和提供资源给个体阅读者，还要建设读者交流平台。读书交流的形式也比较丰富，既可以共读一本书，也可以进行月底类刊物的编制和读书会等活动的开展。任何一种读书交流形式一旦形成，应该长期坚持。例如，陕西理工大学图书馆开展“同读一本书”的活动；河北科技大学图书馆成立“好书月月谈”等项目，有利于促进大学生之间的交流和沟通。

2. 专题性阅读推广项目

图书馆每年或者每两年进行一次阅读推广活动，可以称之为专题性阅读推广项目，主要由以下方面组成：

第一，图书馆推出各类读书竞赛和挑战，可以采取视频制作比赛、书评比赛的方式进行阅读推广。例如，美国洛杉矶公共图书馆针对青少年开展四联漫画比赛、书签设计大赛等活动；中国汕头大学进行“读书的那些事”微征文比赛活动，让读者阅读后进行简短的读书感想和体会撰写。这种活动非常具有特色，吸引很多阅读者参与。除了开展比赛形式的阅读推广活动，还可以通过读者达到预期阅读目标后给予奖励的形式进行，比如，可以将金牌发给阅读完六本书的读者。

第二，主题性质的活动。例如，北欧公共图书馆开展动漫之夜、音乐之夜、幻想之夜，以及侦探之夜等各种主题阅读活动。其中，侦探之夜还会将现场布置成案发现场，然后邀请侦探小说家和读者进行互动。

第三，大型宣传活动。图书馆既可以开展常规性的读书活动，也可以在重大节日或者世界读书日进行具有特色的阅读推广活动，如国庆节、“六一”儿童节等，邀请政府领导和人员参与，增加活动的仪式感。

第二节　公共图书馆阅读推广的活动设计

一、公共图书馆阅读推广的讲座设计

（一）开设图书馆讲座的意义

城市中的公共图书馆对于整个城市来说必不可少，承载着一个城市的文化与传承，是一个公益性的文化建设项目。在信息飞速发展的今天，图书馆讲座存在一定开放性，可以和公众进行互动，存在一定的权威性，满足公众需求，备受公众喜爱。

1. 图书馆讲座——公共图书馆的服务品牌

在国际上，图书馆讲座也是非常普遍的，属于一种公众文化服务。例如，大英图书馆所举行的一系列研讨会非常受欢迎。再如，在1984年开始的帕尼齐讲座（Panizzi Lecture），每年均有举行，一般会选在每年的11月或者12月。举行相关讲座时，会有相关大英图书馆的演讲讲解大英图书馆的历史与珍藏的资料等，演讲还会出版成专辑，供人欣赏。此外，美国国会图书馆也会有相应的诗歌朗诵或者讲座等活动，一般选择在库利奇大礼堂或者芒福德纪念馆，以及惠托尔厅、玛丽•披克福德戏院等地方，时间一般为年末，一些演讲的稿件由图书馆出版。反观国内图书馆讲座蓬勃开展盛况，公共图书馆界逐步达成共识——举办讲座有利于提升图书馆的社会美誉度，提高图书馆的读者利用率，丰富城市文化生活，塑造城市的公共文化品牌。

2. 图书馆讲座——阅读推广活动的载体

各地开展的读书月、上海“书香中国”书展、深圳“图书馆之城”荣获“全球全民阅读典范城市”等遍布全国的阅读推广活动，形成以图书馆为核心的城市阅读文化体验中心，各类公益讲座是重要载体。

3. 图书馆讲座——重要的宣传窗口

综合性公共图书馆举办讲座的优势在于：丰富的内容策划与图书馆的藏书资源相对应；听众的参与程度与读者到馆数量正相关；讲座师资的有效聚集与公共图书馆的公益形象互相作用；讲座品牌的迅速成长与公共图书馆的场所价值息息相关。在这样的交互作用下，图书馆讲座成为各大图书馆展示馆藏、组织活动、提高图书馆社会影响力的重要窗口。同时，作为党和政府的宣传阵地，图书馆讲座在重大命题和舆论热点宣传上发挥巨大的引导作用。

鉴于公共图书馆公益服务的核心价值内涵，图书馆讲座应该具有三层特性：公益性——文化品牌的立命之本；传播性——讲座品牌的发展壮大之器；感召性——讲座品牌的精神归属之根。此外，讲座品牌还需要具备四大要素：必须符合社会需要，讲座要贴近实际、贴近生活、贴近群众；必须具有一定的知名度，要拥有一定范围内的公众知晓度；必须不断创新，自始至终保持讲座的新鲜感，才是保持品牌活力的秘诀；必须树立自身公益形象，不以营利为目的，强调知识传播与服务读者。

（二）图书馆讲座品牌设计

在商品经济中，理念是引导和规范企业和企业员工的强大思想武器，是企业向社会发出的宣言和承诺，反映企业存在的价值，是引导消费者和社会公众的一面鲜艳旗帜。当下的理念早已不局限于企业、商品和消费者的简单循环，而是扩展到事业、品牌和社会发展的各个领域。

1. 讲座名称的设计

讲座名称是品牌形成的首要元素，是提供品牌基本的核心要素，反映讲座的基本定位与目标，给读者、听众以先入为主的印象与评价，只要提到讲座名称，就能使人们联想到其品牌特点与定位。因此，讲座命名一般遵循以下原则：

第一，突显地域名称，易懂好记，标识性强。重庆图书馆的“重图讲座”、上海图书馆的“上图讲座”、黑龙江省图书馆的“龙江讲座”，都直接以地名命名，让人一目了然，好记、易懂。

第二，突显文化内涵，意喻深远。很多城市都有悠久的历史与灿烂的文化，运用该城市文化特色或历史人文典故命名，可使讲座名称象征着文化内涵，让人回味无穷。国家图书馆“文津讲坛”，即借用古代藏书楼“文津阁”的名称，象征神圣的文化殿堂、丰富的馆藏资源、五千年文化和古老文明，贴切而又响亮。

2. 讲座的核心理念

与讲座名称相对应的是对核心理念的归纳和提炼。核心理念的提炼除了要求准确、富有个性、表达简洁，还应符合图书馆的实际情况、城市文化个性和业务优势。提炼出认同感强、具有感召力的文字表述，是讲座品牌的价值追求，也是事业精神的高度概括。例如，上海图书馆的“上图讲座”，在数十年发展中形成“积淀文化，致力于卓越的知识服务；世界级城市图书馆；精致服务、至诚合作、引领学习、激扬智慧”的发展目标、愿景和核心价值观。

3. 讲座品牌的视觉设计

视觉设计对一个公共品牌来说必不可少。关于讲座标志，其设计通常需要把讲座的特点、品质及价值理念等要素，以符号的形式传递给听众，创造听众的认知，激发听众的联想，使听众产生对讲座的偏好，进而影响讲座所体现的质量与听众的忠诚度。

讲座标志一般应具有简明易认、内涵深远、视觉新颖等特点，以达到艺术与文化的完美结合。例如，上海图书馆讲座标识，由变形英文字母“SLL”与汉字“上图讲座”组成。“上图讲座”英文表述为“Shanghai

Library Lecture”，因此，本标识以英文字母“SLL”为设计主体：右面的“L”以发散的光波形状象征讲座的知识传播功能，左边的“L”则呈现球形，象征传播范围遍及全国乃至全球，充分体现“上图讲座”将辐射全国，甚至全球的雄心伟略；两个“L”又象征逗号，喻示“上图讲座”品牌的发展脚步永不止歇；标识右下方又标有“SLL”，其中“L”呈现话筒状，体现讲座形式的特性；标识以蓝色为主色调，充分体现“上图讲座”的知识性。

（三）图书馆讲坛座定位设计

讲座的定位设计首先需要调查公众需求及看法，再将整体讲座的内容及形式告知受众，同时定位讲座的品质和讲座过程中的问题，让讲座在开展时更加符合受众需要，举办效果更显著。

讲座定位设计可从以下角度着手：

第一，以受众对象为定位方向。讲座整体来说，所指向的对象是公众，在举行活动时，目标受众的情况及需求非常重要，在一定程度上决定讲座的整体品质标准。品牌效应可以对受众产生指引，反过来又影响讲座实施过程中质量标准的制定与贯彻。

通过对图书馆讲座受众的长期观察可见，图书馆讲座的受众主要是公益性服务群体，按照年龄划分，可分为退休老人、在校学生、在职白领等社会群体；按照教育程度划分，可分为高级知识分子、学历偏低但爱学习的人、莘莘学子等；按照社会阶层划分，可分为以行政管理为主的干部学习群体、以开阔视野和积累知识为主的职场新人群体，以及以休养生息、提升素养为主的“有闲阶层”。不同的群体对讲座内容和服务需求具有鲜明的个性选择，在做讲座定位设计时应兼顾不同群体的不同需求。

第二，以城市文化为定位标杆。文化是城市的灵魂和精神，是一个城市的内在气质，包括城市的精神面貌、文明程度、传统风情等。不同的城市具有不同的城市文化个性。结合所在馆和所在地方的文化特点，充分挖掘本土文化资源、当地文化特色举办讲座，使讲座成为城市的文化名片，也是一种行之有效的讲座定位方式。

例如，国家图书馆“文津讲坛”和上海图书馆的“上图讲座”，前者是以北京——这座历史名城的丰厚积淀作为讲座内容资源，定位于传统文化和经典传承，讲座坚持思想性、学术性、知识性，突出雅俗共赏、普及与精深兼得的特点。上海是一个追求兼收并蓄、与时俱进的城市，虽然传统文化不及北京、杭州等古城深厚，但其鲜明的海派特色和浓厚的都市气息，是其他城市难以企及的。上海讲座以“海派文化”和“都市文化”为专题，力求充分显现其都市性，把东方大都市海纳百川、各方杂处的文化精神充分展现。

（四）图书馆讲座的内容设计

讲座成功与否，虽然与很多客观因素相关，但最核心和最根本的因素还是讲座的内容策划，也称为内容设计。内容设计是建立在充分了解听众需求、积极调动社会资源、努力发挥团队协作能力基础上，是讲座品牌建设过程中的关键环节，体现图书馆讲座的能力与实力。

做好图书馆讲座的内容设计，一般有以下方面：

1. 专题活动设计

随着科技的发展、时代的进步、生活水平的提高，市民对讲座内容提出了更高要求，希望图书馆能提供更丰富、更全面、覆盖面更广的知识讲座，因而，图书馆讲座在内容上需要不断创新。这样的文化需求随着各个图书馆举办讲座的经验积累，已经逐渐得到满足。

针对不同层次和不同群体的文化需求，不同领域、不同主题的讲座内容纷纷登场——时政热点、文化艺术、社会法律、科学教育、经济金融、健康生活，与工作、生活、爱好相关的各领域专题都有涉及。

2. 节庆活动设计

除专题式的讲座内容外，公共图书馆另一个重要的职能是丰富市民的闲暇文化生活。事实上，很多图书馆的讲座都是以假日命名，因其讲座定位、讲座内容不同，可谓千姿百态。例如，浙江图书馆的“假日讲座”、福建省图书馆的“东南周末讲坛”、厦门图书馆的“周末知识讲座”、山西省图书馆的“周末讲坛”等。除了休息日，元旦、春节、“4・23”世界读书日、“六一”国际儿童节、国庆节等重要节庆日的相关讲座设计也是重要组成部分。

以下通过援引上海图书馆的相关案例，揭示节庆活动设计的三个原则：

（1）应时应景：中国百姓对传统节日，如春节、元旦、中秋、端午等延续至今的节庆具有深厚情结。节庆休假日的图书馆讲座活动在向市民提供文化学习和休闲选择之外，又具有聚集人气、传承文化的意味。所以，节庆讲座的设计更需要体现节日元素。例如，上海图书馆的“中国优雅”专题，分成“人间烟火——春节民俗与美食”“幸毋相忘——新年话旧饰”“澄怀观道——文人香事”，涉及民俗、美食、香道、收藏等各个领域，既有寻常百姓的人间烟火，又有文人雅士的古风清玩，力求多角度展现中国人传统生活方式的智慧与优雅。

（2）曲高和“众”：与传统节日不同，一些节日具有主题性，比如“三八”国际妇女节或者“世界健康日”。作为阅读推广最前沿的图书馆讲座，近年来，每逢“4・23”世界读书日来临，总是会举办相关专题的活动。这里要兼顾好图书馆的引领作用和大众的接受程度，也就是说，“曲高”也必须“和众”。

（3）把握导向：讲座不仅是文化品牌，更是重要的舆论宣传窗口。其重要职责还包括追踪热点、辨别是非，是文化宣传的重要阵地。因此，每逢与国家利益相关的节日（如国庆节），图书馆应策划能够凝聚民族情感、抒发爱国情怀、坚持正确导向的讲座活动，以烘托节日气氛。

3. 高端会员沙龙设计

在满足社会大众文化需求、高举公益性大旗开展公共文化服务的基础上，越来越多的城市出现更高听讲需求的社会群体。他们对讲座的内容和嘉宾有更高要求，希望内容更前卫、嘉宾更权威、形式更时尚、服务更到位，并愿意为此支付一定费用，以享受更加私人化的听讲服务。

4. 定制类设计

图书馆讲座的日常组织和运行一旦常态化，品牌影响力也会随之上升。这个阶段会出现多种可能，如合作性、个性化的办讲模式，这种有既定的听讲对象、明确讲题指向，甚至有具体的讲座类型要求和增值服务要求，都属于定制类讲座设计。

（五）图书馆讲座的效果设计

图书馆讲座是落户在图书馆主体建筑内，有固定空间和服务规模。尤其是当下体验经济大行其道，公益设施日趋现代化，人们对公共服务带来的现场感和参与感要求更高。

1. 场景设计

随着公共图书馆界一轮建设热潮的兴起，各地新建馆舍的硬件、软件条件今非昔比。就讲座而言，场地要求以方便、实用、适当为主要原则。一般根据听众人数、对现场效果的预期进行合理安排。就国内举办讲座较为成功的公共图书馆来说，能够设置200～400个座位的场所较为适宜。场地大小、座位多少、座位摆放、背景呈现、灯光控制和氛围营造，均对讲座效果产生直接影响。

根据演讲主题和演讲人的具体情况，场景布置设计需要注意以下要素：

第一，背景呈现，也就是主题会标，一般需要体现讲座冠名、讲座主题、演讲人信息、主办单位名称等。不同内容的讲座配合不同内涵的美术设计，令听众进入讲座场所就能立即感知讲座的主题内容，以及主办者力图传达的信息。

第二，讲台设计。如果是一个人主讲，可选择配备立式讲坛或者传统型课桌；如果是两个人以上同场主讲（往往会有主持人串场），则需要按照讲课内容的侧重，安排主次座位。同时，内容的差异性也决定场地的个性化布置。例如，“民国故事”系列讲座，现场应准备红木座椅和茶几，一入会场就会融入讲座氛围；悬疑故事讲座，应在台中放置单人高脚凳，配合以暗场追光，呈现悬疑的感觉。

第三，氛围设计。在围绕讲座内容主题设计会标和布置场景的同时，某些确定的设计元素还适用于同场讲座的其他物品和网络宣传，比如台卡、话筒上的标识（LOGO）、场内摆放的宣传海报、免费派发的讲课提纲或刊物等。同时，不要忽视细节作用，细节常常可以在讲座结束后延长听讲感受，是品牌宣传的重要手段。

2. 音效设计

当代讲座离不开科技手段的辅助，如灯光、投影仪、音响、视频等。图书馆的现代化设计使得这些设备的运用成为可能。例如，杭州图书馆有专门的影音厅，配备一流的音响设备，听众可在影音厅内试听维也纳新年音乐会。

会议音响设备一般有有线麦和无线麦两种。前者抗干扰性好，保密性强，但移动不方便；后者移动方便，但抗干扰性相对较差。讲座中常采用的有桌面台式麦克风和手持麦克风。落地式麦克风与微型麦克风一般在朗诵会和舞台效果较强的讲座中使用。麦克风的高度最好不要超过主讲人的肩膀，尤其是落地式麦克风，否则，极易从正面遮挡演讲人的脸部。

为了给讲座现场的听众创造良好的听觉环境，一般可以从以下方面着手：

第一，主讲嘉宾的声响控制。音箱的位置安放合理，不造成视觉侵占，又能够保证声响传达效果理想。音量控制得当，保持适中，力求使会场内呈现出最佳音响效果。

第二，环境音响的控制。尽可能地屏蔽讲坛现场的杂音，避免各种喧闹声。

第三，调节性音响控制。讲座开场时播放与讲座主题和气氛相和谐的背景音乐，帮助读者进场后迅速调适情绪，达到安静听讲的状态。

3. 灯光设计

当代讲座对于灯光的作用已经具有鲜明的潮流意识。然而，目前国内大部分图书馆讲座做不出专业剧场的灯光效果，下面仅对普及型讲座的灯光设计进行分析。会场内灯光一般要求有足够的亮度，尤其是照射在会标、主席台中心区域及其桌面上的灯光既要有均匀度、柔和感，又要有必要的光亮度。听众席区域还应以便于大家现场做笔记的柔和光为主。特别需要注意的是，光线不可直射现场人员的眼睛。会场外，比如门口、通道等处，宜采用明亮灯光，以方便听众入场通行、保障安全为原则。

（六）图书馆讲座的主持人

讲座的主持人是讲座效果设计中最重要，也是最具魅力的一部分。这些年，图书馆讲座的兴起带动了一个新的职业岗位，那就是讲座活动的策划与主持。讲座主持人是联结主讲嘉宾和听众的桥梁和纽带。图书馆讲座主持人集策划者、组织者、主持者于一身，从讲座的选题到联系主讲嘉宾，讲座内容和时间地点的确定，乃至讲座信息的发布、宣传均需要主持人的精心安排。

讲座主持人是讲座进程的动力和向导，成功的主持人必须掌握因势利导与处理难题（化解尴尬、控制情感、传递信息）的技巧。可见，主持人优秀与否和讲座能否成功有直接的关系，因此，对于主持人的素质、形象、礼仪和风格设计也是讲座效果设计中的重点。

1. 主持人的岗位职责

与主讲人顺畅、友好地沟通——主持人应事先与主讲人就讲座事宜进行充分沟通，如确认讲座时间、讲座题目、讲座内容，主讲人简介，主办或合办、承办单位等相关信息，了解主讲人的演讲习惯，是否使用PPT等多媒体资料。有很多讲座是需要主持人全程参与讲座内容的，那就需要主持人成为讲座嘉宾的朋友，充分沟通，寻找话题，设计流程。

掌控现场流程——图书馆讲座一般的流程为：开启讲座、介绍嘉宾、简述讲座内容、主讲嘉宾演讲，以及后半部分的现场提问、总结讲座、下场预告等。在整场讲座过程，主持人必须自始至终严格监控，根据现场的情况随时做出反应。

呈现完美的讲座效果——主讲人在讲座的最后阶段，一般会与听众进行互动交流，在这一环节，主持人需要善于把握节奏。主持人在倾听主讲人与听众交流的同时，需要思考话语的衔接、贯穿，以及如何结束或切断主讲人与听众的题外话。在交流过程中，主持人可以根据现场情况将自己的立场在主讲人和听众之间进行切换，既能以主讲人的立场讲话，又能以听众的立场提问，巧妙协调好两者之间的关系。这样才能在控制全场节奏的同时，将现场气氛推向高潮，深化讲坛主题。

2. 主持人的礼仪要求

中华民族素以“礼仪之邦”著称于世，图书馆讲座是一个传承文化的高雅场所，主持人应首先成为文化的象征、礼仪的典范。在前期的沟通和协调工作中，主持人必须言语得当、态度恭敬、有礼有节、进退有度。活动当天，主持人应该提前到达与主讲人约定好的地点（讲座场地门口或图书馆大厅门口）等待迎接。在讲座开始前，应与主讲人就讲座细节再次落实和沟通，将讲座流程安排及时间控制告知主讲人会有助于其更好地准备和发挥。

讲座开始之前，主持人先行上台提示大家将手机调至振动并保持安静；待听众注意力集中后，便可开始主持讲座。讲座的开场白至关重要，必须措辞简洁，引出主题，主持人应以自己良好的语言能力让听众迅速融入情境。

在讲座结束时，主持人应用高度概括性的话语将讲座主题和收获提炼出来，对整场讲座进行一个提纲挈领式的总结，并表达主办方对主讲人和听众的感谢。讲座结束后，主讲人如愿意为听众签名或合影留念，主持人需要维持好讲座周边的秩序。在主讲人要离开时，提醒其勿遗忘随身物品并致谢送别。

3. 主持人的形象设计

讲座主持人出现在听众面前时，所代表的不仅是个人形象，更是图书馆的形象。一位合格的主持人总是能够精神饱满、仪态端庄、谈吐得体、举止文雅，令听众产生一种亲切舒服的首因效应和魅力效应。因此，在服饰妆容方面，具备恰如其分的风格定位就显得尤为重要。当讲座内容比较严肃，主持人应选择端庄、得体的西服、职业套装，给人以冷静沉着、落落大方的感觉；如果是关于都市生活的讲座，听众以年轻人和时尚白领为主，主持人最好在着装上选择偏亮色调的服饰，融入一些当下流行的时尚元素；春节期间的活动主持，主持人可穿着文化意味鲜明的传统服饰；“三八”国际妇女节的庆典活动，女性主持人甚至可以盛装出场，身着旗袍和礼服，突显隆重和典雅。总之，服装的选择可以根据不同讲座内容变化风格，但前提是大方、得体。

4. 主持人的语言设计

发音标准、吐字清晰、语言流畅是对讲座主持人语言表达的最基本要求。主持人的语言表达可透露很多信息，朴实无华且悦耳动听的语言具有无比的亲和力，不仅可充分反映主持人的学识与涵养，且能有效带动嘉宾与听众亲密无间的交流，为话题的进一步深入推波助澜。主持人一般在讲座开始之前都会备稿，这是必要的准备。可实际上，现场的情况千变万化，仅局限手中一稿机械化地进行，往往难以融入现场气氛，更难以捕捉精彩瞬间。因此，主持人的语言表达能力，更体现在临场发挥上。当然，若要具备优秀的语言表达能力，学习、培训是必不可少的。

5. 主持人的控场能力

从讲座开始到结束，主持人是除了主讲人之外唯一掌控现场的角色，对控场能力的要求非常高。讲座活动中，特别是一些对话式讲座，可能因为一个优秀主持人的介入，就有了自己的灵魂。在一个话题应该结束时，主持人自然地承上启下，开始下个阶段的谈话；在主讲人一时语塞的时候，主持人给予提示、铺垫，能避免冷场；当主讲人滔滔不绝，甚至出现不当语言或已偏离主题的时候，主持人需及时巧妙地予以制止、引导；当主讲人和听众间产生过激对话时，主持人能够适宜地调节气氛。

另外，成功的现场讲座主持人应该具有大方、得体的形象，丰富的学识修养，优秀的语言表达能力，出众的掌控能力、逻辑分析能力与灵活应变能力。他能够充分调动主讲人的演讲激情，加强谈话深度，激发听众的思辨火花。应该说，主持人在为整场讲座活跃气氛、穿针引线、深化主题等方面，起着举足轻重又无可替代的作用。

（七）图书馆讲座的衍生服务设计

图书馆讲座通过数年如一日的积累，在讲座本身之外还将会产生一大批与讲座相关的衍生产品，比如讲师资源库、讲座文字稿、讲座课件、视频音频资料、讲座刊物、讲座出版物等，这些产品丰富了讲座服务的内涵，延长了业务价值链，使得讲座品牌的多元化发展成为可能。对于衍生服务，同样需要用策划和设计的眼光来合理布局。这些服务功能的完善和优化是图书馆系统建设讲座品牌的必要条件。

1. 讲座产品的形象设计

讲座的视觉设计还体现在整个讲座举办流程中需要对外展示的各个环节。前期，包括讲座的宣传海报、宣传单、网上公告等环节，在形象上不仅要凸显讲座的品牌品位，而且要注意体现讲座内容的特有元素，尤其是一些大型的专题系列讲座，更需要在精心的画面设计之外突出主办元素，即本专题系列或本次讲座的主办单位名称、标识、排序等。在实施阶段，要在会标、舞台设计、招贴、现场布置和氛围营造上融入设计感，其原则是要与讲座标识统一协调，在文字、色彩、构图上充分体现讲座的整体风格，具有较强的视觉识别功能。在讲座后期，一般认为讲座主体工作已经完成，其实不然，讲座的音频、视频及其形成的光盘载体、讲座的课件和文稿、讲座的报道归集、跟讲座有关的印刷品和书刊的出版，甚至是与讲座有关的纪念品设计，都需要沿用以上的设计原则，形成讲座的整体感和品牌设计感。

2. 讲座门户网站的功能设计

在互联网时代，尤其是在移动客户端发展日新月异的当下，图书馆讲座的人气迅速积聚，与讲座自媒体的建设互相融合，大力拓展了讲座的服务功能。借助互联网的优势，图书馆讲座可以实现跨越式发展。公共图书馆的网站建设早已经全面铺开，其中，讲座活动的更新和推广是重要，也是最出彩的部分。网站建设内容涉及众多层面，在此仅对网站功能设计进行分析。一个实用的讲座门户网站必须具有以下功能：

第一，预告讲座内容。预告讲座内容包括全年或全月的预告，以及单场讲座的时间、地点、主讲人介绍等详细信息。

第二，提供预订通道。在网站上可实时注册，无须复杂认证即可实现对某场讲座的预订。

第三，推送重要活动。对于大型或系列活动，需要特别宣传的专题性活动，网站有责任专门推送。

第四，提供讲座音频或视频资源。提供讲座音频或视频资源是网站建设的重中之重，对资源的组织和有效使用起到关键作用。

第五，增加讲座的附加值。如讲座刊物的数字版，通过讲座活动的现场报道、图片，展示讲座资源的积累、讲座活动的社会影响等。

第六，提供兄弟图书馆共享资源。对于同业而言，网站提供的信息是同行之间借鉴学习的重要来源，更是馆际合作的重要窗口。

3. 衍生产品的规划设计

在全国公共图书馆界，讲座举办较为成熟的图书馆都创办了专业的讲座刊物，如太仓图书馆自行编印的馆刊《尔雅》被中国图书馆学会阅读推广委员会指定为“书香园地”期刊之一；上海图书馆的《上图讲座》专刊创办多年，不仅为上海市民提供精神食粮，也给全国图书馆同行提供同业参考和例证。这些人文导读刊物传播文化，拉近图书馆与读者之间的距离，成为图书馆的文化名片。

刊物之外，讲座的衍生产品中，课件、文稿、音频、视频都是进行二次传播的极佳手段，规划设计产品的使用情况，是提升品牌影响力的重要内容。

第一，结集出版丛书。对讲座讲稿的收集整理和结集出版，已成为同行之间的共同做法。最具知名度的莫过于国家图书馆“文津讲座”系列丛书。“文津讲座”是国家图书馆主办的公益性学术文化系列讲座，属于国家性质讲座，且为著名品牌。“文津讲座”的主旨是为百姓服务，其中的文化资源非常丰富，符合我国传统文化教育，每次讲座都会有很多学者进行演讲。当然，“文津讲座”不是只有在现场才可以看到、听到，每场讲座都会有相应的工作人员进行录制，且会完整保存，编辑整理，最后在图书馆珍藏，供公众阅读使用。还有一部分讲座，比如“全国文化信息资源共享工程”，公众可以随时免费通过网络观看。此外，“文津讲坛”的很多精选内容会单独进行编辑和整理，对应的书籍是“文津演讲录”，可以满足很多公众需求。

第二，音频、视频资源的再开发。讲座的现场录音、录像已经非常普及。对于摄录下来的音频或视频文件除妥善保管、存档之外，利用这些文件进行再次传播，能够收到意想不到的效果。例如，“上图讲座”与电台的品牌节目《市民与社会》合作，该节目因为多次邀请政界或商界名人而被市民广泛关注。节目以现场采访为主，但是周末档期的编排常常遇到困难。“上图讲座”以公益性讲座录音弥补了节目空白；经过电台专业编辑制作的录音文件具有传播性，这些文件再次成为图书馆制作宣传品的内容支撑。视频文件也是如此，不应忽略讲座数字化成果的长期积累，是品牌资源中最有潜力，也最有价值的一部分。

第三，讲座文稿的媒体共享。作为公共资源，各大公共媒体与图书馆之间长期存在互相需要、友好合作的关系。媒体的参与放大了图书馆的社会效应，图书馆的资源又为媒体提供了可持续发展的支撑，尤其是内容精彩、主讲人知名度高的讲座，媒体常常趋之若鹜。

抓住需求，公共图书馆应适时打造相应品牌，不仅可以通过媒体放大活动效应，还能够打开长期合作、凸显品牌价值的通道。比如，在媒体上开设专栏，定期刊登讲座文稿，或提供现场录制的音频、视频文件，在宣传氛围和细节上做足文章，在公众视野内尽可能展示图书馆讲座的文化符号和个性元素，让更多的人知晓讲座、熟悉讲座。

二、公共图书馆阅读推广的读书会设计

（一）读书会及其特征

显而易见，“读”指代阅读的行为方式；“书”指阅读时的对象，但读

书并不是只读纸张方面的书籍，其中的“会”则指代团体的汇聚。从字面意义上进行分析可以看出，读书会是对所阅读的事物进行相互交流、学习的一个汇聚团体。

在我国，自古便有以文会友的活动，这项传统活动是早期文人团体读书会的代表之一，比如竹林七贤、建安七子及竟陵八友，等等。对于西方国家来说，启蒙运动发展以后，西方国家的受教育程度逐渐增加，公众受教育规模增大，因此，出版物的数量也随之增加，后期读书会的发展也非常迅速，并在教育中发挥重要作用。如德国图书会。启蒙运动后期，德国读书会迅速发展，和当时的启蒙社、教育联合会等发挥作用一致，属于一种批判功能性的公共教育。

近年来，我国出现很多类似于读书会形式的团体，这种类型的阅读团体有其核心特征，主要四个方面：

第一，民间性。因为是民间自发形成的，活动及组织形式并没有政府干预。

第二，核心是对阅读内容进行交流与分享，是阅读人员之间的互动。比如，北京“阅读邻居”读书会在进行阅读时，会事先发布对应的书目，活动时可以针对此类书目发表个人看法，相互交流心得，促进阅读生活的发展。

第三，小团体形式。读书会着重互动和分享，对活动方式和场地等均有限制，规模相对较小。若团体规模过大，在进行活动时分享效果相对较差。

第四，相互受益。阅读共享及相互交流，可以促进思想发展，使成员受益。

在我国，在对读书会进行分析时，不仅可以将其理解为一种民间阅读团体，也属于一个民间的阅读推广团体，可以促进全民阅读。目前，我国很多读书会已不再局限于图书会内部成员的阅读，更多的是对阅读的推广与分享，其中还有很多关于推广阅读的实际活动，如列举相应的书目针对特定群体进行推广；对应的公益性活动也非常多，如江苏淮安组织的“目耕缘读书会”是其中的一个典范。“目耕缘读书会”秉持的原则是“让身边更多的人拿起书籍，携手读书，让同行之人更多、更具知识与责任”，后期还组织了很多公益活动，比如目耕缘讲读堂，淮安好文章、寻找淮安读书人等，这些活动的展开，有效促进全民阅读的开展，增强公众的阅读兴趣。

简单来说，读书会是以阅读为交流的一个团体，属于民间组织。当然，除了民间组织的说法，还有另一方面的理解，即图书馆举行的一种阅读活动，将图书馆看作阅读活动的举办方，但是在一定程度上限制了图书馆对于阅读推广的全面性。所以，在深入了解图书馆时，不仅应从活动举办方向解读读书会，还需要从团体方向进行理解，尤其是民间的阅读团体方向，对于图书馆十分重要。

（二）图书馆界关注读书会的依据

第一，作为阅读交流平台的图书馆，应该发展读书会。图书馆长期以来主要满足个体读者的阅读需求，为个体读者提供阅读读物、阅读空间、阅读设备，但是阅读不仅是个人化的事情，也是一项社会化行为。为此，图书馆应该为大众的阅读交流提供场所、氛围和平台，通过编制阅读刊物、读者评论等方式，提供阅读交流，同时应该大力发展读书会这一交流平台。

第二，读书会发展需要图书馆的推动和支持。读书会要达到良好且长久发展，离不开图书馆的支持，美国读书会发展、壮大的一个重要因素是政府和图书馆的支持。当然，我国读书会的发展也非常迅速，目前已是我国公众阅读的主体。读书会的发展也存在问题，比如发展空间较小、相对低迷、没有专业团队支撑等。图书馆作为政府与民间读书会交流的一个途径，可以逐渐从资源提供方向转变为整合指导方向，实现读书会的良性发展，促进内部结构升级。若要更好地将资源进行整合，图书馆需要发挥作用，加大对图书会的支持与引导。

（三）读书会发展中图书馆的角色定位

图书馆在其中承担了三个角色：

第一，组织者。图书馆不仅传递资源，还是一个组织资源的平台。图书馆需要把各方资源，尤其是读者资源有效地组织起来，推动更多的读书会成立。

第二，服务者。图书馆的用户，除了个体用户，还有团体用户。读书会是团体用户的一种类型，图书馆应该将读书会作为服务对象，为其提供所需资源和帮助。

第三，管理者。图书馆不应只局限于作为读书会的举办者和资源提供者，更应该做好管理者的角色。这里所说的管理，并不是指个体读书会的管理，而是图书馆应该对本馆服务区域内的所有读书会群体的整体管理。图书馆对读书会群体的管理和其他部门不同，其他部门，如民政部门、文化主管及宣传部门关注资质、思想动向等方面，图书馆对读书会的管理主要从业务角度进行，包括读书会信息的管理和评优激励等方面。

（四）图书馆运作读书会的阶段

图书馆运作读书会和一般读书会的运作区别较小。下面结合读书会的运作进行分析。

1. 筹备读书会

读书会的类型，按照不同标准有不同分类，从图书馆的角度来讲，主要考虑两种分类方法：①按人群分类，可将读书会分为儿童读书会（亲子阅读）、青年读书会、女性读书会、学生读书会、教师读书会、老年读书会等；②按主题分类，可分为文学阅读（可进一步细分，如鲁迅文学作品读书会等）、心理励志、经济管理、社科人文、艺术、童书等。

图书馆在设计读书会类型时，可考虑从流通的数据方面，分析读者的阅读兴趣和爱好。图书馆创办读书具有天然优势，是图书馆对读者阅读兴趣的了解。读书会是一群具有类似阅读兴趣的人进行交流的团体，而图书馆通过流通记录，可以了解到哪些读者具有相同的阅读兴趣和爱好，这是读书会成立的基础。图书馆可以在流通记录分析基础上，提出本馆读书会的整体构架，然后寻找合适的读书会带领人，组织相应的读书会。

关于读书会名称，角度不同，名称亦有差异。有的读书会以参与对象命名，比如上海女树空间读书会，以女性为主，倡导女性自觉和性别平等；有的以地点命名，比如深圳后院读书会，主要源于其最初活动在一个饭店的后院而得名；有的以聚会时间命名，比如周末读书会；有的以宗旨命名，比如上海萤火虫读书会，该读书会认为成员像萤火虫一样，是一个会飞的读书会——“萤火虫是渺小的，发出的光是微弱的，然而，夜空中聚集在一起的萤火虫发出的却是耀眼的光芒。”图书馆读书会的命名，也可以结合图书馆的特色，比如浙江图书馆读书会命名为文澜读书会，取自浙江省图书馆馆藏的文澜阁版《四库全书》。

确定读书会宗旨。只有确定读书会的宗旨，才能确定读书会的形式和风格。

拟定读书会章程。读书会成立后，可以由会长带领全体会员订立章程，使会员对读书会的宗旨、特色、成立背景、组织形态、会务发展等有比较充分的了解，并能遵守规范，顺利推动会务。章程内容一般有八个方面：①会名。包括全名与简称，并简要说明会名的由来与意义；②宗旨。确立读书会的宗旨；③入会方式。读书会参与者资格限制及入会方式；④权利，说明入会会员享有的权利，比如是否享有借书优待等；⑤义务。对读书会会员应遵守的章程、规范及任何经会议通过的决议加以说明；⑥组织。对读书会的组织形态、干部产生方式、任期、各项工作分配及会务运作方式加以说明；⑦聚会方式。对聚集的时间、活动方式、基本流程等加以说明；⑧规范。读书会的各项规范应由全体会员共同讨论后确定，并约定共同遵守。

确定读书会组织结构。不管哪种规模的读书会，都应该有相应的组织结构进行管理。读书会的组织形态视规模大小而定。小型读书会的组织结构可以相对简单，设会长和副会长。会长主要负责整体设计、带领读书会、对外联系等；副会长主要负责会员联络、准备相关材料等。规模比较大的读书会，其结构相对复杂，如果人员较多需要进行分组，否则不能保证讨论效果，因此，除了会长、副会长之外，还需要设置各小组组长。

2. 读书会主要活动

读书会可以一至两周举办一次，也可以一个月举办一次，每次活动约两个小时，活动形式主要包括各种阅读交流活动及拓展活动。读书会的类型、宗旨不同，其活动也有区别，比如以成员互益为主的小型读书会，其活动以精读和讨论为主，而公益型的读书会，则会开展大型讲座等。

读书会活动可以分为四类：

（1）精读分享：阅读分享是读书会的核心内容，可由读书会成员共同选定书单，会下完成阅读，会上进行交流和讨论，一般有一个引领人引领讨论。引领人可以固定，也可由成员轮流担任。

（2）好书分享和推荐：与精读分享的区别在于，好书分享并不是全体会员共同读一本书，而是可以组织好书分享活动，不设主讲人，参与者轮流介绍自己的书籍，但是会影响讨论效果，很多读书会采用的是好书推荐的方式，每个会员可以在读书会的交流平台上分享个人的阅读心得和体会。

（3）其他拓展活动：除了阅读活动，读书会还可以结合读书会主题、成员构成等情况，设计其他拓展活动。例如，黄河青年读书会在理论推演之后，开展社会调查和实践工作，为政府建言献策。除此之外，诸如户外郊游、参观访问等均属于拓展活动内容。

（4）编制刊物、信息发布和分享：读书会的各项活动需要呈现，呈现的方式有很多种，被广泛采纳的方式是编制读书会阅读刊物。例如，真趣书社的《方塘鉴》，万木草堂读书会的会员刊物《读好书》。这些刊物可以是纸质版，也可是电子版，比如熬吧读书会的电子杂志《艺文志》。刊物一般包括会员的读书心得和体会，读书会活动的介绍和总结、书目推荐等。随着网络和多媒体发展，读书会的展示平台也日益多元化，很多读书会在豆瓣、微博、微信上进行信息发布和分享。

（五）图书馆培育读书会的策略

1. 资源支持

图书馆在读书会发展中可以提供资源支持，包括资料和场地两个方面。

资料支持：①面向读书会的馆藏资源建设。读书会在进行阅读讨论时的一个首要问题是读物。面向读书会的馆藏资源和面向个人的馆藏资源，在提供上应有所不同，读书会需要的副本量比较多。图书馆可以考虑为读书会提供阅读资料，一般由读书会进行申请，图书馆主要考虑该读书会需要的资源是否符合图书馆的馆藏发展规划。②提供讨论及相关资料。图书馆主要提供读书会所需图书资源。在读书会发展较好的图书馆，会以比较成熟的“读书会资源包”的形式向读书会提供。在建立相应馆藏之后，图书馆还需要制定相关的借阅政策等进行管理。

场地支持：图书馆本身承担着社区交流的职能，应该为读书会定期开展的主题讨论活动提供场地。当前，我国民间读书会多有场地缺乏之困，在解决问题上，倾向于与咖啡馆或书店合作，图书馆更应该主动为读书会提供服务，特别是场地的支持。也有图书馆和民间读书会建立良好的合作关系，比如苏州独墅湖图书馆实行引进策略，以图书馆咖啡厅为大本营，积极引进各类读书会在此举办活动；天津泰达图书馆将滨海读心书友会引入图书馆，该读书会的很多活动在图书馆举行。

2. 提供读书会运营方面的辅导和培训

提供读书会手册、指南等指导资料：很多读者可能有成立、运营读书会的想法，但是并不了解如何运作一个读书会，图书馆应该为这些读者提供相关指导资料。例如，英国、美国的很多公共图书馆在网站上为读者提供读书会手册、指南之类的信息，内容包括如何确立读书会的宗旨、如何制定读书会的章程、如何确定活动周期、如何选择读物、如何确定规模等问题。这些指导资料可操作性很强。

培训读书会带领人：读书会活动开展的效果，在很大程度上取决于带领人的能力。条件成熟的图书馆应该对读书会带领人进行培训，包括带领讨论的能力和技巧、交流合作能力、数字推广能力等。

3. 读书会的管理

（1）收集、整合读书会信息：①收集信息。图书馆应该整合读书会的信息。图书馆本身承担着社区信息中心的职责，应该全面了解本社区内读书会的具体情况，并向读者推荐相应的读书会。对此，需要图书馆对读书会的信息进行整合并做好相关咨询服务工作。图书馆需要掌握本地区每个读书会的信息，包括读书会的规模、读书会面向的群体、读书会的活动周期、读书会的重点阅读读物等。②传递信息。收集完相关信息之后，需要将信息进行整合并提供给读者，从而让读者了解身边读书会的主题、活动周期，从而选择感兴趣的读书会。③展示读书会活动。除了整合读书会基本信息，图书馆还可以展示读书会的阅读交流情况。读书会的阅读讨论成果，经图书馆整合后，会以展览、网站推荐等形式展示出来。

（2）促进读书会之间的交流：读书会之间需要进行交流，图书馆需要为读书会的交流提供机会，使各个读书会之间相互学习，取长补短，形成合力，更好地促进读书会发展。图书馆可以采用座谈会、小型研讨会的形式，召集读书会的主要负责人，协商图书馆的发展；一些地方由政府文化管理部门牵头，有的图书馆已经认识到图书馆应该成为培育读书会发展的载体，开始探索和发展读书会，促进读书会之间的交流。在这方面，深圳图书馆已经开始尝试。

（3）评优激励：图书馆应该制定奖励制度，对本地区（社区）内的读书会进行评选并奖励，激励读书会更好地发展。图书馆可以定期举办读书会评比活动；对活动丰富多样、阅读效果显著的读书会，图书馆可以公开表扬，也可以在资源提供、资金支持等方面给予实际奖励。

第三节　公共图书馆阅读推广的不同形式

一、图书馆家庭阅读推广

（一）图书馆家庭阅读推广的意义体现

1. 有助于建设和谐家庭

重视家庭教育和启蒙教育是中华民族传统文化的一个重要组成部分。自古以来，良好的家风和家庭建设，能够有效促进家庭成员道德规范的形成，对社会和谐发展也会产生重要作用。图书馆具备社会教育功能，为了更好地对家庭阅读形成引导作用，有必要加强家庭阅读推广工作，为家庭建设贡献一份力量。

从微观层面来说，加强个人培养，促进家庭建设的提升，是图书馆进行家庭阅读推广最常用的手段。针对家庭成员进行家庭阅读推广，要落实到家庭这个集体上。

从宏观层面来说，家庭是组成社会的细胞，家庭的和谐对社会的和谐将产生积极作用。图书馆进行家庭阅读推广活动，有利于全民阅读的落实，并会为全民阅读习惯的养成创造良好的社会条件。

其一，利用家庭阅读推广活动，能够有效提高家庭成员的整体素质，也是家庭建设的基本前提和基础。只有创造良好的家庭阅读氛围，才能让家庭成员多读书、读好书，才能提高家庭成员的整体素质。

其二，家庭阅读推广活动的开展，能够促进家庭教育环境的形成。通过家庭阅读推广，高度融合学校教育和家庭教育，为中国传统美德的宣扬和传承创造良好环境，为社会主义核心价值观的建设提供条件。

2. 有助于推进建设书香社会

整体而言，在家庭阅读环境建设和家庭藏书建设过程中，图书馆开展的家庭阅读推广活动，既产生了积极的推动作用，也有效地引导家庭阅读的积极开展，为家庭成员之间的亲情沟通提供有利条件。通过家庭阅读推广，对家庭成员使用图书馆阅读资源具有积极的促进作用，有利于阅读活动的丰富化，也有利于家庭形成良好的阅读习惯和阅读氛围，为青少年的健康成长和远大理想的树立产生积极作用。所以，家庭阅读推广活动的开展是倡导全民阅读的一个重要举措，并为书香社会建设创造有利条件。

图书馆承担着服务社会和文明传承的双重任务，以书香社会建设为依据，促进家庭阅读推广工作的开展，促进图书馆在家庭阅读推广活动中的场所和阵地功能的发挥。

3. 有助于增强公众图书馆意识

首先，图书馆举办的家庭阅读推广活动，可有效促进公众对图书馆社会价值和行业使命的认识，也对社会大众的通识教育产生积极作用。

其次，图书馆的家庭阅读推广活动有利于对青少年养成良好的阅读习惯，并让家长能够正确认识到在亲子阅读和成才教育中，图书馆所产生的积极作用。

从某种意义上来说，家庭阅读离不开公众图书馆意识的形成，也就是说，图书馆通过家庭阅读推广，有利于全民阅读氛围的形成，并让公众能够正确认识图书馆和阅读，以促进公众图书馆意识的形成和提升，两者之间的关系是相互促进、密不可分。

（二）图书馆家庭阅读推广活动的策划

策划是人们采用系统的分析方法和科学思维方法，分析策划对象的环境因素，并根据调查、分析和创意，重新组合和配置资源，以促进行动方案的落实，从而达到某种预期目标的过程。商业是策略的起源。以营销学的角度来说，策划的意义在于让市场占有率得到有效提高。如果活动策划案具有创新想法且切实可行，将有利于企业知名度和品牌美誉度的提升。

图书馆策划家庭阅读推广活动，需要对活动主题进行创意，并以此进行活动目标和活动方案的制定，也是家庭阅读推广的准备工作，能够指导各个环节顺利进行。

1. 组织策划团队

策划具有科学性和创造性特征。现代策划是综合多个学科知识和团体智慧的一种活动。在这个过程中，不论是个人创意还是团队创意，都应发挥重要作用。随着图书馆家庭阅读推广活动的展开，活动内容应更加丰富多彩，并具有多种多样的推广形式。为此，搭建一个高效的、可靠的策划团队是图书馆的重要工作，如此，才能有效促进家庭阅读推广活动的高效组织和实施。

图书馆家庭阅读推广策划团队在实际工作中应承担以下任务：一是对

家庭阅读推广活动项目的管理和统筹，主要包括对读者需求进行分析、对整体策划创意进行组织、对活动调研进行安排等；二是对视觉识别系统的策划设计进行指导和组织工作；三是对家庭阅读推广活动的具体实施方案进行制订、完善和组织；四是推广和塑造相应品牌，加强品牌战略的制定和实施；五是对媒体宣传方案进行审定和设计，对媒体活动进行策划和组织，落实品牌宣传和活动宣传工作；六是分工合作，对主体责任予以明确，加强日常工作的监督、联络及协调等。

图书馆阅读推广活动应朝着多样化、品牌化、经常化和规模化方向发展，使得推广活动策划面临新的挑战。近年来，城市公共图书馆对于全民阅读推广给予高度重视，紧跟时代要求，进行思维转变，设立如业务辅导部、社会工作部或者读者活动部等专门的阅读推广部门。但是，由于资源和环境等硬性条件的影响，全民阅读推广和家庭阅读推广还有较大的发展空间，对此，应加大力度健全阅读推广制度，比如，阅读推广机构的建设及进行相应的阅读推广培训工作，提升阅读推广品牌意识，打造强有力的阅读推广策划团队。图书馆应充分发挥自有的服务优势和资源优势，并结合社会力量和专业部门的作用，为家庭阅读推广进行切实可行的策划活动。要充分发挥阅读推广部门的组织保障作用，才能更加高效地打造一个家庭阅读推广活动策划团队，有利于家庭阅读推广活动的组织和实施。

家庭阅读推广活动是公共图书馆阅读推广活动的一个重要组成，策划团队的组织和构建是图书馆阅读推广部门的责任。若是家庭阅读推广活动涉及范围较广，会产生较大影响力时，应该加强和其他部门的通力合作及获得其他部门的支持，还可以结合社会力量，促进活动顺利开展。例如，南京图书馆在开馆活动策划中进行了社会工作部的成立，并组织展览、讲座等活动。暑假开展的家庭阅读推广活动，充分结合少儿馆和社会工作部的力量，进行“书香童年”俱乐部等系列活动的策划和实施。在必要的情况下，图书馆还应该结合其他部门人员或者社会力量，使活动层次和影响力都得到提高。例如，“南京市少先队队长畅游南京图书馆”的专场活动，是在团市委、市少工委及馆团委的通力合作下开展的，但图书馆依然是本次策划的主体力量。此外，图书馆领导还从历史文献部、信息部、物管部、后勤部及读者服务部等部门调动骨干力量，促进活动策划和活动的顺利实、、施。

2. 创意活动主题确定

项目主题和名称、经费、目标人群定位、预计耗时、前期宣传、所需图书馆资源、预期参加人数、场地安排、所需设备等，都是一个活动项目策划必备因素，这些因素具有稳定性。由此可知，项目主题作为要素之一，对整个活动的顺利进行起到不可或缺的作用。

阅读推广部门和少儿服务部门作为图书馆家庭阅读推广活动策划的主要部门，应该对活动的主题创意予以确定。主题既可以是独立存在的，也可以是年度性的，或者是阶段性的子主题。

“小荷读书会”是西安图书馆策划的一个读书活动，主要受众是0～12岁和12～18岁的读者群体。这一名字源于宋朝诗人杨万里的著名诗句——“小荷才露尖尖角，早有蜻蜓立上头”。含苞待放的荷花称为小荷，和青少年儿童的特征有较大的相似。读书会具有新颖的阅读推广活动主题，如“小手搭世界——智慧积木拼拼拼”“萌眼观影”等。若是具有较高级别或者区域性的大型阅读推广活动，图书馆只作为承办单位，读书活动的开展需要依据活动的总主题进行，才能对阅读推广活动的分主题予以把握。

3. 研究和调研读者需求

研究和调查家庭阅读需求，即为家庭阅读推广调研相应的读者需求。调研是一种工作方法，决定家庭阅读推广工作顺利与否。父母阅读、亲子共读及孩子自读是家庭阅读的三个主要方面，而每个方面都对不同的子领域有所涉及，需要图书馆进行调研和研究。

一般来说，开门纳谏型和广开言路型是一种调研方法，可以为某个项目进行调研或者到其他图书馆进行实地考察等，还可以通过和读者座谈、问卷调查等方式进行调研，但是都不能违背家庭阅读的要求，而且，调查和研究之间的关系既有联系又有区别。具体来说，研究是建立在调查基础之上，而对调查进行深化和发展，则为研究。图书馆的前期调研工作必不可少，可以有效掌握家庭阅读推广活动中读者的相关意见，并在此基础上进行研究和分析，为调研报告的形成提供依据，也能够有效地对家庭阅读推广活动的主题形成提供借鉴，有利于家庭阅读推广活动策划的优质进行。

4. 制订活动方案

确定具有创意的活动主题后，需要对活动方案进行制订。活动主题是活动方案制订的前提，需要制订具体的书面计划，要兼顾活动过程中的所有环节，如活动内容、活动目标、活动时间、活动标题、参与人员及活动环节等。家庭阅读推广活动实施的前提条件是制订详细的活动方案。因此，仔细研究和分析活动方案中涉及的每个关键环节，细细打磨和推敲，有条件的还可以预先演习关键步骤，确保活动方案的最佳化和活动的顺利进行。在此过程中需注意：

其一，活动主题可以在活动标题中得以体现，采用能够清晰表达含义的词组，对吸引读者注意力非常有效，可以让读者产生情感共鸣，让读者积极地参与活动。所以，活动标题需要和实际要求相统一，不但要对大众需求予以考虑，更要关注小众的需要。

其二，体现活动时间的针对性。家庭阅读推广活动的受众主要是青少年和父母，因此，以节假日或晚上时间为宜。

其三，家庭阅读推广活动需要有明确的活动目标。明确的活动目标有利于引导活动正常开展；设置预期的活动完成时间，也能够促进活动评估工作的开展。和活动主题相比较，活动目标的特点在于具体化和通俗化，能够获得读者的认可和接受。

当然，对活动实施方案进行不断优化，也是十分必要的。图书馆的初步活动方案制订后，还应该根据主办方、合作方的建议进行完善和修改，以便促进各个关键环节的可实施性和效率性。在条件允许的情况下，还可以进行预演，确保活动方案的可行性和可靠性。

二、图书馆传统文化阅读推广

阅读属于一种生活习惯，可以在增加知识的同时，提高个人的文化素养及精神生活，加强自身道德素质。我国历史悠久，优秀的传统文化需要我们继承和弘扬。继承和弘扬中国传统文化，可以借助城市公共图书馆进行，通过各种类型的活动，传承我国传统文化，在增加公众文化知识的同时，建设精神文明社会，增强公众的民族归属感和爱国、奉献精神。

传统文化包含两个方面，分别是传统与文化。其中，传统指时间及空间上，我国上下五千年历史文化的概括，具有权威性与拓展性，且随着时间推移不断延续；文化则受《周礼》影响，主要包括文治与教化方面。

综上所述，传统与文化是不可分割的，两者之间在发展的同时相互作用。传统是文化的一个载体，文化若要真实地展现在人们面前，需要传统承载，可通过一系列阅读推广工作，提高公众的文化涵养，增加基础知识，进而提高公众的道德品质与精神世界内涵。

（一）传统文化阅读推广的优势

第一，公共图书馆属于公益性质，其文化传播活动大多为公益性。在进行阅读推广工作时，可以让公众免费阅读，搜寻相关资源。这种方式可以促进公众的道德素养，提高全民阅读文化水平。另外，通过图书馆阅读文化与我国传统文化相融合，在推广活动时，两者可以借助彼此平台相互促进，在增强公众阅读兴趣的同时，吸引更多的人加入，深刻体会我国传统文化。

第二，公共图书馆中的资源丰富且形式多样化，公众在进行阅读时，可以感受到更加专业化的服务，让公众可以精心投入地了解我国传统文化。公共图书馆打造出一个更适宜阅读的空间，促进我国传统文化的传播与推广。

第三，通过公共图书馆，在组织阅读推广活动时将更加便利。通过公共图书馆探索出适合公众的阅读推广活动，符合我国公民阅读需求，有效增强我国公民对于传统文化的求知欲，不断探索和了解传统文化，增加其阅读兴趣。

第四，公共图书馆可以通过不同类型的推广活动，针对不同群体，激发他们的阅读热情。通过公共图书馆，打造轻松、愉悦的阅读氛围，促进传统文化的发展与传承，进而增强我国公民的整体文化涵养。

（二）传统文化阅读推广策略

1. 搭建新型阅读平台

在互联网的迅速发展时代，公共图书馆要获得更好地发展，需要寻找新的途径，比如利用网络资源增强阅读推广，扩大阅读服务范围，以及增加服务对象等。对此，需要借助公共图书馆构建一个新型的网络阅读平台。当然，网络阅读平台也可以促进我国传统文化传播，提高阅读效率。具体从以下方面论述：

首先，从各省的范围讨论，需要快速建设一个传统文化网络推广平台，通过网络的快速传播性及相互连接性，扩大宣传，减少“孤岛现象”。在各省构建一个大型的网络导航系统，为阅读人群找到所需资料。群众还可以通过该平台，随时随地了解社会情况及相关资讯，可以查阅相关电子书，查看视频。

其次，在构建网络平台时，可利用数字图书馆将整体资源扩散，打造高效的阅读平台。虚拟网络可以省级图书馆为中心，结合各县、市图书馆资源，有效联结各环节，迅速达到各省阅读资源共享，扩大公众的阅读范围与资源。

最后，进行阅读推广工作，需要建立科学的服务群。通过省、市、县图书馆资源组建微信群，有利于更好地完成我国传统文化的推广工作。比如，自2020年疫情发生后，我国各大公共图书馆相互联合，组建相应的阅读联盟群，通过此群进行交流，进而创建主题视频，在抖音和微博等公众平台进行播放，如“共战‘疫’不孤‘读’”阅读活动，图书馆工作人员一同为武汉抗疫人员加油，为祖国加油，在宣扬阅读的同时祝福祖国，增强人们的阅读兴趣以及爱国情怀。

2. 增加多元化合作的力度

要实现传统文化阅读推广，增强其效率，公共图书馆需要进行多元化推广，才能实现我国优秀传统文化的传播，也可以和其他推广平台或者利益相关者合作，达到公共图书馆阅读推广目标。例如，图书馆可以与青年学者合作，组织相关阅读推广活动时进行详细讲解，以更容易让公众接受的方式和方法传播我国传统文化，比如讲述传统神话故事，活灵活现地表达可以达到推广效果。通常情况下，公共图书馆需要和其他单位进行合作，比如学校、文博机构、文化演讲、非物质文化遗产组织者等，以提高我国传统文化传播速度。就其成效性而言，通过公共图书馆与各网络媒体之间的合作与融合，可以快速建立高效的交流平台，线上、线下均可以传播传统文化。公共图书馆在进行传统文化传播时，需要融合社会各界力量，相互合作，相互促进，达到高效推广我国传统文化的目的。

3. 深入调研市场，组织文化推广

公共图书馆在传播传统文化、开展相应活动时，需要提前做好相关工作，比如组织活动、市场调查、前期准备，等等。阅读人群会因为各种原因存在一定差别，公共图书馆需要对相关资源与传播形式进行调控，从而满足更多公众的阅读需求。例如，公共图书馆可根据公众群体的需求进行相应划分，设立单独的阅读教室，根据图书馆中的资源进行分类，对不同的文化进行划分。另外，公共图书馆并不是单纯地在馆内进行组织，还需要组织馆外推广活动，让阅读推广融入阅读的每个环节，增强阅读推广工作的宣传力度，促进我国传统文化传播。

传统文化与阅读推广相融合，可以更有效地提高阅读推广工作质量。同时，在整体阅读推广工作中，还可以激发大众对学习传统文化的热情，在提高推广效率的同时，增强大众的凝聚力。

三、图书馆精细化阅读推广

（一）图书馆精细化阅读推广的形式

1. 夜市图书馆

武侯区图书馆探索并开展了夜市图书馆服务，以地摊推广阅读，在夜市中营造阅读氛围，为读者提供便利性、多元化的阅读服务。这不仅有利于丰富读者夜间休闲文化生活，弥补夜市文化的需求缺口，更重要的是，提升地摊的文化品位，对于创新阅读推广方式有着重要的意义。

（1）夜市图书馆的服务内容

夜市图书馆开展前的准备工作大致如下：首先，组建4名志愿者，服务队伍，有4名志愿者，包括读者服务导读和司机；其次，进行物资准备，馆员精心挑选300余册大众化读物，以经典文学、生活百科、少儿绘本等图书为主，随后将挑选好的图书与夜市图书馆搭建配套的相关物资，如体温枪、各种登记表、书桌、书立、电脑、读卡器、易拉宝和宣传资料等装进流动文化服务车内；最后，办理出摊的相关手续，活动负责人提前一天与夜市管理员确认夜市图书馆的摊位点，办理摆摊许可证明。这样，夜市图书馆的准备工作大致完成。活动当天，服务队按时抵达指定摊位点，现场搭建夜市图书馆摊位，摊位面积约为5平方米，摊位由200厘米x120厘米大小的书桌和“武图出摊啦”“书太多了，出来摆个摊”等宣传广告及宣传展架组成。展架的内容主要为，武侯区图书馆免费开放服务内容和活动信息，以及现场免费办理图书馆借阅的介绍。夜市图书馆开展频率为每月2次，每次出摊3小时，时间为18点至21点。截至2020年8月10日，夜市图书馆已在大悦城夜市、天府文创大集市、莱蒙夜市、熊猫夜市等地出摊10次。

（2）夜市图书馆开展成效

夜市图书馆自开展以来，已累计挑选2000册图书出摊，办理身份证注册158张、借出图书845册，还回图书36册、电子书阅读平台下载122人、征集好书92册、收集读者意见建议112条、关注微信公众号200余人。这种服务方式在推行之初就受到了广大群众的喜爱和支持，如2020年7月18日在天府文创大集市的这次出摊，效果非常显著，现场借出图书52本，办理注册24本，分别占当日武侯区图书馆馆内的24.5%和85.7%。由此可见，夜市图书馆在提高图书利用率，扩展读者群体，满足读者阅读需求等方面具有显著的作用，同时也证明了夜市图书馆这一探索性的阅读推广服务是一次有效的尝试。通过对现场读者反馈意见和建议分析，大部分读者都对这种服务到家的方式赞不绝口，觉得这一服务为他们借阅图书提供了极大的便利，希望武侯区图书馆持续开展下去，形成常态。

针对这一读者反馈意见，武侯区图书馆下一步的工作计划是调动各个街道分馆积极参与，齐心合力开展夜市图书馆服务。

（3）夜市图书馆开展的意义

第一，打通服务群众最后一米，创新阅读推广方式。夜市图书馆将图书馆的基本公共文化服务主动渗透到人们的夜间生活中，扩展了城市阅读空间。在贴近基层民众生活的夜市中以独特地摊形态吸引读者的注意力，激发读者的阅读兴趣，主动发掘和探索读者的阅读需求、阅读习惯，创造了以地摊推广阅读的全新模式。从以往传统吸引读者“走进来”的模式，转变为主动“走出去”吸引读者的模式，将固定在建筑物中的图书馆变成读者身边可移动的图书馆，极大地提高了读者阅读的便利性，将图书馆的服务送到群众身边，打通服务群众最后一米，为打造城市“十分钟文化圈”注入全新活力。

第二，丰富夜间休闲文化，提升公民文化素养。一直以来，夜市是人们夜晚休闲、娱乐的去处，人们穿梭在热闹非凡的夜市里享受美食快餐、特色小吃、服装饰品带来的烟火气息，偶然间遇到书画展览或者手工文创小商品，会觉得眼前一亮，格外新奇，大多会驻足观看或慢慢欣赏。不难看出，人们很喜欢有文化品位的东西。将图书馆搬到夜市，在夜市开创阅读圈，引领人们的阅读潮流，通过读书缓解工作与生活的压力，感受精神力量，增加学识和见闻，丰富人们夜生活的文化内涵，感受夜间文化的多姿多彩。

第三，提升地摊经济文化品位，促进经济文化一体化发展。地摊经济的复苏，让城市充满生机，弥漫着烟火味；而夜市图书馆的兴起，则让市民得以在市井烟火中体验读书之乐，在一定程度上提高了地摊经济的文化品位，促使地摊经济良性发展，进一步为人民群众的生活增光添彩。“消费若没有文化的参与，经济就如同一场跛足表演。”新时代的地摊经济要求的是资源的整合、文化的升级、管理的精细。昙花一现的摆摊热潮是浮于表面的繁荣，内里破坏的是城市治理的规范，也是对疫情之下寻找生计的人们自信心的再次打击。夜市图书馆是在为夜市增加文化元素、文化含量、文化附加值，增强文化消费需求对经济增长的拉动作用，促使文化和经济相互交融、相互促进，满足人们不断升级的消费需求和文化需求。

第四，贯彻“图书馆学五定律”，助力图书馆可持续发展。夜市图书馆开展的中心思想完全贯彻了著名图书馆学家阮岗纳赞著的《图书馆学五定律》里讲的第一定律：书是为了用的，阐明了图书馆的性质和任务。而夜市图书馆则是将图书带到夜市中，发挥其最大的再生价值，让图书得到最大的利用率。第四定律：节省读者的时间，夜市图书馆利用自身的流动便利性，深入人群集中的各个夜市，大大方便了读者借书、还书，节省读者的时间，让人们在享受夜间休闲时光的同时，也能随时随地感受书香的萦绕。第五定律：图书馆是一个生长着的有机体，要求图书馆随时代变化而变化。夜市图书馆正是迎合了当下大热的地摊经济和夜市文化的发展需求，改变了图书馆传统的高雅形象，以亲民的地摊形式融入民众夜间生活，推广阅读，寻找新时代下的发展生机，让更多人享受到其带来的便捷文化服务，扩大了图书馆的社会影响力，助力图书馆的可持续发展。

2. 公益讲座

讲座作为图书馆常态化阅读推广服务内容中的一个主要组成部分，其诞生和发展也是紧随时代前进的脚步，伴随着知识经济的到来和终身教育、学习型社会理念的不断深入，图书馆业务开展也有了制度和财政上的保障，故而，讲座在我国图书馆得到了长足的发展，越来越多地受到人们的关注，逐渐成为图书馆的一项核心业务。媒体环境下公益讲座模式的主要类型有以下几种：

（1）网络视频传播模式

图书馆公益讲座网络视频传播模式，是网络视频的具体应用之一，并且随着网络技术、视频技术的进步而不断发展。先是由专业人员使用设备将现场的讲座录制下来，形成影像资源，然后通过网络上传到互联网上，分享给广大网络用户。多媒体在线点播、多媒体数据传输、纯文本数据传输，均是网络视频传播的主要具体形式。而随着现代媒体技术的进步和发展，网络视频传播的速度、质量都在不断提高，为那些不能到现场听讲座的人们提供了便利。就目前而言，大多数图书馆都已有了独立的网站、独立的宣传平台，或者与优酷等一些大型的视频软件合作，将馆内的公益讲座视频传到网站或软件上，人们可以随时、随地观看，还可免费下载一些视频，为广大网民提供了更多的便利性服务。

（2）社交软件传播模式

随着社交软件的发展和成熟，其功能也越来越丰富，而图书馆如果想要做出、做好属于自己的网站或者APP，必然会耗费许多资金、人力等资源，并且受众面较窄，用户基本上都对图书馆本身较为熟悉或了解，因此，不利于图书馆的广泛推广和宣传。所以，众多图书馆就开发和利用现有的社会资源，借助微博、微信等用户颇多的社交软件，开设图书馆独立的官方账号，将公益讲座视频传到社交软件的平台上，从而让更多人看到，社交软件的内容可广泛传播的特性也有利于图书馆影响力的扩大。而且，借助成熟的社交软件的传播方式，也为图书馆减去了许多复杂的工作。另外，随着微信公众号的发展，许多图书馆也建立了属于自己的公众号，将公益讲座以短视频的方式放到公众号中发表，也能够为用户带来便利，并且此种方式的视频制作过程更加便捷，减轻了工作人员的工作负担。

（3）专属的APP客户端

虽然独立APP的制作需要耗费大量的资金和人力等，但随着现代科技的进步和成熟，其制作成本也在逐渐降低，因此，也不乏一些图书馆开发属于自身的APP。APP是移动应用程序的英文简称，依托于移动互联网技术发展而来。此项技术的发展使信息的获取更为便利、信息的推送更加精准，并且网络用户间还能进行互动和交流，丰富了人们的网络生活。因此，不少有条件的单位和组织等都在开发自己的软件，而图书馆中，中国国家图书馆、上海图书馆等都已有了独立的、属于自身的图书馆APP。但这些图书馆的APP基本上都较少以讲座为主要内容，但也有此方面较为成功的例子，如湖北省图书馆推广的“长江讲坛”APP，在早期就投入使用，并且拥有较多的用户数。

3. 真人图书馆

（1）真人图书馆的起源

真人图书馆又称活体图书馆。作为一种阅读推广形式，“以人为书”是这种活动的主要特征。具体来说，这是一种将个人的阅读行为立体化的活动。它把“人”作为可借阅的书，把人的经历与知识作为读者阅读的内容，把真人书与读者的交谈作为书的阅读方式，以达到鼓励交流、分享经验的目的。

真人图书馆活动最早出现于丹麦。在2000年春天，一个叫“停止暴力”的非政府组织在罗斯基勒音乐节上创办了一项新的活动，活动目的在于反暴力、鼓励对话和帮助参加节日的游客之间建立积极的关系，这是真人图书馆的雏形。连续4天，每天8小时，50多个不同的主题一共吸引超过1000人参与活动，这使图书馆员、组织者和读者对这种活动的影响感到震惊。之后，该组织的成员之一，罗尼·勃格创办了真人图书馆组织，和其他成员在不同国家培训活动组织者，组织真人图书馆活动。目前，全球有超过70个国家成立了相应组织，开展真人图书馆活动。

（2）真人图书馆的运作形式

真人图书馆活动根据真人图书和读者的数量，可分为“一对一”“一对多”和“多对多”三种类型。在早期的真人图书馆活动中，以“一对一”的形式为主，即每本真人书在同一时间仅和一位读者进行交流。这种形式方便真人书与读者进行私人的、深度的交流。但是随着真人图书馆的发展，其主要活动目的由最初的反暴力、鼓励对话转变为经验分享和交流学习，“一对一”的活动形式限制了参与活动的读者人数，活动效率较低。“一对多”“多对多”的形式在同一时间能容纳更多的读者，真人书与读者的交流、真人书之间观点的碰撞、读者之间的互相学习触发了各种交流与思考，在有限的时间、空间中读者接受更多的经验、活动效果和氛围更为凸显，因此，逐渐成为更常见的形式。

（3）真人图书馆的特征

第一，主题范围广。作为活动开展核心的真人图书，选择范围非常广泛。他可以是某个领域的专家，也可以是有独特经历的人，尤其是社会中本身就有大量的学者，各种有特长的、各行各业社会合作人士，这些都可以作为真人图书的来源。每本“书”可以分享给读者的内容来自个人丰富的经验和感悟，可以带给读者更为深刻的体验。

第二，互动性强。真人图书馆活动中，读者的阅读行为通过和真人图书的交流实现，真人图书的分享内容根据读者的提问而定，更有针对性。互动交流的形式易于激发读者的阅读积极性和阅读效率。

第三，操作性强。真人图书馆活动的开展关键在于真人图书的选择与读者需求的满足，活动的硬件要求不高，线下活动通常需要满足的硬件要求是符合活动人数需要的独立场所，而空间资源正是图书馆的优势之一。线上活动可以借助各种社交平台或者是现在蓬勃发展的直播网站等，在网络发达、各类电子终端盛行的今天也是非常容易实现的。

（4）真人图书馆的实施细则

真人图书馆活动的开展关键在于活动组织、真人图书挑选和真人图书管理三个方面。

第一，活动组织。开展真人图书馆活动，需要成立一个固定的活动团队，才能保证活动的有效、持续开展及不断深化。在图书馆中，活动团队可以由图书馆员组成，有了固定的团队之后，组织者需要根据调研和相关经验制定活动章程，保证每次活动的流程，从真人图书的征集、挑选，到活动举行及后续管理都有可依据的规范和准则。

第二，真人图书挑选。作为图书馆，在挑选“书”的时候，选择主题及范围很广泛，同时由于读者类型不固定，读者需求不是很明确，增加了挑选的难度。

第三，真人图书管理。真人图书也是一种馆藏资源，需要进行资源建设与管理。在活动结束后，按照详细的真人图书借阅规则，对真人图书进行编目，对活动交流内容中不涉及隐私、经活动参与者同意的内容进行记录、整理，使隐性知识显性化；通过各种平台，提供给更多的读者参阅，使资源的利用更加充分。另外，在开展活动的同时，随着经验的积累，不断探索活动的评价体系，使活动效果进一步提高。

4. 图书漂流

20世纪60年代，一种新颖的书籍共享阅读方式在欧洲出现：人们将贴有特定标签的图书投放到公园、咖啡馆等公共场所，无偿提供给拾取到的人阅读，拾取的人读完后，根据标签提示将书投放到公共环境，供下一位拾取者阅读。2001年4月，美国人罗恩·霍纳贝克创建了第一个图书漂流网站，基于网络的快捷传播，图书漂流活动开始风行全球。

2004年，春风文艺出版社将三本畅销书放出漂流，拉开了中国图书漂流行动的序幕。此后，中国图书馆也开始引入图书漂流的方式来拓展阅读服务，使书籍的价值在不断的传阅过程中得到无限放大。图书漂流是增强城市、社区文化氛围的一种阅读推广形式。实施图书漂流活动关键在于形成有效的漂流运作机制，包括漂流图书的主题类型、汇集场所地点、整理方法、放漂与回漂管理方法、志愿者支持团队管理与协作方法等。另外，重视宣传推广，以及与其他机构合作开展影响面较大的活动也是实施图书漂流需要关注的方面。

5. 组织举办读书会活动

组织读书会活动是阅读推广的重要形式。这方面做得好的案例主要分布在区县一级。2015年12月，一些爱好地方文史的朋友在浙江温州苍南上书房（现为半书房）成立了知行读书会之苍南地方文献小组，每月制订学习计划，定期开展交流活动，旨在“梳理历代苍南人著述的基本面貌和发展脉络，以读书会的形式推动苍南地方文献的整理、研究”。后经人推荐，他们邀请了南京师范大学古文献研究所研究员、博士生导师江庆柏先生作为小组顾问。目前已有成员近30人。

例如在浙江省嘉善县，2014年5月成立了嘉善县地方档案史料收藏研究会。参与者有着共同的爱好和愿望，关心本土文化，收藏和研究地方史料，通过档案资料编研，为地方文化挖掘、研究、保护和传承尽一份心力。他们定期举办研究会沙龙，探讨和交流关于地方文史资料的研究心得，并且编辑有《嘉善记忆》杂志，定期发表有关乡邦文化的文章。

（二）图书馆精细化阅读推广的策略

1. 灵活利用阅读资源

为了实现自身的稳定运作，许多图书馆开始积极建设分馆，通过总、分馆制来实现自身综合实力的稳定提升。因此，图书馆需要主动抓住发展机遇，促进资金资源和管理资源的合理配置及利用，在有限的范围内积极搭建综合智慧平台，利用该平台实现统一管理和合理规范，确保网上资源的优化配置及利用。在大数据分析技术、生物识别技术及定位技术的指导下，积极了解读者的真实需求，构建针对性的读书模型，了解和分析读者的行为习惯和个人喜好，进而实现个性化、针对性的服务，确保阅读资源的高效配置，充分地体现资源的重要作用及优势。

2. 全面提高服务质量

在落实管理工作的过程中，图书馆以电子阅览室为基础，灵活利用已有的资源积极调整工作思路及工作方向。服务方式和服务策略比较机械和生硬，与读者的阅读需求之间存在明显的区别。在新技术快速发展和应用的过程中，数字资源的使用率有了明显的提高，同时，对阅读设备提出了较高的要求。但是图书馆电子阅览室的发展速度相对较慢，实质的经费不足，难以实现与时俱进，因此，相关管理设备的升级换代更新非常有必要，只有这样，才能够促进数字资源的合理利用。

3. 注重读者的数字体验

在市场经济快速改革的过程中，我国的科学技术水平越来越高，电子书借阅机、绘本桌等形式应运而生，各种数字阅读设备备受关注，并且发展非常迅速。这些设备有助于突破时空限制，确保文本阅读与数字阅读之间的有机结合，促进数字化阅读的有效普及和顺利开展。确保管理布局的科学性和有效性，进一步提高阅读服务质量和水准，让读者在自主参与的过程中实现独立思考和主动感知，这一点对提高服务质量、满足读者的个性化、多样化需求都有非常关键的影响。

4. 培养专业的阅读推广人员

在针对读者的阅读服务方面，图书馆要表现出较高的主动性，引导读者进行阅读，从而培养读者良好的阅读习惯，而这就需要大量的阅读推广人员。专业的阅读推广人员可以化被动为主动，通过阅读推广活动输出阅读服务，在引导和培养读者阅读兴趣方面发挥着重要作用。图书馆要向读者输出阅读服务，首要任务就是培养大量专业的阅读推广人才，要加强专业阅读推广人员的培养，依靠专业人才开展阅读推广活动，由此可见，阅读推广人员的重要性。比如，柳江区图书馆原馆长黎香石被评为2015年全国最具影响力绘本馆馆主、中国少年儿童阅读年阅读活动优秀指导老师，师从我国儿童阅读专家王林，为“王林读写课堂”教程教师。在她的带领下，柳江区图书馆组建了一个有20位妈妈为阅读推广人的阅读推广志愿者团队，创建了“故事妈妈”阅读推广品牌。故事妈妈们利用课外活动时间、周末、节假日等时间，活跃在全区各所学校、各个社区进行阅读推广活动。2021年4月21日，中国新闻网以《广西柳州数十名“故事妈妈”免费讲故事志愿推广阅读》为题对故事妈妈走进柳江区新兴第二小学，为该校五年级学生讲述毛主席事迹，以此启发学生笃志向学、立志报国进行了报道。这样的阅读推广活动，壮大了故事妈妈的队伍，吸引了越来越多的少儿读者在爸爸、妈妈的带领下，进入图书馆来听故事、看书。

5. 加强与其他机构合作

图书馆要构建完善的针对读者的阅读服务体系，首要任务是要收集读者的详细信息，以掌握读者的阅读需求和阅读偏好特征，因此，图书馆必须加强与其他社会机构的合作，通过沟通交流和资源互换，充分整合各方面有效资源，探索出一条共赢的道路。首先，图书馆应加强与学校之间的合作，学校作为学生学习的主要场所，通过与学校的合作图书馆可以获取到读者的各方面信息，了解不同年龄阶段学生的阅读习惯、阅读兴趣、阅读需求及偏好，从而有针对性地调整图书馆的阅读服务内容、服务形式，更好地契合读者的实际需求。其次，图书馆应加强与出版社、实体书店、社会公益组织以及政府相关部门之间的联系，从多渠道收集读者的信息，准确把握读者的共性特征和个性化特征，同时通过这些渠道开展阅读推广活动，突破传统阅读推广活动的局限性，从而强化对读者的引导。

最后，图书馆应联动家庭，通过在社区设置流动图书馆的形式影响学生家庭。读者主要活动的场所除学校外就是家庭，因此，家庭内部的氛围对于激发学生阅读兴趣和培养学生良好的阅读习惯都具有重要意义。图书馆要正确认识家庭对于读者的影响，通过与家庭实现高效联动，以家长为桥梁去引导学生，通过设置流动图书馆的形式将书籍送入家庭。同样，地方图书馆员也可以成为全国各读书平台的会员，接受各个平台有名气的阅读推广人的经验分享，充实我们的阅读推广理论知识，提高我们的阅读推广能力，更好地为我们的基层读者服务。

6. 建立阅读推广机构组织

开展多种形式的阅读推广活动是图书馆的基本职责之一，同时也是图书馆必须履行的义务。通过开展阅读推广活动可以刺激读者的阅读兴趣，并对其学习、生活及未来的发展产生深远影响。鉴于阅读推广活动对于引导读者的重要性，图书馆应建立专门的阅读推广机构，专职负责设计策划、组织实施阅读推广活动，为构建面向读者的图书馆阅读服务体系提供组织保障。图书馆的阅读推广机构一方面要组织开展阅读推广活动，一方面要对读者进行跟踪调查，包括读者的阅读需求、对图书馆阅读服务的建议及其他信息等，并及时将收集到的信息反馈回来，以便于阅读推广机构及时、有计划、有目的地对阅读推广活动进行调整和优化。而且由专门的机构和专业的人才负责阅读推广活动，可以做得更专业、更精细化，可以显著提高活动效果。

7. 空间环境再布局与延展

图书馆为了提高公共文化空间服务质量，为读者提供安全、高效的专业服务效率，图书馆需要在馆舍建筑、空间设置与利用和智能化等建设方面给予关注与考虑。同时加快推进社区图书馆、主题图书馆、智慧图书馆等多种形式的外延空间，让更多的读者能够更好地享受阅读带来的乐趣。这样，不仅扩大了图书馆的业务范围、增强了区域功能，同时为读者不断升级阅读体验、提升图书馆高水准利用、让读者喜欢图书馆、爱上阅读，最终实现全民终身基本素养的提升。

8. 以用户画像构建智慧阅读

大数据时代推动了图书馆服务的变革，将用户画像引入图书馆领域，开展为人找书、为书找人、为读者提供私人定制服务等，不仅增强读者的个性化阅读体验，同时也成为构建智慧图书馆在阅读推广方面进行的有效尝试。用户画像又称用户角色，作为一种勾画目标用户、掌握用户的个人喜好和动态需求，从而打破无差别化推广的有效工具，用户画像在各领域得到了广泛的应用。图书馆以读者需求分析为核心，在数据采集读者基本信息基础上整合用户画像，通过分析对比，实现精准服务与推荐，以提高阅读推广的成功率，促进知识价值的倍增。

第五章　我国公共图书馆阅读推广模式的创新研究

第一节　公共图书馆智慧阅读推广模式研究

“智能互联、万物融合”的加速到来，为国民阅读带来了前所未有的机遇与挑战。智慧阅读作为一种划时代意义的阅读方式逐渐出现在大众视野，其不仅极大地降低了阅读门槛、丰富了阅读形态，还拓展了阅读内容、保障了读者的阅读权利，对于促进读者身心健康发展具有十分重要的现实意义。近几年，随着阅读推广活动逐渐受到重视并且逐渐得到大规模的发展，公共图书馆在阅读推广活动中也逐步利用智慧图书馆的新技术及智慧技术。当前，关于图书馆智慧阅读推广的研究仍处于起步阶段，相关理论研究少之又少，因此，还需从研究数量、深度、广度上不断增强。

一、智慧图书馆与智慧阅读推广模式的内涵

智慧图书馆是继复合图书馆、数字图书馆后，图书馆发展的一个更高级阶段，是建立在系统文献资源、智能知识服务、智慧保障支撑基础上的新型知识服务体系。具体而言，智慧图书馆指的是在物联网、大数据、云计算等环境下，基于云计算与智慧化设备所建构的融合化、互动化、可视化、泛在化智慧数据平台系统，集高效的服务管理质量、互联的文化数据环境、多元的信息共享空间于一身的智慧服务综合体。

所谓的智慧阅读推广，本质而言，是通过全面感知、智能识别读者的阅读特征及其需求，自动设置推广目标及方法，向读者传递与之相匹配的阅读资源，并通过实时跟踪、监控记录阅读全过程及成果，实现个性化推广支持的过程。与传统阅读推广服务不同，智慧阅读推广具有以下特点：

（一）以读者为导向的服务模式

图书馆传统阅读推广模式是由推广人员明确推广的时间、内容、方式等，读者需要依循活动的具体安排参与阅读，因而属于从属地位。而智慧阅读推广进一步开放了图书馆的阅读资源及工具，读者可依循自身需求自主筛选资源、定制阅读目标、选择阅读途径、决定阅读进度，实现个性化、多元化阅读。不仅如此，智慧阅读推广提供多层次阅读支持，读者可在自适应、泛在化的阅读环境支持下，实现深度阅读，享受极致的阅读乐趣。

（二）强调阅读的互融、互通

智慧阅读推广打破了传统单一的虚拟阅读空间，通过服务集成构筑一个开放式阅读平台，实现线上、线下阅读的无缝对接，为读者提供了互融、互通的阅读服务。

（三）实现多视角决策

智慧阅读推广借助于智能技术高效收集读者阅读语音、文字、图像等，跟踪读者阅读行为及轨迹，深度挖掘读者所留存的非结构化数据，精准识别每位读者的阅读规律，科学完成推广目标决策，通过理性推理和预测各决策推广效果，继而确定最优决策，为图书馆提供最优化的阅读推广方案。

二、图书馆智慧阅读推广模式的实践应用

智慧图书馆是未来图书馆发展的新趋势和新方向，同时，阅读推广服务也是未来图书馆服务发展的新内容和新动力。

（一）智慧阅读推广模式架构

对于图书馆而言，智慧阅读推广关键是要发掘阅读数据及资源背后的规律，全部把握读者的兴趣和偏好，通过用户细分实现大众阅读推广与分众阅

读推广的有机结合，继而深化数字、专业及主题等阅读内容，提高读者的阅读兴趣与能力。可见，图书馆智慧阅读推广目标集中在数字阅读层面，必须通过智慧阅读平台构建实现读者数字阅读素养的稳步提升。具体而言，智慧阅读推广模式的构建涉及对读者阅读数据的感知、整合、关联分析、偏好发现、个性化定制等方面，继而构成一个集推广规划、对象细分、策略分析、数据变化分析于一身的架构。图书馆智慧阅读推广模式包括三大模块：

1. 智慧门户模块

该模块包括个人、资源、协作三大门户。其中，个人门户以个性化服务为特征，提供极具个人特色的学习空间；资源门户提供馆藏资源的采集、管理、推荐及流转等多项功能；协作门户则针对具有共同阅读偏好的群体提供学习空间。

2. 智慧图书馆模块

该模块实现了读者、资源、管理与服务等各子系统的集成。此类子系统在该平台上聚集了海量数据，为图书馆从海量积聚的非结构化数据中发掘前瞻性信息，实现智慧阅读推广提供了依据。

3. 推广服务模块

该模块涉及前段分析、策略决策、组织实施、评价反馈四部分。其中，推广前段分析主要是借助智能技术完成多元异构数据的接入、存储、分析、处理、查询、可视化等过程，实现数据的高效整合与数据系统的建立，推广人员利用该系统对读者特征、阅读需求、阅读内容展开深度分析，明确其阅读偏好、文化背景、动机情感等，以识别读者阅读特点与行为，构建多维读者分析模型，为智慧阅读推广最优决策提供支持；对于推广策略决策而言，其通过回归、聚类、关系规则、神经网络等方法进行读者阅读模型构建，以便对读者未来阅读趋势进行预测，科学寻找最佳推广内容及最优解决方案，为读者提供个性化、差异化阅读环境；推广组织实施是通过智能记录读者阅读过程，统计跟踪读者的查询、下载、阅读、反思等行为，并借助舆情监测技术明晰读者阅读交互式传播路径、读者参与交互传播的热度、信息传播层级等行为，通过交互行为识别与科学筛选，掌握读者阅读情感状况，洞悉其阅读参与性、热度、专注度等，继而判断读者是否存在阅读困难及薄弱问题，为读者阅读体验的逐步优化提供具体的推广和实施方案；评价反馈主要负责对阅读推广的预测、决策是否可行进行反馈，并及时修正推广决策。

（二）智慧阅读推广实践应用

在智慧阅读推广方面，中山图书馆开展情况较好，并在数字资源阅读推广、基于新媒体的阅读推广等方面取得了良好的效果，对其他图书馆的智慧阅读推广具有一定借鉴意义。

1. 智能推荐服务，拓展数字阅读渠道

中山图书馆已经建成了当前国内最大的图书馆数字化资源库群，为读者提供免费的数据库资源查询、浏览与下载服务。为响应国家号召，中山图书馆开展了基于数字图书馆推广工程的数字资源提升活动，并提供了“猜你喜欢”“主题资源库”等智能推荐服务，不仅实现了阅读推广资源的整体提升与高效利用，还极大地拓展了数字阅读渠道。以“猜你喜欢”为例，中山图书馆依循每位读者的检索、浏览、阅读记录，挖掘其阅读偏好，并构建兴趣模型，用以匹配馆藏资源，随后从匹配资源中开展二次过滤，将文献质量较高的内容推介给读者，避免与其他读者推荐内容重复。

2. 用户参与式阅读，开启深度阅读模式

中山图书馆除了为读者提供基础借阅服务，还提供十余种便利、高效、智慧的读者服务，如“你悦读，我采购”“咨询与文献传递”“馆藏书目检索”“书刊续借与预约”“移动图书馆”“少儿天地”“读者留言”“广东数字文化网”“读者帮助中心”等，其中，“你悦读，我采购”服务通过在书店设置“现采现借”服务点，使读者能够现场选择心仪图书，由中山图书馆现场采购后借阅给读者。此外，中山图书馆还构建了“中图悦读会”平台，依循时下阅读热点、社会热点划分为四大主题板块，即“时尚阅读”“经典阅读”“文学鉴赏”“主题活动”，每个板块依循内容侧重点开展相关内容的阅读推广，持续深入挖掘读者的阅读需求，并为读者提供参与

式交互阅读服务，通过认知参与、行为参与、情感参与三大维度使读者深入思考，促进其阅读热情的提升，使读者深度沉浸于阅读中。

智慧图书馆已经成为图书馆发展的主要趋势，为了适应智慧图书馆的服务创新要求，必须将智慧图书馆的智慧技术与未来阅读推广的内容和发展方向相结合，加快构建智慧阅读推广模式，以发挥推广引导优势，引领图书馆全面升级的阅读新风貌。当前，国内图书馆阅读推广与智慧阅读推广这一服务愿景仍存在极大的差距，仍需全面采集、整合读者阅读数据，构建科学的匹配模型，不断推进服务标准体系完善，促进阅读推广人才队伍建设，深化智慧阅读推广模式研究，以助推图书馆智慧阅读的爆发式增长。

第二节　基于“5W”传播理论的公共图书馆群组阅读推广模式研究

随着信息化的发展和数字化时代的到来，人们的阅读方式和阅读习惯发生了较大的变化，读者间的阅读区别分层越来越明显。与此同时，各地、各级公共图书馆的阅读推广服务工作也随之进行了转变，根据读者阅读兴趣划分的群组成为公共图书馆阅读推广的对象单位。为了顺应读者身心发展特点和契合其阅读习惯，凸显图书馆阅读推广的高效化、规范化与个性化，充分发挥公共图书馆的阅读推广作用，部分公共图书馆尝试了与“5W”传播理论相结合的实践研究。我国传统的公共图书馆阅读推广服务模式大致遵循“读者主动提出要求、图书馆根据读者要求提供服务”的被动推广方式，在这种情况下，深入研究和发掘“5W”模式在公共图书馆领域的应用，将创新图书馆阅读推广的客体单位，从单一的个人向群组进行转变，使公共图书馆的阅读推广活动效果具有重要意义。

一、“5W”传播理论应用于公共图书馆群组阅读推广服务的适用性与可行性

“5W”传播理论是一种科学化的建模理论，下面从“5W”传播理论和公共图书馆群组阅读推广服务的概念出发，阐述二者融合的适用性和可行性。

（一）适用性

“5W”传播理论是美国政治学家哈罗德·拉斯韦尔于20世纪中期提出来的，他认为，人类社会的传播活动从其过程和环节进行划分，主要由主体（Who）、内容（Says What）、媒介（In which channel）、客体（To Whom）、效果（With What Effect）五个要素构成。公共图书馆是社会公共资源储存、交换与传播的中心，在本质上来看也属于社会传播活动的范畴，因此，“5W”传播理论应用于公共图书馆群组阅读推广服务活动具有科学的理论基础。针对公共图书馆阅读推广服务的实际情况，“5W”传播理论中的五大要素又可具体化为控制分析、内容分析、媒介分析、受众分析、效果分析。

（二）可行性

公共图书馆群组阅读是以阅读情感和阅读感知为出发点，根据广大社会读者阅读兴趣和爱好进行划分的若干阅读群体，每个群体内部的阅读需求差异较小，在公共图书馆进行阅读推广服务时，可以针对每个群体进行共性的、集中的推广内容选取，而群体间的差异则十分明显，公共图书馆通过设计群组间的阅读推广内容，也实现了服务的个性化与普适化兼顾。结合“5W”传播理论，群组单位作为公共图书馆阅读推广的客体，实际上改变的是整个阅读推广的流程和图书馆定位。目前，我国部分公共图书馆在群组阅读推广领域已经具有丰富的实践经验，“5W”传播理论也日臻完善，因此，基于“5W”传播理论的公共图书馆群组阅读推广服务模式研究具有充分的理论支撑和实践基础。

二、基于“5W”传播理论的公共图书馆群组阅读推广服务模式构建要素

按照“5W”传播理论的界定，公共图书馆群组阅读推广服务模式由主体、内容、媒介、客体与效果五要素构成。

（一）主体

公共图书馆群组阅读推广服务模式的主体即为公共图书馆。图书馆是社会文化文明建设的重要力量，是文献与信息资源汇聚的中心、人类文明成果的保存地。此外，公共图书馆承担了读者群组的划分、阅读推广内容选择、方式建设等重任，其中，图书馆员充当着重要的角色，因此，图书馆馆员是进行群组阅读推广服务的能动性主体。另外，随着信息化技术的进一步发展，馆际之间的合作成为公共图书馆服务的主流趋势，越来越多的公共图书馆不再以单一的主体形式开展阅读推广活动，而是与当地的高校图书馆、博物馆或档案馆等文化服务机构形成合作关系，共同为不同群组读者提供相应的阅读内容和推广活动。总而言之，“5W”传播理论的公共图书馆群组阅读推广服务主体从宏观上看为公共图书馆自身；从微观上又可分为能动性主体与合作性主体两类。

（二）内容

公共图书馆群组阅读推广服务模式的内容主要有纸质文献和数字文献，格式体现为文本、图片、音频、视频等多种形式。目前来看，大多数图书馆采用的是纸质文献推广与数字文献推广兼具的形式。一方面，馆内的新书推荐会、读者交流会、地方民俗活动、当地文化节等推广方式推陈出新，吸引了广大读者的阅读兴趣，培养了他们良好的阅读习惯；另一方面，借助社交媒体平台开展的数字阅读推广也被公共图书馆普遍采用，读者可通过加入兴趣小组的方式自行组建阅读群组，也可由图书馆根据读者的检索记录和所填写的信息进行分组，从而投其所好，向读者分层次、分学科地实时推荐符合其阅读需求的专业科研阅读内容，实现公共图书馆的群组推广服务。

（三）媒介

由于公共图书馆群组阅读推广服务的内容可以从表现形式上分为纸质文献和数字文献两种，与之相对应的是，进行群组阅读推广服务的媒介也被分为物理空间和虚拟媒介两类。物理空间的群组阅读推广常见方式是，将群组成员聚集在图书馆内，由图书馆引导、协助读者进行有针对性的讲座或交流活动，是一种图书馆为主要发起者、读者用户为被动接受者的推广服务。虚拟空间的阅读推广服务媒介方式更为灵活，覆盖面更为广泛，常见的有视频培训、网上资源推荐和社交平台的阅读推广，具有创新意识，能够更好地契合当下新技术发展潮流，更符合广大读者的阅读习惯，特别是采用人们常用的微博、微信等社交软件，能够增强公共图书馆群组阅读推广服务的友好性和有效性。同时，“5W”传播理论中的公共图书馆群组阅读推广服务的媒介也作为一个群组内智慧共享空间而存在，为读者间的阅读交流及读者与图书馆的互通反馈提供了广阔、便捷的平台。

（四）客体

公共图书馆群组阅读推广服务的客体，宏观意义上讲，是社会上所有读者用户；微观意义上则指以群组为单位的读者小组。由于很多公共图书馆碍于人力和物力条件所限，无法真正实现针对每个个体提供个性化、差异化服务，群组单位的出现则是聚集了相同阅读需求的公共读者，公共图书馆可以为组内读者提供相应的阅读推广内容，间接地为组员提供个性化服务。例如，北京市丰台区公共图书馆建立了古文献特色资料库，该数据库一方面对社会读者免费开放，允许读者自行查阅所需要的资料和文献；另一方面会向对古文献感兴趣的读者进行主动推送和推广，实现了群组单位内图书馆阅读推广主动化与个性化的推广目的。总而言之，客体群组的精准化可以提高公共图书馆阅读推广服务的有效性，避免了资源浪费、优化了馆藏配置，同时有利于增强读者用户对图书馆的黏性，营造了良好的公共阅读环境。

（五）效果

检验阅读推广活动的成效，既要检验可量化的后续显性成效，也要检验不可量化的后续隐性成效。结合公共图书馆群组阅读推广服务模式的构建，“5W”传播理论中效果要素可以理解为评价阅读推广成效的指标。一套合理的、科学的群组阅读推广评价机制是总结前一阶段工作成果、反思前一阶段工作问题的标准，也是下一阶段工作制定的依据和出发点，因此，公共图书馆群组阅读推广服务评价的正确运用具有深远的意义。根据公共图书馆群组阅读推广服务的实践，其效果指标也要有所区分。在整体上，首先要对群组的划分进行指标测评，考量群组区分和合理度、有效度及覆盖度；其次要对公共图书馆群组阅读推广服务流程进行评价，如推广内容的选取与群组内读者要求的匹配度、每次开展阅读推广活动参与人数等，这些都成为公共图书馆群组阅读推广服务效果评价的重要依据。总之，设计一套行之有效的、因时制宜的多维评价指标体系，有助于立体、全面地衡量阅读推广服务过程中的得失。

三、基于“5W”传播理论的公共图书馆群组阅读推广服务模式建设策略

根据“5W”传播理论的五大构成要素，笔者从主体、客体、内容、媒介和效果五个维度提出了相应的公共图书馆群组阅读推广服务模式的构建策略。

（一）群组阅读推广主体：健全图书馆机构，加强合作

公共图书馆是群组阅读推广服务的主体要素，主体机构的健全和完善在很大程度上决定着阅读推广活动的效用。因此，在制定公共图书馆群组阅读推广服务模式建设策略过程中，要突出强调“5W”理论下公共图书馆的主体定位。一方面，公共图书馆应该加强自身的馆藏资源和文献建设，尤其重视数据资源的创新和发展，如针对群组用户的阅读需求，打造特色化文献数据库，以强化资源建设为中心，健全图书馆群组阅读推广服务机构；另一方面，单一的图书馆面对多元化群组客体，其服务能力和服务内容是存在局限性的，为了突破公共图书馆群组阅读推广服务的瓶颈，越来越多的公共图

书馆主动与当地高校图书馆、文化服务机构或基层组织之间建立合作关系，形成了广泛的合作联盟，从多方面挖掘资源、拓展推广服务范围，建设多渠道、多内容的群组阅读推广模式。此外，公共图书馆成立专门的群组阅读推广机构非常必要，由专人负责公共图书馆群组阅读的整体规划、管理和指导工作，能够保障阅读推广服务工作有序、高效运行。

（二）群组阅读推广客体：群组划分，因地制宜

公共图书馆群组阅读推广服务的核心在于群组的精准划分与定位，这是图书馆个性化服务的延伸和发展。公共读者是“5W”理论视角下图书馆群组阅读推广服务的客体，要想对群组读者进行精准的内容推送，重中之重是要明确群组划分的标准，一般来说，图书馆可以根据读者身心特征、科研专业、知识结构、阅读兴趣等特点确定群组，进一步为其打造“我想读什么就提供什么”的专属推广模式。例如，公共图书馆可以根据读者年龄将老年读者组成一个特定群组，将其作为阅读推广服务的客体，定期、定量地为老年读者推送养生、保健类的相关资讯和读物，满足老年读者的共性阅读需求。此外，图书馆可以进一步发挥文化传播的作用，为老年读者构建交流平台，增强老年读者间的情感沟通与互动，帮助老年读者驱散孤独感。总之，在“5W”传播理论中，客体因素直接影响着主体活动的效度和信度，对于公共图书馆群组阅读推广服务而言，因地制宜地进行群组划分，有利于加强公共图书馆对群组客体的关注，从而将公共读者的需求和阅读推广服务有效联结。

（三）群组阅读推广内容：开发特色，强调共享

在“5W”传播理论视角下，内容要素是活动的中心，是贯穿于活动过程始终的，正因为如此，公共图书馆群组阅读推广内容的建设也是服务模式研究的重点和难点。由于公共读者的阅读范围广、对文献资源的需求量与日俱增，公共图书馆需要不断更新资源库，以保障阅读推广内容的全面和丰富。结合“5W”传播理论，公共图书馆群组阅读推广服务模式建设策略的内容要素层面可以从以下两方面展开：第一，公共图书馆可根据本馆的资源

特色和地方民俗特色组建相应的阅读群组，针对群组读者的需求，再对某领域或某专业的资源集中进行标准化的、有价值的数字化加工，形成网络数据库，满足群组读者物理空间和网络平台双渠道的阅读要求。第二，公共图书馆尤其要重视公共图书馆间或与其他类型图书馆的馆际合作，通过达成合作关系，与之互通有无，实现资源的共享和共建，在减少资源建设成本的情况下，将资源的使用最大化，提高阅读推广服务的主动性和多样性，促进公共群组阅读推广服务内容的延伸和拓展。

（四）群组阅读推广媒介：创新服务，树立品牌

媒介是“5W”传播理论的基本组成部分，是公共图书馆实现对群组用户阅读推广服务的平台与渠道，因此，必须重视群组阅读推广媒介的创新和品牌树立。当前，公共图书馆群组阅读服务推广媒介主要从两方面展开：第一，立足读者使用习惯，以读者常用的信息获取方式作为传播媒介，如社交媒体平台QQ、微信、微博等，公共图书馆形成了浓厚的阅读推广氛围，使无论哪个群组的读者或每个群组内的读者，24小时均可以获取到相关资源，突破了传统阅读推广中常用的图书馆布告栏、广播站等形式在空间和时间上的限制，增强了公共图书馆阅读推广服务的效用。第二，打造公共图书馆群组阅读推广服务品牌，如可以建设真人图书馆，采用小组交流的方式，以动态的、立体的人物作为阅读资源，进一步吸引读者用户的阅读兴趣；第三，公共图书馆定期开展的读书节也逐渐成为长期的、稳定的、标志性的服务品牌。

（五）群组阅读推广效果：合理评价，规范管理机制

“5W”传播理论的最后一个构成要素为评价，此评价又可看作是下一个“5W”传播活动的基础，有利于促进和改善公共图书馆阅读推广活动。针对公共图书馆群组阅读推广服务而言，有效的评价是指科学合理的评估体系，公共图书馆在经过主体提供—内容筛选—媒介构建—客体划分四个环节后，应该及时落实阅读推广评价工作。一般来说，完整的、规范的阅读推广评价体系包括评价方法、评价机构、评价指标和反馈信息等，通过对群组

读者进行回访，获取读者的真实反馈，完成“5W”传播理论的一个阶段性循环。群组阅读推广效果的最大价值在于，使图书馆结合机构内衡量阅读推广活动指标清晰地认识到当前阅读推广活动存在的问题和不足，并以此为契机，在总结经验、吸取教训的基础上开启下一轮群组阅读推广服务活动，实现多个“5W”传播活动的衔接与良性循环。总之，重视“5W”传播理论中的评价要素，有利于对公共图书馆群组阅读推广服务进行规范管理，以促进活动更好、完善地开展。

综上所述，阅读推广是一个长期而艰巨的工程。“5W”传播理论应用于公共图书馆群组阅读推广活动是适用的，更是必要的，有利于促使公共图书馆阅读推广形成一个更为精准和个性化服务的良性循环。

第三节　基于微信平台的公共图书馆阅读推广模式研究

微信是一种有效的信息传播媒介，为公众的工作、生活和学习带来了很大的便利。通过微信平台开展阅读推广为公共图书馆扩展读者服务渠道提供了新的思路。近年来，已有很多图书馆利用微信公众平台开展阅读推广，然而，如何利用微信公众平台吸引读者，引导读者由“浅阅读”向“深阅读”转变，从而提高阅读推广效果，是值得图书馆人不断思考的问题

一、公共图书馆微信平台阅读推广的优势

（一）庞大的注册读者群体

微信是社交媒介，微信用户数量巨大，而且还在持续增长，这些数量众多的读者群体都可能是潜在的读者用户群体。除了读者群体方面具备的优势，微信的免费使用、操作简单、信息推送多样化等优势也比较显著。公共图书馆作为国家公益性的文化服务机构，必须考虑到其阅读推广对象的覆盖面，不能受到年龄、地域及身份等方面的限制，要面向全民族挖掘潜在读

者，利用微信公众平台庞大的用户群体开展图书阅读推广活动。

（二）微信平台阅读推广投入成本低

随着智能手机在公众群体中的普及率越来越高，微信读者在查阅文献的时候不再受到时间与空间的限制，能够自主获取微信的阅读推广信息，也能够自主检索需要的信息资源，提高了阅读推广的灵活性，也就是说，只要有网络覆盖的地方就可以开展信息推送活动。读者使用微信不收费，公共图书馆借助微信平台开展阅读推广也不需要进行过多的投入，成本比较低，更容易被接受。

（三）信息传播方式便捷

对于微信平台来说，信息推送是通过网络进行，传播的速度快，图书馆借助微信平台开展阅读推广能够提升时效性。以微信为载体开展阅读推广不仅具备信息传播速度的优势，还丰富了阅读推广的内容。纵观传统的图书馆阅读推广活动，基本都是文字信息发布，或者是开展线下推广，相对比较单一。而微信平台阅读推广则是语音、文字等的融合，信息传播手段更加现代化，也更加立体化，图文、语音、视频结合能够带给读者更为直观的感受，提高了阅读推广的实效性。

二、公共图书馆微信公众平台阅读推广存在的问题

（一）平台推广力度不够，内容质量有待提高

很多公共图书馆微信公众平台阅读推广力度不够，活跃粉丝数量不足。出现这种现象大致有两方面的原因：一是多数公共图书馆对微信公众平台的推广力度不够；二是发布的内容价值不足、质量不高、对读者的吸引力不够。

（二）阅读推广效果不佳，服务质量有待提高

很多公共图书馆微信公众平台阅读推广的成效并不尽如人意，出现此种情况主要由于推送内容质量不高，不能吸引读者，或服务质量不高，缺乏与读者的互动，不能激发读者的阅读兴趣。

（三）深度阅读推广不足，引导性阅读有待加强

很多公共图书馆开展了“微阅读”“在线阅读”“云阅读”等阅读推广活动，有效地引导了读者进行“浅阅读”，但缺乏“深阅读”活动的开展，如读书沙龙等。例如，广西壮族自治区图书馆、安徽省图书馆设置了读书沙龙菜单，但只是简单地发布通知或沙龙推广成果，并未充分利用微信的实时交互性线下与线上同步直播沙龙活动，受众范围难以最大化。由此可见，图书馆利用微信公众平台开展阅读推广的深度不够，应加强对读者的正确引导，促使读者由“浅阅读”向“深阅读”转变。

三、公共图书馆微信平台阅读推广服务的优化策略

针对当前我国公共图书馆利用微信公众平台进行阅读推广存在的问题，笔者认为，图书馆应充分挖掘“潜阅读”用户，将“潜阅读”用户引流到微信公众平台；通过提高服务质量，增强用户黏性，吸引读者阅读，将“潜阅读”转化为“浅阅读”；通过适当的激励机制、良好的互动活动等引导读者，激发“浅阅读”读者的阅读热情，将“浅阅读”引入“深阅读”。

（一）拓展推广途径，吸引读者关注

微营销时代是粉丝经济时代，对微信公众平台而言，无论是内容营销还是服务营销，如果缺少粉丝关注，策划准备得再充分也毫无意义，因此，微信公众平台营销的核心就是粉丝。粉丝的获取完全取决于用户的主动性，只有用户主动关注微信公众号，才能定时收到微信公众平台推送的信息。微信公众号的关注度直接影响阅读推广的效果，因此，图书馆要强化营销理念，采取多种形式宣传推广图书馆微信公众号，提高图书馆微信公众平台的活跃粉丝数量。

1. 线下推广，主动邀请和激励引导

线下推广是阅读推广的常规方法，图书馆可以通过以下两种方式提高用户的关注度：一是主动邀请。利用读者到图书馆借书、还书、参加活动、听讲座等机会主动邀请读者扫描图书馆微信二维码，关注图书馆微信公众号。

二是被动设置。图书馆可将带有二维码的宣传海报或流动图书车放置在图书馆入口或人流量较大的地方，通过馆员引导、“关注有奖”“分享有礼”等活动吸引、鼓励读者关注并转发。图书馆要转变服务理念，由被动服务转向主动服务，通过热心的服务和适当的奖品激励，最大限度地吸引读者关注。

2. 线上推广，自然裂变和文库引流

线上推广主要针对经常到馆或参与图书馆实体活动的读者，而有很多读者虽未到馆，但也时刻关注图书馆的动态，如图书馆QQ服务群中的用户、微博和博客的粉丝、浏览主页的用户等；各大社交平台上也存在大量的“潜阅读”用户，如个人微信、社交网站等。图书馆应利用各种新技术、新方法，多途径、深挖掘，将以下两种“潜阅读”用户引流到微信公众平台，提高公众平台的关注度。

（1）已是图书馆“潜阅读”用户的转换

图书馆可以将公众号的二维码置于图书馆主页、博客、微博的显著位置和QQ群的公告栏中，通过文字描述，将平台上的“潜阅读”用户引导到微信公众平台，实现自然裂变。

（2）各大社交平台上“潜阅读”用户的引流

朋友圈是读者关注公众号的第一渠道。公共图书馆可通过一些热爱阅读推广的个人微信账号推广图书馆公众号，提高公众平台的关注度；各大社交网站、论坛、经验交流平台、问答平台等也是阅读推广的重镇，如豆瓣、知乎、百度经验、百度知道、天涯问答等，将微信公众平台的二维码或微信公众号植入高质量软文或问答中，利用内容引流、文库引流、问答引流等方式将“潜阅读”读者引流到微信公众平台，从而提高图书馆微信公众号的关注度。

（二）提高服务质量，增强用户黏性

1. 加强内容建设，提升用户关注度

“内容为王”是图书馆微信公众平台发展的重要原则。当一个微信公众号推送的内容兼具实用性、趣味性，并贴近用户，能够满足用户分享的满足感时，这个微信公众号就成功了一大半。具备这些特征的内容，用户会主动分享，并辐射到用户强关系链上的好友，促发更多基于真实关系的传播。图书馆应通过不断提高内容质量，利用蝴蝶效应，引领读者阅读，增强读者黏性，具体而言，可以通过如下几种形式：

（1）利用微信

公众平台用户管理功能实现精准推送。微信公众平台后台可以获取用户的全部信息，并提供强大的用户分组功能，可以按地域、性别、喜好、需求等不同的指标分组，根据分组类型及文章类型进行精准推送。只有读者需要且认为有价值的文章才是好文章，他们才会自愿去分享、转发，产生裂变效应，从而增强用户黏性，提高微信公众平台的关注度。

（2）结合时事热点，推送相关图书

适当结合当下社会热点，推送与之相关的内容或编写与该热点有关的主题，积极参与用户的评论互动，向关注该公众号的用户推送与该热点有关的图书，达到事半功倍的效果。

（3）“拆书”，经典图书推送

所谓经典，就是经久不衰的万世之作，为了引导读者充分利用碎片时间阅读经典图书，可以将经典图书按照章节拆分、重组，使其适合碎片化阅读。

（4）多原创少转发

高质量的原创文章更可能会被其他微信公众号或个人微信转发、分享，产生裂变效应。

（5）心灵鸡汤美文

在物质生活丰富、精神生活匮乏的时代，名人名言、励志创业、爱情、生活、工作等类的文章更容易被读者接受，增强用户黏性。

2. 加强服务群建设，实现良性互动

除了高质量的内容，还有很多细节影响着图书馆微信公众平台用户的忠诚度，如与粉丝的互动。实现互动的方法有很多，如签到、答疑、微信功能服务、调查、有奖竞猜、有奖征文、用户评比、游戏抽奖等。答疑类互动是最受用户欢迎的，也是最容易与用户形成强互动的一种形式。微信公众平台虽然实现了互动服务，但只能实现平台与粉丝的互动，即使是关注同一微信公众平台的粉丝也不能实现彼此间的互动。而在图书馆利用微信公众平台进行阅读推广时，由于馆员数量不足，不能及时回答读者的问题，进而使读者体验欠佳，甚至取消关注。为此，图书馆在利用微信公众平台进行阅读推广时可以建立微信服务群，将有问题的读者添加到服务群中，将热衷于阅读推广服务的读者设为管理员，读者可以对某个主题的内容展开深入探讨，也可以帮助其他读者解决问题，实现良性互动，从而提高粉丝的忠诚度。

（三）加强互动功能建设，促进读者深度阅读

1. 建立激励机制，鼓励读者评论

有效引导读者对某个主题或文章内容发表评论，不仅有利于促进读者的深度阅读，还可以培养读者的创新思维。通常，整体上参与评论的读者关系比较生疏，习惯于浅层次的互动（阅读、点赞），深层次的互动（评论）较少。而高产评论读者之间的关系比较密切，可以推动整个微信公众平台进行深层次的阅读评论。为有效地将“浅阅读”引向“深阅读”，引导读者对某个主题或文章进行深层次的评论，调动读者的积极性，可以采取一些激励措施，如每天从参与留言评论的读者中抽取一名幸运读者赠予图书，促进读者积极撰写评论。对于优秀的评论应及时给予回复，以促进读者更深层次的思考，同时也可以拉近与读者的距离，增强读者对平台的黏性。

2. 搭建交流平台，引导读者深度阅读

微社区“兴趣部落”是基于微信公众平台的互动社区，可以应用于服务号和订阅号，是提升人气、增强用户黏性的有效模式。充分利用“兴趣部落”微社区，通过定期或不定期设立某个主题或阅读书目，引导读者进行交流、分享，也可以由读者发起某个主题，实现读者间的交流、互动、思想碰撞，从而达到促进读者深度阅读的目的。

3. 线上、线下同步，营造读书氛围

“碎片化”阅读、“浅阅读”已成为现代阅读的趋势，人们可以充分利用碎片化时间阅读大量的信息。但是，如果只是一味地进行“碎片化”阅读，缺乏对国民从“浅阅读”向“深阅读”的正确引导，将会导致国家文化底蕴的丧失。美国联机图书馆中心的研究显示，最受读者欢迎的阅读方式是在图书馆与他人分享阅读经验和体会，即读书沙龙。通过读书沙龙可将一群具有共同兴趣的读者聚集在一起，围绕一个主题进行深入地讨论、交流并分享读书经验和体会。读书沙龙能够增进读者交流，促进读者深度阅读，提高图书馆人气。传统的读书沙龙受时间和空间的限制，只能集结同一城市中拥有共同爱好的部分读者，很多读者希望参与但由于时间和地理位置等限制无法到场，此时可以借助微信公众平台，将读书沙龙实况通过现场直播的方式展示给读者，读者可以根据现场情况，利用微信公众平台的交互功能与现场的嘉宾、读者进行交流，分享自己的阅读经验。微信公众平台在进行读书沙龙直播时，需开通读者与平台互动功能，在直播的同时用户可以实时与平台互动。采用这种模式进行读书沙龙直播可以打破时空界限，用户只要关注图书馆微信公众平台，就可以通过该平台的直播功能实时与沙龙现场进行互动、交流，从而激发读者的阅读兴趣。

第四节　公共图书馆数字阅读推广服务模式研究

随着移动互联网技术的普及，阅读载体、方式与途径发生了改变，人们的阅读习惯也由纸本阅读向数字阅读转变。研究表明，近年来，国民数字化阅读率迅速提升，纸本阅读量呈下降趋势。由此可见，数字阅读正逐渐成为全民阅读的主流范式。如何提高数字阅读服务水平，探索适合用户阅读习惯的服务模式，成为信息机构研究的热点。公共图书馆作为全民阅读活动的主力军，作为公众获取知识的公益平台，在数字化阅读方面进行了大量尝试，从服务、内容、信息行为、绩效等多个层面，分析数字阅读服务模式的发展方向，旨在为用户提供更为人性化、便捷化的服务体验。

和其他推广形式不同，数字阅读推广关键的是“数字”，这里的“数字”不仅指推荐的阅读内容是各种特色鲜明的数字化内容，还意味着阅读方法及推广、使用的渠道也是数字化。对阅读进行推广时，需要巧妙利用各种工具，使每位读者在数字阅读中都能够根据指引，找到需要的内容。

一、数字阅读推广的“微”活动

目前，微博、微信已经十分常见，在Web2.0环境下，各种社交网络平台、共享协作平台迅速发展，每个人都能够发挥传媒、媒体作用。

对于有的图书馆来说，通过新媒体形式，不仅可以对各类资源进行推送，在图书馆进行公众服务方面，还可以塑造出一个全新的形象，可以说，新媒体是一个宣传利器。在数字阅读推广活动中，“两微一端”，即微博、微信和移动客户端主要从两方面发挥作用：其一，对用户进行引导，指引他们对数字阅读资源进行利用，比如进行资源的推介、提供资源的使用技巧等；其二，吸引更多用户关注，增加粉丝数量，对数字阅读的服务人群进行扩展，使数字阅读的影响力得到有效提升。两个方面的作用相互依存、相辅相成，只有创造出优质的内容，才能吸引更多人的关注。

（一）微博

现在，很多图书馆借助微博平台，开展数字阅读推广活动。虽然微博的图文内容对字数有限制，但只要利用得好，依然能够策划并开展很多精彩的活动。不论是在线开展活动，还是进行常规的资源推送，文字和图片内容都需要进行精心设计，不宜过于死板，而应活泼、亲切，让人产生愉悦感。只有这样，用户才会更容易接受，并愿意参与。不仅需要对语言文字进行规范，确保表达清楚、准确且语意友好，对于配发的图片也需要进行设计，使其符合语言文本的意境需求，和文案相呼应，或借助图片对文案进行更加清楚地表达等。可以说，任何一条优秀的微博内容，或者合格的微博内容，都应当是一幅十分精彩的文图作品。下面以新浪微博作为案例，针对数字阅读推广活动如何在线上开展进行探讨和分析。

在微博上开展活动，通常可以划分成两种形式：其一，“1+N”模式，即通过微博进行宣传，发布链接，然后跳转到活动界面；其二，微博活动，是一个微博自带的功能模块，可以对此进行利用并开展活动。

“1+N”模式是十分常见的线上活动形式。“1”指在微博上发布相关宣传语、广告等；“+”指代具体的网页链接，通过点击链接参与活动；“N”代表具体的内容，其形式比较多样，如知识问答、在线调查问卷、微书评、游戏题、推荐的数字阅读内容等。

在对数字阅读推广活动的具体内容进行策划设计时，可以围绕以下方面进行：数字阅读的资源库类型、数字阅读的使用技巧、数字阅读的内容、数字阅读的经验分享、数字阅读的达人竞赛、数字阅读推广宣传活动的相关征集，等等。在策划设计推广活动时，需要遵循的宗旨，即让更多的人了解图书馆的数字阅读资源，并鼓励用户使用。借助微博平台开展各项活动，看似容易，但在实际进行操作时面临许多问题，比如，如何设计和研发合格的互动网页、微博文案，如何撰写才能更加吸引人，微博活动的开展还需要一定的粉丝基础等。

（二）微信

微信公众号是微信中使用最多的一个功能，可以细分成三种：订阅号、服务号、企业号。微信和网页不同，不能进行线上活动的开展，也和微博不一样，没有那么多活动模块，它其实和移动客户端有些相似，但是，它又不是APP，和移动APP有所不同。在微信上对数字阅读推广活动进行开展，也有案例可循。

微信公众号这个平台本身所能够提供的功能十分有限，而且也相对简单，对于线上活动的开展来说，很多需求是无法得到满足的。因此，有不少公司都有专门做微信功能研发的业务，比如预约功能。现在，使用微信的人越来越多了，可以说，用户量呈指数增长，在进行相关活动的开展时，一定要注意操作，即使微信活动很简单，但因其用户基数大，如果运营得当，活动效果也将得到提升。

微信公众号进行阅读推广的意义如下：

第一，培养读者阅读习惯。在图书馆阅读推广工作中，应用微信公众号，可以让读者养成良好的阅读习惯，提高阅读推广工作的有效性。在传统阅读推广工作中，教师采用校园推广的方式来吸引读者注意力。虽然该方式取得较好的效果，但是无法让所有师生都参与到阅读活动中。而微信公众号的应用，则可以解决这一问题，让读者在观看手机信息的同时，就可以收到图书馆推广的阅读信息，从而形成良好的阅读习惯。

第二，丰富读者阅读内容。图书馆应用微信公众号进行阅读推广工作，可以提供丰富的推广内容，能够拓展读者知识面。微信公众号中具有较大的存储量，可以存储海量的信息。利用此功能进行阅读推广，可以将图书馆中所有的信息呈现，拓展读者视野，提高读者阅读兴趣和积极性。

第三，保证阅读推广的及时性。在图书馆阅读推广中，存在一定的弊端，就是无法为读者随时随地提供阅读服务，需要根据图书馆开馆、闭馆的时间，调整阅读推广时间。而微信公众平台的应用，则可以为读者提供非常便利的阅读服务，读者可以根据自身的学习情况，选择阅读内容或者查找资料，对阅读推广工作开展具有促进作用。

（三）图书馆移动客户端

图书馆的移动客户端，也就是我们常说的移动APP，是一类应用软件。通过此类APP，读者可以获取数字阅读资源，享受移动图书馆的相关服务。关于移动客户端，很多图书馆通过在宣传品上印制二维码进行推广，也有的会在读者服务活动时向读者介绍，推荐、鼓励用户下载安装相关APP。对APP进行推广，一般可以采用两种方式：体验方式和应用方式。

第一，体验方式。将移动图书馆的相关功能介绍给读者，使读者了解使用APP后能够获得的便利。比如，图书的借阅信息查询功能、续借功能、馆内讲座活动等信息的查询及馆情资讯发布等。通过移动APP，读者还可以享受到各种数字阅读资源。但这种方式也存在一定难点，主要包括：①在进行活动时，需要图书馆有良好的网络环境，图书馆需要提供Wi-Fi服务，且保证多人可以同时顺畅地在线使用网络。如果在进行活动时，读者还需要使用个人网络流量下载或者参与，会使整个活动效果受到影响；②活动的相关工作人员应熟悉移动APP的下载安装，包括安装路径、如何注册登录等，以便为读者答疑解惑。

第二，应用方式。在用户的日常活动中加入APP的资源或者功能，在对图书馆APP进行推广时，通常采取用户比较易于接受的方式。比如，可以在APP上开通“活动报名/预约”功能。图书馆在进行各种实体线下活动前，可以先在APP上开通预约服务，参与活动的读者只需要下载安装并登录图书馆APP，点击进入“活动报名/预约”界面，就可以了解活动的详细内容，并进行在线预约。在活动前期宣传中，可以在海报上添加通过APP进行报名/预约的方法，引导用户下载安装APP并进行使用。例如，东莞图书馆APP有扫描功能，引入电子书借阅机后，对资源进行充分利用，为每本电子书制作二维码，用户只需要“扫一扫”，即可将电子书的内容下载到移动设备上。该方式吸引了很多用户，增加了APP的下载安装量。

二、“互联网+阅读”模式下图书馆数字阅读推广策略

进入信息化时代，图书馆不仅可以为学校及各种学术性机构的信息化建设提供信息基础，也可以为教学以及科研的开展提供服务。因此，图书馆应开展一系列活动，如参考咨询、资源推送、阅读推广等，对资源配置情况进行优化，使文献信息的利用率得到进一步提高。

（一）有效利用高新技术服务方式

我们正处于“互联网+”的时代，高校图书馆应对“互联网+”技术的相关特点进行充分了解和掌握，在进行数字阅读推广时进行充分、合理地运用，使自身服务水平得到提高。依靠“互联网+”技术进行服务，图书馆可以搭建数字服务平台；在数字图书馆建设及数字阅读推广服务过程中，对各

种技术，如云计算技术、大数据分析技术、物联网技术等进行充分利用，安排专业人员进行服务，对阅读相关服务进行及时升级优化，使数字阅读服务逐渐实现跨越式创新发展。

（二）创设适用于数字阅读推广的信息共享空间

信息共享空间是目前新型的一种信息服务模式，不仅是一种服务空间，对于资源还具有高度整合能力。信息共享空间的建设主要依靠互联网技术及各种软、硬件设备，在一个虚拟空间或者实体环境中，将丰富但杂乱的资源信息融为一体。

除此之外，对于大众来说，通过数字阅读推广信息共享空间，形式十分新颖，也是图书馆建设所涉及的一个主要领域。因此，图书馆要紧紧抓住这个机遇，占据先机，不断进行创新和探索，把信息共享空间的建设和数字阅读推广相结合，使其充分发挥作用。

（三）大力拓展多维化数字阅读推广服务方式

在开展图书馆数字阅读推广活动时，对“互联网+”技术进行利用有两点措施需要特别注意：其一，加强基础设施建设，对数字资源进行补充，进一步强化网络环境的把控；其二，进行数字阅读推广时，以人为本应成为图书馆自身的指导思想，服务内容也应借助创新的形式发展和完善。

进行数字阅读推广，对于高校图书馆来说并不是一件易事，需要长久的努力和坚持。其中，最为重要的一个环节是，要以图书馆自身条件为出发点，在工作方案制订方面应注重其科学性、合理性，并认真执行，使读者能够在更加优质的环境中享受数字阅读服务。

第六章　图书馆信息服务体系与资源建设

第一节　图书馆文献信息服务体系

一、图书文献概述

（一）图书文献的特征表现

能够保存和记录知识，传播和表达思想的主要文献就是图书文献。图书文献能够保存大量信息，且便于携带和存放，空间和时间或者设备限制较小。无论是过去、现在或将来，图书将是人类文明社会中主流的信息媒介之一。

1. 保存与传播知识的特征

图书是保存和传播知识的文献资源。图书在知识保存和传播方面，对文献的信息保存具有重要贡献。通过图书文献可以了解某个问题的研究或经验总结。由于图书是经过作者反复思考、撰写、校对、筛选、提炼等多道工序，经历相当长的时间后出版的，因此，图书文献比其他文献更加稳定和可靠。如果要了解某一方面的系统性知识，可以通过图书文献进行初步了解，也可以通过图书文献获得一个较为全面和系统性的了解。

2. 图书内容的特征

普通图书是一种主要的印刷型文献。在悠久的发展历史中，图书具有其他印刷型文献不可比拟的显著特征，是经过编著者对所论述的主题文献进行选择、鉴别、核对、融会贯通后写成的，其知识内容比较成熟、系统。

每种图书至少有一个主题，对某一学科或主题论述得比较系统、全面，是著者对社会交往、生产实践和科学实验等经验的概括，以及对前人某个方面知识的综合论述。从知识内容来看，图书涉及自然和社会现象，既有专门论述某一学科或主题的专著，又有系统论述某一学科或主题的汇编；既有以普及科学知识为目的的通俗读物，又有供教学使用的教科书及教学参考资料，还有专供检查、参考用的各种工具书（如字典、辞典、手册、手鉴、百科全书等）。普通图书知识内容的全面性、系统性、集中性和成熟程度，决定图书历来为各类型读者所重视。就出版形式而言，图书有论章述节，成卷成册，一般具有封面、书名页、目次、版权页，并且版式规范、书型适宜、装帧完美、便于保存和利用，因而成为图书馆所藏文献的主要基础，是文献信息来源中不可缺少的重要资源。图书所记录的知识虽然比期刊、论文等文献晚，但所反映的知识内容是以往知识的概括和总结。因此，要获得全面、深入、系统的知识，图书无疑是重要的文献资源之一。

与其他出版物相比，图书有两个显著特点：①内容比较系统、全面、成熟、可靠；②出版周期较长，传播信息速度较慢。

（二）图书文献的类型

1. 古籍图书文献

（1）古籍文献的载体

古代早期以甲骨、青铜器及石刻等载体记载的文献不能算是真正的古籍图书，由于这些文献载体及其内容与以后的竹帛纸张的载体及其内容有许多内在联系，所以，了解这些文献的载体十分有必要。

①陶器。我国最早发现的文字是在龙山文化和良渚文化时期的陶器上，因此被称作陶文。这个时期，虽然还没有识别出所有陶文，但是可以证明陶器是人类文明中最早的文字载体。

②甲骨。商王朝时期，人们在占卜吉凶时会在龟甲或兽骨上记录文字，这种文字被称作卜辞，也被称作甲骨文。由于最早出土的甲骨在河南安阳小

屯村中一个叫殷墟的地方，所以，在此发现的甲骨文也被称作殷墟甲骨。但甲骨文上记载的文字内容并不是为了记录信息和传播知识，因此并不是书籍，却是重要的文字载体。

③青铜器。我国青铜器时代经历了1500多年的历史，相当于夏商周一直到春秋时期，在商代晚期的青铜器上发现了铭文。从最初只有几个字的铭文，到商代末期有较长的三四十个字的铭文，再到西周时期将近500个字的名字，这些青铜器上的铭文，大多数记录祀典、征伐、契约相关信息。青铜器上的铭文对我国古代文献具有重要作用，因此，把这些记录文献的青铜器称作青铜器的书。中国社会科学院考古研究所于1984年编纂并出版的《殷周金文集成》（中华书局），收录国内外收藏的铭文拓片及图像1万多件。

④石片和玉片。在山西省侯马京城遗址发现春秋晚期的玉片和石片，这些玉片和石片上刻有文字，反映韩、魏、赵三国在分晋时期，晋国赵鞅为了让内部团结，与卿大夫订立一系列盟约，而这些盟约被刻在玉片和石片上，因此称作侯马盟书。该盟书一式两份，一份在盟府，一份被深埋在地下河底向神明宣誓。侯马盟书用朱红色或黑色的墨汁，通过毛笔书写，说明春秋晚期，人们已经将玉片和石片做成书写的载体。

5）石雕。除陶器、甲骨、青铜器之外，古人还在石头上刻字，谓之石雕。《墨子》中有“镂于金石”之说。战国时代，在石头上刻字已经流行。现存最早的石雕是陕西出土的石鼓，是战国时代秦国石刻，花岗石质，圆顶平底，高约90厘米，直径约60厘米，共10件，原文700余字，现存272字。

雕刻在石碑、摩崖上的儒家经典和佛、道经典，谓之石经。历史上最著名的石经是汉灵帝嘉平四年（175年）至光和六年（183年）雕刻的《嘉平石经》，由蔡邕等人用隶书书写上石，共刻成46碑立于洛阳太学。其内容为《易》《书》《诗》《仪礼》《春秋》《公羊》《论语》七种儒家经典。

《熹平石经》之后，历代都有石经传世，如三国时期的《正始石经》，曹魏正始二年（241年）刻成古文、篆文、隶书3种书体的石经，又称《三体石经》；唐文宗开成二年（837年）的《开成石经》；五代后蜀广政元年至二十八年（938—965年）刻的《后蜀石经》；于宋仁宗庆历元年（1041年）始刻的《北宋国子监石经》；南宋高宗用小楷碑刻浮雕的《御书石经》及清朝的《清乾隆石经》等。在文字传播的准确性和广泛性上，石雕具有更大的意义，被后人称为“石头书”。

（2）我国古籍图书的类型

①类书。所谓类书，是采摭群书，辑录各门类或某一门类的资料，以类相从而加以编排，以利寻检、引用的一种古典文献工具书。其体例有辑录各科资料于一书的综合类和专收一门资料的专科类两种。编排方式一般按分类编排，也有按韵、按字分次编排。现存的著名类书有：唐代的《艺文类聚》《初学记》，宋代的《太平御览》《册府元龟》，明代的《水乐大典》，清代的《古今图书集成》。其价值：①保存我国古代大量接近原作的珍贵资料，以供校勘典籍、检索诗词文句，查检典故、成语出处之用。②为研究者直接提供专题研究的资料。

②政书。政书是主要记载典章制度沿革变化及政治、经济、文化发展状况的史书。政书搜集历代或是某一朝代政治、经济、文化制度方面的材料，分门别类地加以编排，具有制度史、文化史、学术史方面的信息。由于政书具有资料汇编性质，所以一般作为工具书使用。

③丛书。单独的著作如果汇集到一起，被称作丛书或丛刊。丛书一般分为综合性和专门性丛书两种。丛书始于南宋，相对较早发现的为《偶学警语》系列丛书，在1201年已经形成，随后，各朝代也有如《四库全书》等知名丛书系列。《四库全书》部头之大，堪称中国古代丛书之最，共收书3503种，79337卷，约997000万字。当时，《四库全书5》没有刻印，全书只缮写七部，曾分藏于清代七大藏书阁。

④辞书。词语的解说和汇集被称作辞书，一般是记录词语的工具书。我国早期并没有词典和字典的分类，这两种不同的辞书统一被称作“字书”，如《说文解字》等子书，是分析字形、探讨字体结构；《尔雅》是以训释字

义和词义为主的训诂书，也有以归纳字音的韵书——《广韵》。

2. 现代图书文献

由于图书种类繁多，根据不同的情况、目的和需要，可划分为以下方法：

（1）按照知识内容可划分为：社会科学图书和自然科学图书。

（2）按照印刷的文种可以划分为：中文图书、日文图书、西文图书、俄文图书等。

（3）按照作用可以划分为：普通图书、工具书、教科书、科普书等。

（4）按照著作方式可划分为：专著、编著、译著、文集、汇编、类书等。

（5）按照知识内容的深浅程度可划分为：学科专著、科普图书、儿童读物等。

（6）按照生产方式可划分为：写本、抄本、铅印本、打印本、排印本、照排本、影印本等。

（7）按照装帧形式可划分为：精装书、平装书、线装书等。

（8）按照刊行情况可以划分为：单行本、丛书、抽印本等。

（9）按照出版卷可划分为：多卷本、单卷本等。

（10）按照版次和修订情况可划分为：初版书、再版（重版）书、修订本、增订本等。

（11）按照载体可以划分为：纸质书、感光材料书、磁性书、电子书等。

（12）按照图书内容所属学科范畴可划分为：数学类、物理学类、化学类、生物学类、医学类、文学类、历史类、哲学类、政治类、军事类等。

（13）按图书的珍贵程度可划分为：孤本、善本、珍本等。

二、图书馆文献信息服务的要素与方式

图书馆文献信息服务是由图书馆为用户提供各种信息资源，比如纸

质版信息资源、数字化信息资源和网络信息资源等。图书馆工作人员将整理好的网络上、纸质版和数字版资源，根据用户需求，将信息资源提供给用户。

图书馆聚集了很多社会上的文化资源，也是开展教育的主要场所之一。图书馆提供信息服务时，需要开展宣传活动、教育活动，通过活动向用户传递知识，分享相关信息，满足用户多种需求。

（一）文献信息服务的基本要素

1．信息服务的对象，即信息用户，是信息的接收者，也是推动图书馆信息服务发展的原始动力。

2．信息提供者，即服务者，是图书馆及其相关人员通过对文献资源的选择、加工、整理，形成信息产品，以满足用户的信息需求，是信息服务的主体。

3．信息产品，指经过图书馆收集、整理、加工出来的各种已知或潜在的社会信息、科学知识及科研成果，构成信息服务区别于其他服务的本质特征。

4．信息服务方法，如推送技术、软件技术、视频技术等，是开展信息服务过程中所运用的各种技术与方法，是提高信息服务效率的必备手段。

5．信息服务设施，如馆舍、图书流动车等服务场所和计算机、通信设备、复印机等技术设备，是开展信息服务的物质基础。

（二）不同文献信息服务的服务方式

图书馆文献信息服务是图书馆以馆藏为主体，通过搜集、处理、存储、传递各种文献信息并提供技术服务的一项工作。其服务方式包括以下方面：

1．传统文献信息服务

传统文献信息服务是图书外借、图书阅览、图书视听、文献复印及图书在馆和馆之间的流动借阅等。传统文献信息服务是图书馆能够提供的基本服务和直接服务，这些服务也是用户普遍使用的服务，是图书馆为用户提供的主要服务。通过这些服务，图书馆中的文献被利用。这些服务方式也是图书馆和读者之间联结的纽带，能否做好传统文献信息服务，关系到图书馆工作质量的高低。

2. 现代文献信息服务

现代文献信息服务的出现以传统文献信息服务为基础。首先，现代文献信息服务内容包含传统文献的服务内容，区别是，使用更先进的技术为读者提供服务，服务手段更符合读者需求；其次，在原有基础上，开发出新的服务方式。现代文献信息服务的出现，说明图书馆服务已经到达一定水平，其服务方式主要有自动化服务、文献的电子检索、电子传递及网站服务，等等。

3. 宣传与用户教育

首先，宣传服务和导读服务。为了提高图书馆文献的利用率，图书馆工作应该注重宣传和导读，不仅应让读者了解图书馆的收藏内容及图书馆提供的服务项目，还要让读者了解图书馆内部资源的使用方法，读者才能更好地利用图书馆文献。除此之外，图书馆可以开展读书讲座、图书导读等活动，向读者推荐优质图书；通过宣传、导图方式，让读者对图书馆文献有更好地了解，更好地利用图书馆文献，这样做，有利于图书馆和读者之间形成一定黏性。在当代开展宣传和导读，可以有效利用网络途径，比如，在图书馆主页、微博、公众号等平台宣传和导读。

其次，用户教育。在展开教育前，图书馆不仅应该了解用户对文献的需求及产生需求的动机，还需要了解用户对文献的吸收能力、用户获取文献的途径；图书馆需要及时向用户展开调查，调查内容包括文献的阅读效果、图书馆的服务效果等。对于图书馆，读者是服务对象，只有真实了解读者的方方面面，才能够做好信息资源服务工作，才能保证图书馆的服务质量。

在充分了解用户基础上，图书馆可以着手展开用户教育工作。在以往的服务过程中，图书馆展开用户教育，主要通过开设讲座、开设培训等方式，为用户介绍文献的检索方法，帮助用户更好地使用图书馆及图书馆中的资源。网络时代，对用户的教育不能局限于文献检索方面，还应该涉及信息基础理论、信息利用、网络认知、信息评价和计算机操作等方面的教育内容。

4. 其他服务方式

首先，个性化信息服务方式是图书馆根据用户的个人需求，为用户提供针对性的信息服务，也就是个性化的信息服务。这种服务能够满足用户的个人需求。通常来讲，个性化信息服务主要包括信息定制、个性化的信息推送、针对性的学科信息门户服务、针对性的信息推荐、信息检索等内容。个性化的信息服务有助于培养用户形成知识消费意识，能够促进知识的创新和发展。因此，个性化信息服务已经成为图书馆信息服务未来的重要发展方向。

其次，现代参考咨询服务方式。这种服务方式由图书馆工作人员为用户提供解答，帮助用户解决在使用图书馆过程中遇到的问题，帮助用户正确使用各种搜索工具，使用图书馆中的数据库和网络资源。

现代参考咨询服务方式具有针对性，图书馆工作人员可针对性地解答不同用户提出的问题。这种服务方式也是变化的，不同时代的图书馆有不同发展方向与服务内容，参考咨询服务会根据时代发展而发生服务内容、服务形式的变化。

三、图书馆文献借阅服务

（一）图书馆文献外借服务

文献外借服务是提供信息服务的机构，为了用户更方便地获取信息，为用户打造阅读空间和提供阅读设施，或将文献直接借给用户，让用户利用的一种服务方式。

图书馆收藏大量文献的目的是供读者阅读利用，文献对外出借是主要方式。图书馆收藏大量文献（主要是印刷型文献），读者需要用较长的时间才能通读完。因此，图书馆允许读者通过办理必要手续后，将馆藏文献带出馆外，并在一定时期内归还。读者在规定的期限内享受自由使用的权利并承担保管、保护义务。文献外借是最受读者欢迎和常用的方式。文献外借满足读者在阅读时间、阅读方式、阅读范围等方面的需求。图书馆通常外借的图书为有复本的普通书刊；对无复本或按规定不允许外借的文献，则采用其他方式提供服务。

外借的服务方法能够让读者在图书馆场所外自由地阅读文献，能够更好地满足读者对文献的需求，为读者提供便利。因此，图书馆将这种服务方式当作图书馆的基本服务方式，即使在现代化图书馆中，这种服务方式依旧在使用，仍受到读者欢迎。

外借服务方法包含不同形式，读者可以根据需求，选择具体的服务形式。

1. 个人外借

个人外借是最常见的一种文献外借形式。在借阅图书时，读者需要办理借书卡或者借书证，通过借书卡或者借书证，可以从图书馆借阅相关文献，图书馆会根据文献类型及内容差异，设置不同的借阅标准。这种针对性的服务，能够更好地满足读者需求，目前，个人外借是图书馆文献流通方式中数量最大的一种，也是基本的服务形式。

2. 集体外借

集体外借是由集体向图书馆借阅图书，集体可以指派专人按照图书馆的相关规定办理一个借书证，由专人代表和图书馆之间展开文件借阅相关事宜。这种方式能够满足单位读者或者集体读者对图书信息资源的共同需求。和个人外借不同的是，集体外借形式借阅的图书数量多，种类多，且借阅时间较长，单位或集体可以在借阅周期内自由交换借阅的相关文献。这种形式的优点是，只需要一个人借书，书籍可以被很多人享用，更好地满足了读者对信息的需求；对于图书馆来说，这种借阅形式能够减少工作量，节约一部分时间。

3. 馆际互借

馆际互借形式发生在图书馆之间或图书馆和文献部门之间。不同图书馆可以利用馆际协助关系，借阅其他图书馆收藏的图书，是因为每个图书馆的文献收藏内容不同，收藏类别不同，有时本馆的图书文献不能够满足用户需求，无法为用户提供服务，这时可以利用馆际互借方式，从其他图书馆借阅图书，以满足自身用户需求。

图书馆之间的图书借阅，可以是直接外借图书，也可以利用邮寄方式借阅图书。因此，图书馆之间及图书馆和文献部门之间的图书借阅，不局限于本地区，所有图书馆之间都可以利用馆际协作互相借阅图书。在这种方式下，一个图书馆收藏的文献会变成一个地区、国家，甚至是世界共同拥有的文献。这种方式使馆藏资源没有地域限制，不再封闭，也能够让读者利用到来自不同地区、空间的图书，更好地满足读者需求。这种方法通常借阅的是读者需要的特殊文献。

4. 预约借书

预约借书是读者在向图书馆借阅文献时，图书因为某些原因无法及时借阅，这时，读者可以向图书馆工作人员登记，预约借书。之所以会发生图书暂时借阅不到的情况，是因为图书馆收藏的文献可能暂时被其他读者借阅，还没有归还，或者是文献被图书馆工作人员采购，还没有进行相应加工和包装，无法上架借给读者，或者是因为文献出现排架错误。在这种情况下，读者可以预约登记，当图书被归类或经工作人员加工之后，可以按照预约顺序借给读者。这种预约方法能够满足读者的阅读需求，提高图书馆文献的借阅率。

5. 邮寄借书

邮寄借书是一种通过邮政通信手段，将读者所需文献邮寄给读者利用的服务方法。这种方法的服务对象可以是个人读者，也可以是集体读者或单位读者。开展“邮寄借书”活动，对远离图书馆且急需借阅文献的读者用户提供了一种行之有效的服务方法，深受读者用户欢迎，也是图书馆“一切为了读者”服务精神内涵的体现。

6. 流动借书

流动借书是图书馆通过流动的服务车或者是流通站，把图书馆收藏的图书借阅给用户，并送到用户身边的一种服务方式。这种方式使文献能够在更大的范围内流通，还为无法及时到图书馆借阅的读者提供更好的服务，及时满足读者需求。除此之外，这种方式还增加了图书馆和读者之间的黏性。

流动借书方式能够满足馆外距离较远的读者的借阅需求，能够让读者和图书馆之间的联系更加紧密，一般情况下，基层图书馆会较多地使用流动借书形式。

（二）图书馆文献阅览服务

文献阅览服务是图书馆另一项最基本、最受欢迎的读者服务，是利用图书馆的文献、建筑、设备等条件，吸引读者利用图书馆资源的一种服务方式，是图书馆读者服务的一种主要方式。各级、各类图书馆都设有不同类型的阅览室，配备一定数量的服务人员，直接为读者提供文献，开展阅览服务。

文献阅览服务是图书馆读者服务的重要文献流通服务，不仅受到所有图书馆的重视和广泛采用，阅览服务方式也在不断创新和发展。从图书馆读者实践工作来看，文献阅览服务的方式主要有下列四种：

1. 闭架阅览

闭架阅览是文献不直接提供给读者，读者无法自由地从书架上获取图书，如果读者需要借阅相关文献，需要找到图书馆工作人员，由工作人员提取，然后在阅览室内阅览。读者和文献之间只能通过图书馆工作人员连接。

2. 开架阅览

开架阅览指读者可以自由地出入阅览室，并在图书架上自由挑选需要的图书。在开架阅读服务方式中，读者可以进行自由选择，主要体现在：首先，读者可以自由进入书库或阅读室；其次，读者可以在书库或者阅读室中自由选择图书。相比之下，读者拥有更多自由选择的权利。

3. 半开架阅览

半开架阅览方式指图书馆利用陈列展览的形式，将部分流通量大的文献或最新入藏的文献安放在特制的、可视书架上，读者可以看到书脊或封面上的有关内容浏览挑选，通过图书馆员提取借阅的一种阅览服务方式。这种阅览服务方式，有人称之为“亮架”式。

半开架阅览方式与闭架阅览方式相比，对读者的开放程度相对较高；读者在挑选借阅文献时，半开架阅览方式与开架阅览方式相比，对读者限制较多，图书馆提供给读者利用的文献只是馆藏文献的一部分，远远不能满足读者的阅读需求。因此，半开架阅览方式作为一种介于开架阅览方式与闭架阅览方式之间的辅助阅览体制，尽管有其独特作用，但只能作为一种特定条件下的辅助方式，有条件的图书馆还应该采用开架阅览方式。

4. 三结合阅览

三结合阅览方式指图书馆提供的阅览服务，既包括开架阅览方式，也包括半开架阅览方式、闭架阅览方式。图书馆会根据不同的阅览方式，放置不同的馆藏文献。如果馆藏文献有很多副本，且读者需求相对较大，图书馆会采用开架阅览方式为读者提供文献；如果馆藏文献库存较少，且需求较低，图书馆会采用闭架阅览方式；如果图书的馆藏文献量和需求处于两者之间，图书馆会采用半开架阅览方式。同时，读者根据查询结果，查找书目的阅览方式，并根据相关规定阅览图书。

第二节　图书馆馆藏信息资源的配置

信息成为信息资源需要满足特定的条件，只有大量累积、经过加工处理并有序化的有用信息，才能成为信息资源。作为以信息为核心的信息资源，既是人类社会各类信息活动要素的集合，又属于人类组织、开发管理后的信息集合。

一、图书馆馆藏信息资源配置的类型

图书馆馆藏信息资源配置的类型，主要指图书馆采集、收藏信息资源的种类和范围。根据信息资源的不同标准，可划分为以下类型：

（一）实体信息资源

实体信息资源，一方面具有完整物理载体；另一方面可以记录和保留信息的信息资源，作为图书馆的实体信息资源。图书馆配置的实体信息资源主要包括以下几种：

（1）图书。一直以来，图书是传统型图书馆的实体信息资源标配，在计算机网络诞生前，以各种文献资源作为重要的信息资源配置。这种以印刷单本刊行的出版物类型多样、内容丰富，作为古老的保存记录信息资源的形式，至今仍为人类文明的传播发挥重要作用。

图书总结并归纳了现有各种成果、技术与经验，作为完整而全面的知识理论体系，具备极高的科学性、系统性与学术性。然而，由于受到编著和出版的周期影响，图书内容缺乏最新的实时研究成果，只能作为系统知识的供给源，发挥重大参考价值。

（2）期刊。期刊作为连续出版刊物，一般由出版单位依照办刊宗旨编辑发行，具有固定名称。同时，出版周期短、内容更新快，在传播新的理论基础与方法方面具有极大优势，成为图书馆的实体信息资源。伴随网络技术的发展，传统印刷型期刊与电子数据库之间的冲突开始加剧。

（3）报纸。报纸具有固定名称，分为日报和周报，作为发表新闻和评论的固定周期的出版物。报纸种类丰富，一般以传播新闻为主，也会开辟其他专版，提供包括财经资讯、文学欣赏和广告服务等内容。这种典型的时事性、娱乐性与服务性特点，使报纸广受喜爱，一跃成为图书馆实体资源的重要信息来源。与期刊一样，同样遭受电子版报纸的冲击。

（4）特种文献。除了以上三种常见的主要纸本资源外，图书馆还会收藏具有保存参考价值的特种文献资源，如会议文献、科技报告、政府出版物等，涉及其他行业，还会保留技术标准、产品专利、微缩胶片与机读文献等。

（5）多媒体文献。多媒体文献一般以电子材料作为载体，如硬盘、光盘、录音带等，运用光电信号记录声音画面，成为科技发展的超文本文献。多媒体文献具有典型的动态性与形象性特征，借助电子视听设备，如电子计算机、手机等才能加以阅读和利用，如光盘版的图书资料，和各种格式的视频等。

（二）虚拟信息资源

虚拟信息资源并不具备物理载体，多存储在服务器硬盘与互联网云空间，借助计算机、浏览器与互联网才能访问、下载，进而提取有效信息。数字信息资源的出现，彰显现代科学技术的进步，尤其是信息技术的飞速发展，使信息记录的物质载体发生颠覆性变革，并借助二进制代码方式，信息得以存储在计算机服务器上，再由互联网和计算机传播利用。一方面，虚拟信息资源的出现为读者获取信息和知识提供极大便利；另一方面，信息资源被广泛利用，加速信息化时代的到来。虚拟信息资源的优点是数量增长迅速、内容丰富多样、更新快、获取方式便捷，不会受到时间与空间限制，不为数量繁多的用户而烦恼。

计算机与互联网技术的飞速发展，不断丰富网络电子资源，为图书馆配置数字电子资源提供了极大便利。就现阶段而言，图书馆配置的虚拟信息资源包括电子书、电子期刊和数据库。

（1）电子书。电子书也称为E-book或e-Book，是英文ElectronicBook的缩写，图书馆配置的电子书通常以光盘、网络或专用阅读器等作为载体，利用电子技术手段加工、编辑实体文字，再通过特定形式复制、发行数字化图书，主要有光盘版和网络版。

电子书最早诞生自20世纪90年代的美国，利用电话链接调制解调器拨号上网，运用免费下载方式发展读者，但受到技术和电子书数量限制，初期发展并不乐观。由于该时期的电子书没有相应的版权保护措施，也在一定程度上促使电子书的发展。

与纸质图书相比，电子书具有典型的小体积、大容量的特征，方便携带、利于收藏；造价成本低，制作方式简单，更便宜、便捷；运用计算机与互联网技术发展，使电子书更新、下载速度加快，更加具备实时性，表现形式也多样化，给用户带来更好的体验。从绿色环保方面考虑，电子书显然更适合未来发展方向、成就广阔，必然会引起资源配置的相对倾斜。

（2）电子期刊。与电子书一样，电子期刊同样可以将纸质的内容转化为电子形式，整合到数据库中，方便读者使用。借助这种形式，读者通过数据库查询，可以十分方便、快捷地找到所需内容。同时，受到后期加工影响，电子期刊会出现相对延迟，进而影响读者的实时需求。

（3）数据库。常见的数据库主要有四种形式：本馆自存型资源数据库、商业型数据库、特色数据库与机构库。

本馆自存型资源数据库是仅供本馆使用的数据库，一般保存在图书馆本地的服务器上，内容多样，包含本馆所有馆藏书目。除了纸质版和数字化版本的全部数据外，还有依据本馆特色发展的专题数据库，这些内容一般由本馆负责，拥有完整的知识产权与著作所有权，全天候为读者服务。

商业型数据库主要指，通过商业性开发数据库后，服务商将数据库推荐给图书馆，采取先招标后采购的方式获取使用权。镜像服务器可以通过镜像形式拷贝数据库，成为商业数据库的主要服务形式，这样获取的数据与本馆自存型资源数据库别无二致，不用本馆进行更新与维护，却具备同样的便捷性，成为图书馆信息资源配置的主要形式。

网络服务型信息资源主要存放在远程服务器上，作为远程数据库，由数据库商进行管理和维护，图书馆一般只具备使用权，表现为图书馆付费采购，数据库上提供一定访问权限，提供相应的IP段，方便用户使用。用户点击相应网页上的链接点，可以寻找个人需要的资源进行访问和下载。链接存取型则是利用互联网上大量免费数据库资源，与服务型信息资源一样，设置相应的链接点，一方面服务用户检索使用，另一方面丰富馆藏。

特色数据库和机构库主要依靠图书馆本身所有的馆藏图书资源，对此进行数字化加工后形成数据库。

机构库则是科研机构或企业公司，包括其他信息服务或行业等机构，储存自身经营活动的过程中产生的数据所形成的数据库。

（三）中文信息资源配置与外文信息资源

中文信息资源配置是国内通过国家图书馆的权威与公信力，联合各类型图书馆推出的，将以中文作为主要表现形式的信息资源联合体，或者信息资源网络，并在此基础上，建立起大中华网络信息资源配置联盟，通过搜集大量的信息资源，经过电子化加工后，进一步实现中文信息资源的建设与分享。

外文信息配置资源与中文信息配置资源相同，目的是将除中文之外的其他信息资源搜集起来，借助互联网对其他信息来源加以整合，进而达成全球信息的共建、共享。

（四）一次信息资源、二次信息资源与三次信息资源

一次信息资源是最原始的信息资源，没有进行具体加工，其中涵盖各种报告、讲话稿、手稿及草图等一次信息资源。

二次信息资源指对原始信息资源进行一定加工整理，类似于目录、报纸文摘等简略摘要。这一过程是对信息的整合，从中剔除无用的干扰信息，增强整体逻辑性，建立良好的系统性，使读者使用更加方便，也利于图书馆收藏。

三次信息资源是在前两次信息资源统合、整理基础上，再次检索发现信息；通过对信息内容具体的分析和研究产生一定研究成果，如百科全书、专题研究报告之类的信息资源。

二、图书馆馆藏资源配置应遵循的原则

图书馆馆藏资源配置应当遵循一定原则，相比于其他工作，资源配置工作对员工要求较高，因为图书馆馆藏资源配置是一个相对漫长和复杂的过

程。在图书馆馆藏资源配置中，不仅需要遵循资源配置的基本规律，还应当充分发挥信息资源的巨大优势。

（一）政治思想性原则

在图书馆馆藏资源配置中，政治思想性原则尤为重要。我国与其他西方国家不同，我国是社会主义国家，社会主义制度和社会主义核心价值观对资源配置提出了更高要求。图书馆中所珍藏的文献书籍，不仅作为一种物质存在，还是一种重要的精神产品。精神产品实质上指，能够对人的精神世界产生众多影响。国家高度重视图书馆的发展，图书馆必须具备一定的政治鉴别力、敏锐性、责任感，因此，图书馆馆藏资源配置必须时刻秉持政治思想性原则。

通常情况下，可以将科学知识分为自然科学知识和社会科学知识，后者与前者最大的不同在于，后者能够反映一定意识形态，而意识形态与政治思想息息相关，无论是何种形式、性质的图书馆，最主要的功能是政治教育。随着社会不断发展，教育形态不断改变，图书馆的政治教育功能在社会发展过程中显得愈发重要，逐渐演变成人们终身学习的聚集地。下面就图书馆馆藏资源配置中应高度重视的四大方面展开具体论述：

其一，加大政治思想指导性文献的资金投入，高度重视资源配置。政治思想指导性文献指，能够指导人们思想政治的重要文献，领导人的重要讲话、评论文章，中国共产党的发展史、国家管理方针及政策，都属于典型的政治思想指导性文献。

其二，弘扬社会正能量，传播社会主义核心价值观。我国是人口基数最大的社会主义国家，社会主义核心价值观和中华民族传统美德的弘扬与传承是每个人的责任，国家应当倡导并鼓励人们参与思想政治宣传工作，不断传递社会正能量，树立良好的社会风气，让优秀的文化和作品走向世界。之所以要传播社会正能量的优秀作品，是因为优秀的作品能够陶冶情操、提升人们的思想政治素养和道德品质，培养乐观的生活态度。图书馆应认识到图书资源的重要性，坚决摒弃一切不良的信息资源，从根本上提高大众素质。

其三，坚决抵制一切消极类文献，树立积极向上的思想政治态度。图书馆在采购、选取书籍过程中，必须秉承严肃、严格的态度，杜绝消极类文献，防止公民的思想政治素养受到影响，这类文献不仅会对公民的思想政治态度产生影响，还可能带来其他潜在危害。随着我国科技的不断进步，互联网络覆盖范围越来越大，互联网为人们带来便捷的同时，也带给人们潜在威胁。因此，图书馆应严格把控信息资源，充分发挥互联网络优势，过滤一切消极类文献信息。

其四，保持文献的多样性、准确性、实效性，配置多种多样的流派作品。政治思想领域所提倡的百家争鸣与学术争论存在一定差异，人们必须正确认识两者的区别。在思政领域，图书馆应当坚持百家争鸣的原则，采购不同流派的文献供读者参考，将不同流派的文献分类，读者可以挑选个人喜欢的流派作品进行阅读。图书馆还可以增大馆藏图书数量，配置不同形式、流派、风格的作品，供读者选择，从全方位、多角度为读者提供便利，为读者提供更为优质的阅读服务。

（二）系统性原则

馆藏图书的完整性、准确性、系统性对读者尤为重要，图书馆应当秉持系统性原则，为读者提供优质的阅读服务。图书馆在对馆藏图书信息资源进行配置时，应避免馆藏图书出现缺漏、遗失等现象，进而保证馆藏图书的系统性。系统性实质上具有两方面含义，一方面指，馆藏图书应当保持完整；另一方面指，图书馆之间应当建立内在联系，具有一定体系结构。

馆藏图书具备完善的知识体系并不是一件易事，图书馆需要经历一个相对漫长的积累过程，学科体系的建立需要长时间的积累和不断补充，只有这样，才能够实现各个学科的不断发展。不同学科之间除了各个学科自身的发展外，学科与学科之间会相互影响、互相融合，进而形成一个完善的知识体系。

综上所述，图书馆只有秉承系统性原则，才能够逐步建立起相对系统、完善的学科知识体系。图书馆的系统性原则主要表现在以下三大方面：

1. 重视文献信息自身系统性

文献信息系统性在图书馆馆藏资源配置过程中扮演十分重要的角色，具体指文献出版的连续性。

科学文化知识可谓古人的智慧结晶，随着人类历史不断发展，社会不断进步，科学文化知识的多样性、准确性也得以提升。通过人们不断努力，各门类学科逐步建立起一个相对完善的体系，文献信息自身的系统性也逐步确立。尽管图书馆中存在着海量的文献资料，但图书馆仍然需要补充、调整这些文献信息，保持文献信息的系统性。

在文献出版过程中，出版商应避免文献断续现象的发生，出版部门应在文献连续性方面予以高度重视，尽可能保持文献的连续性。尤其是连载类文献、时效性较强的文献出版，出版发行部门不仅需要保证文献的连续性，还需要保证其生产的连续性。只有这样，才能够满足读者的阅读需求，为读者提供最新、最可靠的文献信息。

上述所提到的信息资源生产连续性，实际上是按照一定的时间顺序，收集各类时效性较强的文献，并按此顺序生产。图书馆应重视文献信息自身的系统性，按照时效性出版文献，保持文献的系统性及完整性。

随着互联网络的普及，开放的网络平台为人们搜寻信息提供了极大的便利，人们可以随时随地获取最新的新闻资讯，报纸、杂志也逐步被数据库替代。对此，图书馆应正确认识到当前的发展现状，不能一味地追求文献信息的连续性。

2. 尽量满足读者对文献信息系统性的要求

图书馆建立的初衷是为了能够提供读者更为优质的阅读服务，图书馆应尽量满足读者对文献信息系统性的要求。不同性格、年龄、职业、教育背景下的用户对文献信息系统性的要求有所不同，通常情况下，将爱好、关注点相同的群体称为稳定的用户群。对于稳定的用户群，他们对文献信息系统性要求基本保持一致，而不同的用户群体，则有不同要求。

（三）经济性原则

经济性原则对于图书馆馆藏资源配置具有重要意义。在图书馆馆藏资源配置过程中，管理人员必须考虑配置成本，经济成本应当和收益成正比，最佳状态应是使用最低的成本换取最优的资源配置。图书馆秉持经济性原则，主要体现在三个方面：其一，深入了解市场发展状况，明确馆藏资源配置单位之间的供求关系；其二，降低成本；其三，均衡纸质版文献与数字资源的配比关系。

图书馆在坚持经济性原则过程中，必然会经历三大环节：

其一，充分利用信息资源。秉持经济性原则，需要降低成本，充分利用信息资源，实现信息资源效益最大化。所谓信息资源效益最大化，具体指投入最小的成本，获取最优的资源配置，为读者提供最佳的阅读体验。图书馆可以根据读者要求，给出相对合理的预算，最终形成一个与预算保持高度一致的馆藏体系。图书馆应高度重视国家重点关注的信息资源及科研急需的信息资源，处理并坚决摒弃能够反复采购的信息资源。

开放的网络平台为读者提供更加便利的阅读服务。图书馆应当不定期地对信息资源进行评估，从中发现问题并及时解决，有利于资源合理配置。图书馆在保证其资源合理配置的前提下，还需要考虑成本，坚决抵制一切浪费。

其二，优化信息资源配置文献。充分利用信息资源，可以有效降低成本，获取更大效益，实现信息资源配置文献最优化的关键就在于，能够明确不同资源的配置比例，进而有针对性地完成采购，确定纸质资源与电子版资源的供求关系，再结合不同读者需求，最终实现信息资源的合理配置。图书馆还应冲破传统思维束缚，使图书馆馆藏资源逐步趋于数字化、信息化、多元化，有助于信息资源最优化的实现。

其三，进一步降低成本，以集团方式采购数据库。数据库在图书馆馆藏资源配置中占据重要地位，也是馆藏资源配置不可缺少的重要组成部分，但数据库价格昂贵，众多图书馆实际上无法承担此项开销。我国数据库类型多种多样，在众多数据库中，学术数据库的成本最高，是因为学术数据库的参考价值大、数据不易采集。为了解决数据库成本高的问题，绝大多数图书馆选择以集团购买的方式获取所需数据本。通过集团统一与供应商谈判，以较低的价格获取数据库，从而为图书馆节省一笔巨大开销。

（四）复合性原则

复合性原则体现在信息资源配置过程中，在此进程中既需要有纸质文献资源，又需要有数字电子资源，两者相互融合，相互补充。复合性原则强调发挥纸质与电子信息资源的作用与地位，通过两者相互配置，合理配比进行。数字电子资源与纸质文献资源两者虽然属于不同的资源形式，但是两者之间的作用与影响各有所长。因此，在信息资源配置时要发挥两者所长，通过相互促进、相互影响，提高信息资源的利用率，增进图书馆信息资源配置效果。

1. 纸质文献的优势

在人类历史发展过程中，纸质文献具有非常重要的作用，为人类文明的传播和经济的发展打下坚实基础，其贡献与影响不可替代。纸质文献载体的作用是其他信息载体所不能替代的，优势不容忽视。

第一，纸质文献的优势主要体现为三个特性，分别是科学性、学术性与权威性。在我国历史上，很多文献的编辑与后期发行均是通过纸质形式进行，随着其推广已经逐渐形成一套完整的系统保障，其中，出版发行单位主要对纸质文献的审核与评价进行管理，进而保证其中的学术性和权威性。随着网络的迅速发展，数字信息化越来越普及，对纸质文献有很大的冲击与影响，但并不能撼动纸质文献的主流地位。反观数字资源，其不仅有正版的电子书，还可以在网络中查看到各种相关资料，其因数量众多，导致其管理机制与审核机制并不健全，权威性与科学性受到质疑。

第二，政治约束与思想约束更为严格，且审查机制健全。纸质文献在出版发行时需要从多方面审核，主要包括思想上、道德上和政治上等，所有的纸质出版物必须符合社会主义核心价值观，如出现不符情况，则会禁止出版与传播。互联网发展下的数字资源打破了这种限制，在发布与传播时审查情况并不严格，导致不同的思想观念遍布网络，因其交互性较强，很多消极思想和不道德行为，影响人类的文化发展。

第三，纸质文献发展至今，已经有了健全的保护措施，很多法律、法规对其均有限制，在发布出版时可以更好地打击盗版。

第四，纸质文献在使用时，优势较为明显，比如经济实用、查阅方便、便于标记、携带方便、阅读效率高等。在读取纸质文献时，可以随时随地进行，不需要依靠阅读器和显示设备等，方便标记、提升阅读效果。当然，纸质文献对于培养公众的阅读能力也有很大帮助。在我国图书馆中，纸质文献仍然有其不可替代作用，在资源配置时仍然是图书馆首先考虑的重点。

2. 数字资源的优势

和纸质文献比较起来，数字资源有独特优势，表现在以下方面：

第一，信息的存储传递和查询的快捷性、便利性。数字资源的基本单位是知识或者信息，其组网依据也是单元之间存在的逻辑关系。通过拓扑式结构，可以通过多个检索点搜索相关电子信息资源，其检索途径多样化，不但为图书馆信息检索提供了便利，也简化了用户的检索，提高了信息资源的利用率。电子数字信息资源具有占用空间小、存储容量大和提取、传输便捷等功能，还能够远程访问和远程下载，为读者节省大量的时间成本。

第二，数字信息资源可以通过文本文件存储、多媒体文件存储或者超媒体文件存储等各种方式进行存储。和纸质文本文献资源相比，数字资源的呈现方式更加多样化，不仅可以下载，还可以制成视频文件和音频文件，并实现虚拟3D图像，让读者的阅读体验更丰富。此外，方便读者进行编辑组合操作，有利于读者拓展想象空间和创造空间。

第三，数字资源具有共享性和交互性。互联网环境造就了其组织架构的独特优势，即开放性、标准性和通用性。数字资源不会受限于时间和空间，可以供读者随时随地阅读，还能够同时为多人提供服务，具有较好的共享性。在互联网不断发展和信息资源的网络化环境中，人们可以将个人成果和见解公布在网络上，以供其他人交流和沟通。同时，人们还可以将自己的看法和观点发布到博客、微信或者微博等网络交流平台上，加强和其他网友的交流。

图书馆应充分利用纸质文献和数字资源优势，扬长避短，并遵循复合性原则，选择各种适合的文献载体，并确保配置的合理化。实际需要和现实条件是选择纸质文献和数字资源信息载体类型的主要依据；此外，图书馆应该展开必要的读者反馈意见收集，统计纸质文献和电子文献的利用率和点击率，依次对信息资源建设结构体系进行合理化配置，提高建设质量。

（五）扩展性和共享性原则

为了更好地发挥图书馆的社会效益，需要将其定位为社会公器。公器的含义由两个方面组成：首先要求图书馆具备较强的公益意识和公共意识，树立为社会大众服务的意识，即使是面对残疾人和社会底层人士，也不能区别对待；其次，图书馆是一种社会工具，读者必然会带着一定需求和目的来到图书馆，获得相应服务。满足读者的信息需求也是图书馆存在的意义和目的，无论是公共图书馆，还是校园图书馆或者是专业图书馆，最终都是为了服务读者的信息需求，只是针对的读者和用户群不同。近年来，新加坡开始尝试合作采访方式，实现图书馆的采、编一体化发展，且从发展趋势来看，效果非常显著。

信息资源配置需要考虑两个方面：一是具有系统归纳性；二是需要具备发展前景，能够用战略眼光看待发展。图书馆应该预测可能进馆的潜在读者的信息需求、课堂研究方向和背景数据，如此才能促进改进和完善读者的服务工作。从图书馆的角度来看，采访馆员对单位未来的发展、课题研究计划和掌握有用的信息等都是重要的工作。

近年来，随着网络技术和计算机科技的不断发展，使信息知识的载体形式和传递方式越加多样化，了解馆员对未来图书文献的出版形式、数据查询和发展趋势的看法和观点，并以此作为信息资源配置工作的依据，将有利于图书馆未雨绸缪，促进其快速且长期发展。

资源共享在计算机和远程通信技术日趋成熟下已成为现实。目前，在一定的组织协议和互惠、互利基础上，可以为人们提供全球信息资讯。

三、图书馆馆藏资源配置的模式

信息资源类型多种多样，但具体到每个图书馆的资源配置，由于种种条件限制，其配置模式也是千差万别，各有千秋。根据图书馆馆藏资源配置的发展历史阶段和选择方式，可以把图书馆的馆藏资源配置模式确定为三种：

（一）传统型

在计算机网络出现前，传统型图书馆是主要的图书馆形式，其文献资源主要是纸质的期刊、报纸、图书和古籍等，还包括手稿、字画及地图等，供读者查询和借阅。传统型图书馆主要以人工服务完成信息资源配置，通过人工编目信息资源并制作查询卡片，以便为读者提供借阅服务。此外，藏书建设也是传统型图书馆进行资源配置的主要方式，并成为图书馆资源配置的核心工作。

藏书历史的发展促进藏书建设概念的转变和发展。藏书建设基于古代藏书而来，古代文献数量有限，搜集和保管是藏书建设的核心内容。自20世纪50年代以来，藏书补充才逐渐向藏书建设发展，而且将图书馆的建立、发展、组织，以及管理等过程包括在内。近代以来，随着文献数量的急剧增加，选择文献工作成为藏书建设的重要内容，在这一背景下，选书理论的发展日趋完善。现代，随着信息技术的不断进步和科技发展，不但迅速增加了文献数量，而且旧的文献内容逐渐被淘汰，为此，藏书建设工作还需要剔除旧的副本和图书。这一时期，藏书建设理念基本已经成型，图书馆的藏书建设需要根据藏书原则，明确采购标准和收藏范围，对入藏的文献资料选择应目标明确，并予以科学保管和组织，剔除旧的、无用的文献资料，已达到现代图书馆藏书建设目标。

对资源配置模式进行封闭式管理，也是藏书建设中一个重要的配置理念。其模式以自给自足的自藏占有模式为主，即图书馆对所藏文献具有占有权和支配权。这一模式起源于封建社会的藏书楼，只在于收藏而非使用，因此不对外开放，是收藏者的私人财产。20世纪初，国内提出“藏以致用”的理念，并涌现对外开放的新型图书馆。第一家图书馆于湖南建立，并肩负启蒙思想、普及科学文化的重任，所以，唯一的选择是自藏占有模式，如果要对外提供借阅和阅览服务，必然要求图书馆具备一定的藏书资源数量。因此，在人类历史发展中，自藏占有模式的地位也不可动摇，并有效促进人们对教育研究、学习和接受的进程，即使是在现代信息技术的高度发展背景下，自藏占有模式对于资源获取仍是非常重要的手段。

20世纪80年代，科学技术的不断进步和信息技术的发展，为信息媒体的数量庞大化和类型多样化发展提供了支撑，既出现大量纸质的信息媒体，也有很多非纸质信息媒体，如视听资料、缩微资料的出现。这一时期没有任何信息保存和服务机构可以包括所有的信息媒体，若是单纯地依靠图书馆藏书，无法满足用户多样化需求。为此，将所有的信息保存和服务机构联合成一个整体也是趋势所向，而且，采集和布局信息媒体通过分工采集和协调收藏的方式进行统一规划，从而，符合国家和地区文献资源保障体系的需要。

传统的藏书建设概念和时代发展出现不协调性，藏书建设概念所存在的不足逐步显露。古代藏书楼思想是藏书建设的原型，主要藏书为经史子集，受当时生产技术和科学水平所制约，文献数量有限，并以图书形式为主，利用率低，只有藏书楼的主人可以使用，一般不对外开放，因此“藏书”一词更适应当时的社会背景。随着科技的进步，现代图书馆的出版文献数量巨大，类型多样，且载体多变，不再是传统以书为主要藏品的时代。

现代的资源配置既包括大量的图书，还有其他多种非图书资料，如视听资料、缩微资料、机读资料、文献资料，以及地图、图片、乐谱等，在这一形式下，藏书已经无法满足现代信息资源配置的要求，也不能有效体现信息资源建设的整体风貌，于是出现“文献资源建设”一词。这一概念由我国首次提出，突破了“藏书建设”概念的限制性，从辩证角度看待微观文献资源建设和宏观文献资源建设的关系。与此同时，文献资源建设是国家战略目标，受到重视。

（二）复合型

由于计算机和互联网在图书馆建设发展中的应用，信息资源建设的观念逐步替代文献资源建设理念，在这一思想驱动下，图书馆的信息资源配置模式悄悄发生变化，逐渐用计算机网络代替人工进行资源加工，采购数字电子资源供读者使用。

图书馆资源类型的多元化也是复合型图书馆馆藏资源配置模式的基本要求。首先，需要满足读者对纸质资源的需要；其次，需要加强建设电子书、网络资源和数据库等数字电子资源工作。随着信息技术的发展，电子资源相比纸质资源更加具有优势，具有较快的传播速度、较大的传输数量和较多样化的传播形式，不但可以传播文字，还可以传播视频、音频等多媒体文件，因此，获得广大读者用户的喜爱，成为信息资源配置中的一个重要类型。

复合型资源配置模式，简单来说，是结合纸质资源和电子资源，对两种类型的资源进行收集、整理和组织，优化和序化互联网上各种网络资源，并将其纳为图书馆信息资源建设对象。

（三）数字型

进入21世纪，人类信息资源有了进一步发展，互联网不再局限于电脑，人们借助智能手机和平板电脑等移动工具，依靠移动互联网开发各种APP，深刻改变人们创造分享信息资源的状态和体验。图书馆现在被看作一个人人共享的“第三空间”，生产工作的场所是人的第一空间，下班后回到的家，是人的第二空间，而图书馆是人欣赏艺术、增长知识的第三空间。过去，单一的借、还图书和阅览室逐渐被交流思想、切磋讨论问题和发现创造的场所替代。在这种形势下，图书馆的信息资源配置必须紧跟形势。

第三节 图书馆馆藏数字资源服务与管理

数字馆藏是随着科技发展而兴起的一种馆藏方式，还可以称为电子馆藏、数字化馆藏，是以数字形式储存并通过计算机设备阅读的信息资源的总称。数字馆藏可以理解为必须通过计算机等终端设备读取、使用的馆藏图书中数字信息资料的总称。随着互联网不断发展，数字馆藏在所有馆藏图书中的占比越来越大。本章围绕图书馆馆藏数字资源概述、图书馆数字信息资源的服务、图书馆馆藏数字资源的开发、图书馆馆藏数字资源的管理展开研究。

一、图书馆数字信息资源的服务保障体系

目前，有关数字信息资源的研究逐年增多，但是，绝大多数都将关注点放在数字信息资源的建设、组织、评价及增值服务上，没有解决和保障读者的阅读问题。实际上，由于图书馆数字信息资源的持续变化，一部分读者对数字资源的使用技巧和方式、方法非常熟练，为读者保障数字资源服务十分必要。

从图书馆的数字信息资源服务的工作本身来说，所有工作都是为了服务读者，最终目标是在读者心中形成一个具有开放性的信息和知识中心，通过该服务感受专业、优质并高效率的信息和知识服务。

图书馆数字信息资源服务保障体系分为五个层次：内容保障、置前服务、使用保障、个性化服务、反馈及分析。

（一）内容保障

内容保障的渠道有自建资源、文献传递和资源引进。

数字资源引进应该将学校的专业构成现状和发展趋势作为参考，全盘计划印本资源和数字资源之间的互补程度和协调程度，主要是重点学科，依据

既定的数字图书馆的建设规则和标准进行。最终目标在具有独特性的同时，实现稳定、长远发展。

数字资源引进方法如下：

（1）成立数字资源引进工作小组，组长由馆长担任，小组可采取省数图中心、CALIS中心、数据库商推介、网络调查和读者推荐等方式，充分掌握数字资源的基本现状和特点。

（2）专门负责数字资源引进部门在试用数据库的试用期满后，撰写相关报告，上报给小组作为研究参考。

（3）引进小组成员要将通过各种途径获取到数字资源信息，以学校的学科设置和专业构成作为参考，依据试用数据库的试用报告和“数字资源年度使用报告”，经由专题会议确定数字资源的采购信息。

（4）讨论数据库采购信息的过程中，引进小组应该按照现实状况安排列席人员参加。

一旦所引进的数字资源与读者的分需求匹配度较低时，图书馆工作人员可以采取文献传递、馆际互借及其他方式提供文献服务。

针对特别的信息需求，图书馆可以通过自建数据库保障服务，如重点学科专题特色库或信息门户、EI/SCI/ISTPI收录本校教工论文数据库、本校出版期刊全文数据库等。

（二）置前服务

置前服务包括置前防范、置前引导和置前宣传三个部分。

1. 置前防范

置前防范有两个目标：

第一，防止用户恶意下载。国外的数据库商在签销售合同时，会限制与规定使用的具体规则和许可范围，单位及个人都禁止下载。恶意下载也就是过量下载，是通过不被允许的渠道、致使不良结果的、采取不正当方式进行的各种数据下载行为。首先，出于恶性动机或所下载的数据，将用于不被允许的目的；其次，采取不良方式，如通过多线程或通过专门工具下载；最后，数据下载量过大，超出允许范围。如果出现恶意下载的情况，数据库商会对IP地址或全校的IP地址进行访问限制。因此，图书馆应在读者使用数字资源前设置必要提醒，以防发生恶意下载。

第二，数据库自身存在问题。如下载障碍、防火墙设置、阅读器的版本、登录状态、用户名和密码的设置等。针对任何一个数据库，在将数据库正式使用前，图书馆数字资源管理员应该通过亲自试用感受并结合数据库商的介绍熟练掌握，发现可能会存在的问题，及时解决问题，或在页面导航中设置必要说明。

2. 置前引导

置前引导是图书馆进行数字资源增加时，及时在学校主页或图书馆主页公告，告知读者文献类型、学科归属、适用读者等信息。除此之外，任何信息资源，图书馆都要对基础信息进行展示，如收录年限、期刊种数、图书册数、检索标签等，便于读者高效率使用资源。值得关注的是，信息一定要保证准确且在有效期内，一旦发生改变，需要及时改变，避免发生误会。

3. 置前宣传

置前宣传是由图书馆培训部门的工作人员或相关责任部门的工作人员，对数字资源及使用情况进行介绍和培训，通过专门的宣传周等方式，向教师、读者或某些学科的专业人员进行宣传，提高资源的利用率，加速学校科研发展。

（三）使用保障

系统服务保障中最重要的是使用保障，对此，应尽可能细化，考虑全面，让读者在使用过程中不发生或发生尽可能少的问题。

（1）技术保障。技术保障包括数据存储、网络环境和应用平台。读者使用数字资源最基础的是保证网络畅通和良好的图书馆Web环境。因此，图书馆要和学校网络中心达成合作意向，建立专用的访问链接，保证网络畅通。除此之外，如果学校的IP发生变化，需要及时告知数据库商。读者的使用感受取决于平台的稳定程度和镜像数据的安全程度，图书馆技术人员需要

和数据库商的专业技术人员随时联系，保证在最短的时间内解决问题

（2）日常监控。数字资源管理员应做好日常监控。制定《数字资源日常监控表》，罗列当前所有资源，并进行每天不少于一次的人工测评。一旦出现异常情况，需要联系数据库商的专业技术人员，避免影响读者使用。

（3）及时通知。不仅要将使用规则、可能出现的问题和解决办法进行公告，还要将数据库商相关信息，如系统升级、更新、访问暂停等状况及时告知，避免读者不知情而耽误读者使用。

（4）解决问题。即便前面所提到的工作都做到位，也仍然会存在其他问题，对此，用户可以采取电话、BBS、e-mail等渠道反馈情况。

（四）个性化服务

个性化服务不仅是读者的需求，也是图书馆工作人员的需求。一些用户的信息获取需求会超过现有方式，需要图书馆在过程中提供主动服务；对于图书馆，基于高效、优质和专业的服务原则，再通过数据库商介绍、一小时讲座、专题讲座及信息检索等方式，将信息传递给读者。

（五）反馈及其分析

图书馆的服务评价只能由读者反馈，包括信息的匹配度、读者的满意度、所需后续服务及服务过程中的障碍等。读者的需求就是图书馆的追求。图书馆要尽量提供多种多样的反馈方式，并安排专职人员搜集、归纳并分析信息，找到原因，有的放矢地进行优化。

图书馆所有工作都是为了读者，是图书馆数字资源服务保障体系的本质。该体系中的数字资源管理人员、采购人员、学科馆员、图书馆管理员和培训人员需要以此为前提，提供相关服务，为读者提供系统、完善的保障体系。这一服务形态以用户活动为前提，以用户需求为主，集合信息、服务和资源的动态机制，旨在让用户获取所需信息、提高知识水平，并以此解决实际问题。数字信息资源服务保障在读者的全部使用过程中主动服务，这一过程包括新生教育、系统培训、资源使用、问题反馈、投诉及后续服务质量跟踪，从而保证教学科研工作高效进行。

二、图书馆馆藏数字资源的开发

深入了解数字资源开发方式，掌握开发建设的一般流程，是科学、合理地开展规划的基本前提。数字资源的开发，实际上是一项多方面的协调工作，对外涉及提供资源、技术、设备或资金上下游合作单位的沟通协调；对内则需要充分考虑本馆相关工作流程和人员的合理配置与调度问题。

（一）图书馆馆藏数字资源开发方式

图书馆收藏的文献资源种类丰富，按照资源载体不同，一般可划分为五类：一是以纸基为代表的二维平面反射类视觉物体，如图书、报纸、期刊、照片、图片等。二是以胶片为代表的二维平面透射类视觉物体，如胶片、胶卷、缩微平片等。三是以实物所代表的三维立体视觉物体，如竹简、金石玉器、生物标本等。四是音像视听产品，如唱片、录音带、录像带等。五是可以通过网络进行传输、检索和访问，最终通过计算机阅读的数字信息，包括图文、音像等多媒体信息。其中，第一种至第四种资源在图书馆界一般被称为传统资源，第五种资源被称为数字资源。对于大多数图书馆而言，传统资源构成目前图书馆馆藏的主要内容，而用户以新技术手段利用传统资源的需求日益强烈，目前，图书馆数字资源开发的对象，主要是馆藏中的传统资源。随着资源生产形态的发展及变化，对原生性数字资源的加工与整合，逐渐在图书馆界得到发展和推广。

（二）图书馆馆藏数字资源开发流程

馆藏数字资源的开发应遵循一定流程，以确保数字资源建设的连续性、稳定性和规范性。

（1）环境分析。图书馆内部和外部环境中的各项要素，对馆藏数字资源开发活动具有直接或间接影响。环境分析应当成为图书馆开展馆藏数字资源开发的首要环节。在进行开发活动前，首先需要明确图书馆所处的环境和自身定位，通过科学调研和周密研究，分析本馆所进行的开发工作的可行性和必要性，明确指出开发工作是否符合当前经济与社会环境的发展要求、是否已经具备相应的政策和法规支持、用户对于拟开发资源的需求程度、所开发资源对用户需求的满足程度等，对于本馆是否具备开发建设所需的人力、物力、财力条件也应当予以明确。

（2）制定规划。对于任何一项馆藏资源开发工作，在开展具体建设工作前，制定指导统领全局的规划，无疑是至关重要的。无论是制定战略规划，还是项目执行规划，都应按照一定原则，通过科学、合理的方法，提高规划水平。只有在规划中针对数字资源的建设主题、建设目标、建设方式、标准规范、建设流程等内容提出发展思路，才能使规划具备较强的引领和指导作用。

（3）收集与遴选资源。按照规划所确定的建设主题，在充分了解和掌握相关文献资源出版发行、分布与收藏情况基础上，图书馆应重视拓宽资源收集途径，采用多种收集方法，除通过购买、许可授权等常用方式收集外，图书馆还可以通过捐赠、征集、收缴、交换等方式，免费获得资源；对于符合建设目标的有价值资源和珍贵资源，图书馆可考虑建立适当的经济补偿机制。在收集资源过程中，了解和挖掘所收集资源的价值，需要图书馆员具备深厚的知识背景，馆员需要保持高度的职业敏锐性，根据规划中提出的建设目标和功能要求，制定内容甄别与遴选标准，不但要从资源内容角度分析资源的特色性、可用性、完整性和使用价值，还要重视对所采集资源的版权情况进行分析和甄别，在著作权法相关法律规定的范畴内利用资源，对未授权或者版权不明晰的资源，应以妥当方式保管和使用。

（4）准备建设环境。为保证馆藏数字资源开发工作有序完成，正式开展开发建设前，图书馆应完成一系列综合准备工作，首要工作是根据开发工作规划要求，搭建软、硬件环境，并调配项目组织与管理人员；进行开发建设人员培训，确保经费能够及时拨付到位；针对项目管理、资源遴选、数据加工与组织工作，制定相应的工作规范，并制订开发过程中的馆藏实体文献保护方案，特别是针对善本古籍、特藏及孤本文献，需要采用严格的保护措施。对于在开发建设中可能出现的问题，图书馆也应提出相应的风险预案。

（5）资源加工。按照开发建设规划开展资源加工工作，是形成馆藏数字资源的关键步骤。在开展加工时，图书馆应针对不同类型的馆藏文献采用不同的加工方式，按照相应标准，开展建设和验收。随着移动设备、数字电视等新型终端在图书馆应用的推广，图书馆应遵循“一次加工，多次利用”原则，根据资源发布服务需求，重视适用于各种发布渠道的不同格式的数字资源同步加工建设，并对加工过程进行严格管理。

（6）资源组织与整合。资源组织与整合是馆藏数字资源开发建设的重要内容，是结合馆藏数字资源开发概要设计和详细设计提出的功能要求，对加工完成的数字资源进行有序组织的过程。资源组织与整合的基本前提是，明确所开发资源在本馆资源体系中的定位，与本馆资源体系中的其他各类型资源建立多维度的关联关系，以利于在统一资源平台上开展资源整合服务。

（7）保存与服务。在大力发展馆藏数字资源开发的过程中，必须重视数字资源的保存管理与服务问题。在馆藏数字资源开发规划中，需要从战略高度考虑资源的长期保存与服务策略，通过一定的技术手段和管理机制，保证数字资源的原始性和真实性；建立经济、可靠的保存保护方式，保证数字资源在长期保存和服务过程中的安全性与有效性。

（8）绩效评估。馆藏数字资源开发的绩效评估，实际上是从馆藏数字资源运行效果角度出发，衡量图书馆开发与建设的过程，涉及众多因素和环节，是一项复杂又重要的工作。通过绩效评估实现对馆藏数字资源体系和开发过程的全面检测，反馈相关信息，从而为控制开发与建设过程和图书馆进行科学决策提供客观依据。

绩效评估涉及开发建设过程和建设成果两个主要方面，核心评价要素包括所开发馆藏数字资源的数量评价、质量评价、资源建设效能评价及开发项目管理评价，图书馆可借助国内外已有的评价工具和评价模型，综合采用统计分析、专家评估、用户调研等评价方法，客观、准确地进行测度与评估。

三、图书馆馆藏数字资源的开发与管理

与印刷型馆藏相比，数字馆藏资料信息储存的载体和存放条件各不相同。数字信息在挑选、整理、组织、存放、保养维护等方面有明显区别。一是实现数字信息馆藏，需要有专门、能够拓展空间、质量稳定的电子存储设备，如磁盘、光盘、镜像服务器，以及NAS系统等，这些设备需要有稳定的安全性能和强大的置换功能。二是互联网上有很多用于数字信息资源馆藏的平台，所使用的格式各不相同，如果仅检索单一的数据库，则很难满足用户需求，因此，按照合适的条件，整理、归纳数字信息，使其便于统一检索，是目前信息资源管理的重点。三是理清思路，制订合理方案，打造易于检索的智能型网站或数字信息资源管理平台，将相关资源信息条理清晰地集合起来，方便用户查询和使用。四是数字馆藏具有很高的技术含量，需要有稳定的网络架构、质量过硬的信息储存设备、有效的管理软件、必要的安全防护措施等，要求信息管理者须具有较高的计算机技术。

随着数字资源成为图书馆资源建设的重要内容，越来越多的图书馆开始以不同形式，开展馆藏数字资源开发与管理活动，并取得了丰硕成果。

（一）图书馆馆藏资源规范化管理的优势与意义

1. 图书馆馆藏数字资源开发与管理的优势

图书馆作为各种类型文献资源的收藏与服务机构，根据数字资源的特点而进行针对性的开发活动，其优势是显而易见的。

第一，随着图书馆文献资源的不断累积，图书馆馆藏空间变得越来越拥挤，而数字资源载体的存贮量大、体积小，开发数字形式的馆藏，能够节约大量图书馆空间，尤其有利于保护珍本、善本、古籍和历史文物等文献资料。

第二，传统文献资源受到物理载体流通限制，共享范围有限，而数字资源传递距离远、速度快，容易实现大范围共享。数字资源的获取在形式上不受时间、区域限制。在版权允许的情况下，用户只需要一台计算机与数字图书馆相关的网络链接，可在任何时间、地区，自由浏览、查询、检索、存取

网上的数字资源，既不受数量、时间限制，也不受人为因素影响。

第三，图书馆拥有海量的文献资源，对这些资源的组织与检索是图书馆资源建设工作的重中之重。数字资源可具备强大的组织和检索功能，经过科学、合理数字资源组织，能够实现多维度检索，检索点包括图像、声音等形式的信息，与传统文献资源相比，具有明显优势。数字资源不但便于图书馆对海量文献资料进行组织，也有利于用户进行检索和查询，提高图书馆资源的利用率。

第四，数字资源独有的特性，决定其具备较好的共建、共享条件。图书馆可以灵活运用本馆范围外的各项资源，探索和实践多种建设模式，实现本馆资源建设和服务能力的提高。

2. 图书馆馆藏数字资源开发与管理的意义

（1）保护与补充图书馆传统馆藏资源。

对于受到损伤的原始文献，其数字拷贝可以起到补偿原件的作用。例如，图书馆馆藏的很多纸质文献存在纸质脆化、发黄的现象，此时可以通过互联网将其转化为数字文献，在阅读使用时可以直接使用数字文献，减少纸质文献的翻阅。针对部分珍贵且稀缺的文献，通过转化为数字化文献，可减少其丢失率，最大限度地增加利用范围与利用时间。

纸质文献的使用条件存在一定限制，数字化方式可改变此条件。比如，通过数字化方式可以拓展纸质文献内容，消除纸质文献中的污迹，将文献内容完整地展现出来。纸质文献通过数字化处理，使文献内容更加丰富，在搜索、查找时更加方便、快捷。比如，纸质文献转化成为数字文献以后，可以通过电脑直接查找，方便、快捷。

对比原始文献，文献数字化可以增强资料的可靠性与功能性，很大程度上促进新型研究。比如，文献在数字化以后，其影响可以增加定格观察时间，数字化后的图像可以放大、缩放，在研究鉴别时可以提高效率，还可以解体观察部分图像，便于研究、比较。以手稿资源的研究与开发为例，原始手稿在进行字迹辨别时存在很大难度，通过扫描数字化后可以进行成倍放大，甄别出其中的细节，分辨出文字的不同之处。

（2）提高图书馆管理工作效率。

在网络大环境下，不断建设与开发数字资源，本质上是对图书管理工作效率的提高。

第一，通过数字信息化，图书馆在管理服务时可以借助自动化工具，在文献资源建设及提供服务时更加快捷。通过文献数字化还可以减少文献管理与存取成本，从侧面提高建设服务效率。

第二，将传统的纸质文献通过自动化转换为数字资源，在一定程度上拓展了文献的使用范围，提高存取功能，在资源传播时不受载体限制，更加快速、便捷，大大提高利用效率。

第三，建设网络化链接，建立数字化馆藏，在一定程度上打破纸质文献的利用时间与空间。在网络时代，随时可以用手机进行资源查看，增加文献的利用率，更好地满足公众对文献多层次及多方位的需求。

（二）图书馆馆藏数字资源管理的内容

第一，馆藏资源的数字化。当前，很多图书馆进行馆藏资源数字化建设，为自主研发的数据库奠定基础，也为建设数字资源提供主要内容，读者可以通过网络，在线检索、浏览数字化加工后的文本资料和书籍数据。这些数字化的资源通常有古籍资源、民国时的文献资料、普通的中文图书资源和馆藏的各种特色资源。

第二，建设数据库。构建图书馆数字资源的中心内容是建设数据库。自主开发的数据库和外部采购的数据库是数据库的组成部分。图书馆自主开发的数据库主要有三种，即书目数据库、特色数据库和专题数据库。书目数据库是最基本的，馆藏的数字资源纳入OPAC（OnlinePublicAccessCatalogue，联机公共目录查询系统）后，读者可在线查询目录，为文献管理及检索查询的自动化创造条件。

特色数据库是构建图书馆数据库的核心，主要分为馆藏特色、学科特色、学位论文、地域特色等类型，可以彰显图书馆的个性，提高信息化服务竞争力。当前，很多图书馆已建设完成特色数据库，其中，大多数可供读者查询、浏览。图书馆外部采购的数据库作为馆藏数字资源重要的组成部分，多为商业数据库，其海量的学术资源，可以为读者提供专业化的信息资源，使读者享受到全面、便利和快捷的服务。

第三，开发网络数字资源。图书馆通过对互联网的信息资源进行组织和开发，可以将遍布全球、海量、丰富的网络信息资源建设成为虚拟馆藏。近年来，图书馆数字资源建设的一项主要内容是借助专业软件和技术，组织和开发原生性的网络信息资源。基于读者需求和图书馆资源建设目标，搜索、发掘、选用互联网中的信息资源，将它们进行开发组织，运用专业方式保存到本馆或是本地网络上，再分类、标引和组合资源，使读者可通过网络或其他方式查询和利用，也可以在图书馆的网页上设置链接。可以说，虚拟馆藏的信息资源覆盖了遍及全球的专业信息资源，为图书馆和其他信息组织提供充足的专业资源，也为拓展图书馆的服务功能提供支持。

（三）影响图书馆馆藏数字资源开发与管理的因素

1. 图书馆馆藏数字资源建设需求

馆藏数字资源开发与管理受到诸多要素影响，而馆藏资源建设需求是图书馆进行数字资源开发与管理最为密切的要素。如果目标读者群不支持使用该馆藏资源，或者不愿意使用该馆藏资源的某项功能，对其进行数字化形式开发与建设的必要性评估将受到影响。另外，需要考虑的问题是：图书馆计划进行的数字资源开发项目是否与本馆的馆藏发展与建设政策保持一致；该项数字资源开发工作在当地、国家，乃至世界范围内的数字资源开发建设中处于何种地位；审慎评估开发项目的必要性和可行性，等等。

在选择数字资源开发对象时，应参考其他图书馆或国际国内已有的相关数字资源建设规划与项目经验，结合本馆馆藏资源建设需求，制订详细的开发规划方案。

2. 图书馆馆藏资源规范化管理

要使馆藏数字资源开发建设达到预定目标与要求，图书馆必须对有关的管理因素进行周密考虑。

首先，馆藏数字资源开发建设需要充分的资金投入，图书馆可通过财政拨款、自筹或者合作方式获得资金支持。无论通过何种渠道获得资金，都需要制订科学合理的预算计划并建立严格的资金使用管理制度，才能确保开发建设工作顺利开展。

其次，进行数字资源开发建设，必须对开发资源的版权情况有充分了解，版权情况直接影响资源开发完成后的利用状态，对于需要付费获得版权使用权的资源，图书馆在开发过程中还必须考虑资源存取政策与控制措施、费用机制与支付程序等。此外，对数字资源开发全流程的管理也至关重要，特别是涉及文献与数据流转、开发步骤的衔接、责任与权利的划分等，必须建立相应的管理制度，以实现规范化管理，对开发建设过程中可能出现的问题应事先预测和研究，提出风险应对方案。

四、图书馆馆藏数字资源的安全管理

网络出版与数字图书馆快的发展，更加凸显数字资源在图书馆馆藏与服务中的重要地位。图书馆能够正常运转，依靠多种电子资源，如读者个人信息资源、网络和电子信息、特色数据库、图书馆的管理信息库等。虽然存储数字化、传输网络化、资源共享化给人们提供了便利，但也面临来自网络资源、数据安全等危险因素的威胁。因此，确保数字资源安全是图书馆的一项主要职责。

（一）影响图书馆馆藏数字资源安全的因素

确保图书馆的安全是图书馆管理工作中非常重要的一个方面，运用多种手段和措施，确保图书馆馆藏资源的安全是图书馆的安全管理工作。当前，图书馆的安全管理面临新的挑战，即数字化馆藏资源和数据的安全。与传统纸质资源不同，数字资源不仅面临外部环境带来的威胁，还要应对新的技术应用带来的安全隐患。产生灾害的原因主要分为三类：

（1）传统灾害。自然灾害对数字资源硬件设施（比如基础设备、存储和服务设施等）造成的直接损坏，即为传统灾害。自然灾害主要有水灾、火灾、地震、雷击、生物因素（比如鼠虫的啃咬）等，一旦发生传统灾害，对图书馆内存储的数字资源会造成无法挽回的损失。因此，传统灾害对数字资源的危害性较大。

（2）技术灾害。意外事故或者技术故障对软、硬件造成的损坏，即为技术灾害。比如，电子设备因电力故障突然停止运行、软件因不能正常关机受到损坏等。这样的灾害有时会导致存储的信息出现部分或暂时损失；有时则导致信息出现永久性损失。

（3）人为灾害。人的有意识行为对数字资源造成的损坏，即为人为灾害，在图书馆所有数字资源灾害中占比数量最多，并且发生的次数越来越多。如计算机病毒、黑客等攻击，可能导致图书馆全部数字资源损失，以及服务网络系统宕机。

（二）图书馆馆藏数字资源安全管理的现状分析

数字资源安全的重要性已经得到图书馆的广泛重视，各图书馆也采取相应措施加强数字资源的安全管理，主要有以下方面：

在人员监管和制度制定方面，加强对读者和工作人员监管，编订严格的管理制度，规范数字资源管理和使用行为，按照目前国际上通行的信息安全管理体系指导标准，对图书馆数字资源进行安全管理。

在硬件管理方面，图书馆普遍将服务器、交换机、磁盘列阵等关键数字设备单独存储，并进行严格管理，存储地点有更完善的防水、防火、防盗系统和为防止突然断电而设立的UPS电源，为图书馆数字资源硬件设施提供安全环境。

在软件管理方面，安装防火墙、杀毒软件、网络监控软件等，防止因网络入侵或不当操作而造成数字资源损失，技术人员应定期对数字资源的管理系统进行检查和优化，保证图书馆资源和管理系统顺利运行。

（三）图书馆馆藏数字资源安全管理的措施

1. 安全、有效管理数字馆藏

安全、有效管理数字信息资源是图书馆的责任和义务，图书馆应制定一系列行之有效的安全措施，保护数字馆藏。数字馆藏的安全管理包括对内容的管理、储存管理、服务管理及储存设备管理等，从技术、措施、设备及防止病毒入侵等方面，着手制定全方位保护策略，以确保数字信息安全。

首先，高度认识数字馆藏安全管理的重要作用。图书管理系统要有高度的责任意识，建立与健全与有效的管理举措，对全员进行安全管理培训，并确定专职工作人员，定期和不定期检查各项措施的落实情况，确保信息安全。

其次，强化数字信息管理系统，确保系统安全、有效运行。建立一系列管理制度，如监控管理制度、日常管理制度、信息配置管理制度、信息变更管理制度等，及时处理信息管理中出现的信息不对称现象，建立有效的风险管理机制和危机处理制度，防止信息受到损失。

再次，在实践基础上形成信息预警、防范与安全保障机制，从每个细节做起，在理论培训、标准建立和规范形成的基础上，建立一系列安全措施，如病毒入侵检测与保护技术、信息加密技术、电磁信息技术、信息备份技术、病毒认识技术、信息安全管理软件技术，以及灾后恢复技术等各种安全保护技术，从而确保信息管理安全、有效。另外，根据相关系统的性能和结构，如互联网系统、数据系统及基础与硬件系统等，建立不同的安全管理措施，各种措施相互配合，以形成严密的信息安全保障机制。

最后，预防措施和发生事故后的处理。一般情况下，每座图书馆都会制定防止病毒入侵的计划与措施。但是，对于发生事故后的处理却没有行之有效的方法。事故发生后的处理对保护信息安全非常重要，必须予以高度重视，制定详细办法，尽量确保信息安全。

2. 构建数字资源安全管理模式

为了避免数字资源遇到事故引发灾害，图书馆需要制订完善的预防工作计划，注重培养工作人员预防灾害的意识，发生灾害时做到及时处置，发生灾害后采取有效措施修复资源。建立全面数字资源安全管理模式可分四个部分：灾害防范计划、灾害预防、灾害应对和灾后恢复。

（1）灾害防范计划。制订全面的数字资源灾害预防和修正计划，具体包含详细分析图书馆数字资源可能遇到的灾害风险，制订周密的预防工作计划，制定具体处置灾害的紧急预案，制定科学的灾害处置流程。

（2）灾害预防。依据灾害预防计划，定期开展多种形式的灾害防范工作，如培训工作人员、备份数字资源、数字防火墙的建立、定期检查软、硬件设备等。

（3）灾害应对。发生灾害时，根据实际情况，及时启动灾害处置紧急预案，并根据拟订的计划，实施保护和抢救措施。

（4）灾后恢复。灾害处置后，盘点数字资源的损失程度和损失内容，根据实际情况，遵照拟订计划，提取备份的数据资源，恢复图书馆的数字资源。

3. 尽早制订灾害防范计划

参照全世界数据资源安全管理案例，拟订全面、详细的灾害防范工作计划，可有效减少灾害发生率。灾害发生后，严格落实计划，可大大降低灾害造成的损失。

灾害防范计划的制订步骤：

（1）评估数字资源的存储环境及任何安全风险，分析有机会发生的灾害，确定重点保护对象。每座图书馆具备不同的软、硬件环境，浏览量，保密级别，人员配置，经费预算等，基于这些数字资源不同的安全环境，各个图书馆保护重点和防护措施也各有侧重，可根据各自安全环境、人员配备、经费预算等情况做出详细评估，做到有的放矢，使具体措施稳妥、准确。

（2）依据评估结果制订各项计划，具体涉及保护设备的计划、保护数据的计划、预防和处置灾害的计划等。保护设备和数据计划是为了防止发生灾害，如对工作人员进行安全培训、对数据资源备份、对系统检查及维护等；发生灾害时采取应急预案，可以减少灾害造成的损失，具体包括针对不同工种的处置预案、对数据资源恢复的计划、对备份数据资源的提取计划、对灾害损失的评估等方面。

4. 增强图书馆馆员培训工作

图书馆馆员在保护数字资源安全的各项环节中，如灾害预防、灾害处置和灾后恢复占有重要地位。为了提高馆员灾害预防意识和处置能力，图书馆需要从提高预防意识、合理安排工作、专业技术处理三个方面对馆员进行培训。

数字资源安全管理需从提高馆员的能力和素质入手，注重提高每个馆员预防灾害的意识，不能只停留在图书馆安全管理制度上。通过宣传提高预防灾害的意识固然重要，但是在实践中，具体的实操演练和案例分享更加行之有效，在馆员参与过程中，可提高对于数字资源安全管理的理解度。

在实际工作中，通过数字资源管理明确分工和划分工作职责，使馆员严格遵照灾害预防计划保护数字资源：第一，图书馆不具备可自动备份的设备时，由馆员定期备份数字资源，然后由指定的单位存储，馆员需要定期检查数字备份；第二，严格落实数字资源管理制度，通过访问权限的设置，分级管理和控制账号密码、访问地址等信息，确保数字资源访问的安全性；第三，定期检查测试数字资源的软、硬件性能，包括硬件故障的排查、供电电源的检查，以及软件定期升级等。

要使馆员掌握数字资源的灾害预防措施和灾后恢复手段，图书馆应安排有关数字资源安全管理的专业技术培训：第一，学习并掌握本馆制定的数字资源应急预案、灾害处理计划、灾害发生时的处置办法和步骤等；第二，为确保发生灾害时可最大限度地保护数字资源，需要熟记保护数字存储设备的方法及应急救援措施；第三，避免人为操作失误造成更大损害。馆员需要具备相应的灾后损害评估及一定数字资源恢复技术。

图书馆数字资源的安全管理工作尤为重要，而创建全面、完备的防灾、救灾体系是保护数字资源更是重中之重，图书馆需要综合分析有关数字资源灾害因素，如产生灾害的原因及可能性、灾害处置措施、救灾手段等，最终创建符合自身需求的数字资源安全管理模式，做到防范为主和防救结合，即使遇到灾害侵袭，也能准确处置，降低图书馆风险，确保数字资源免受灾害侵袭。

第四节　图书馆服务方式拓展与创新

一、图书馆的移动阅读服务

（一）图书馆移动阅读服务概要

图书馆移动阅读服务要拥有更多用户，前提是必须与用户需求相匹配。互联网在飞速发展，为契合用户需求，图书馆需要增加数字阅读特色，针对变化的社会环境和消费者需求及时探索和研究。

当前，针对图书馆的移动阅读服务逐渐开展，调查研究也逐渐增多，极大地促进了图书馆移动阅读服务的完善与发展。但是，仅依靠调研或者根据调研数据进行研究分析远远不够，管理学中的客户生命周期提到，提供服务方在建立发展周期时需要了解客户之间的关系，根据不同客户关系和客户行为以及要求进行实施，所提供的服务要对应相应的需求。目前，我国针对客户生命周期建立对应的图书馆的移动阅读服务已经在研究并开始实行。实际上，整个服务周期由多个进程组合而成，再根据与客户之间的每次互动形成，便是针对客户的“微生命周期”。

图书馆服务针对读者可以分为两个服务环节，分别是获取与阅读。获取的目的是读者可以找到所要阅读的对象，此环节分为两种：第一，针对纸质图书服务。对于实际的纸质资料，读者可以在图书馆自行查看或借阅；第二，针对数字资源服务。随着网络发展，数字图书馆已经逐渐普及，针对此类资料，读者可以在线阅读或下载。后期的阅读是读者在获得相应资料后收集其中的资源，获得信息与知识的过程。

（二）公共图书馆移动阅读服务的类型

移动阅读服务属于图书馆服务的一种，有其周期性，与图书馆服务相一致，分别是获取与阅读，不同的是，具体服务形态与实施内容有所差异。移动阅读的要素主要有两个，分别是内容和载体，两个要素之间相互分离。其中，内容指阅读对象；载体是承载内容的技术，是各项资源被使用的基础。因此，实施图书馆移动阅读服务时需要注意以下方面：

1. 技术获取服务

技术获取服务的种类较多，在分析时主要分析硬件服务、网络服务和平台服务三个方面。

第一，硬件服务。硬件服务包括两个方面：外界和图书馆内使用。在阅读实施过程中可以分为馆员查找与自行查找两种方式。通常情况下，硬件服务可以满足用户需求，服务形式较好，有合理、完善的服务制度。

第二，网络服务。对于移动阅读服务，网络是实施核心，在进行阅读服务时要充分考虑网络的有线与无线两种情况。对于桌面数字阅读，读者在获取资源时处于有线状态，但是并不排除部分客户处于无线状态。因此，图书馆移动服务还需要下载相应资源，在用户使用时可以通过USB等方式获取资源。

第三，平台服务。图书馆移动阅读服务平台不仅是一个资源展现平台，更重要的是需要有借阅、阅读、发现和授权等服务功能，对应的平台形态也比较多，比如实体服务平台、移动网络、独立客户端和网站等。图书馆在建立与选择平台时，需要根据图书馆的业务特点和实际情况进行。从形态上划分图书馆移动阅读服务，可以分为两类：独立客户端和网络浏览器形式的服务。

2. 内容获取服务

内容服务形式主要有三类，分别是在线阅读、资源下载、资源外借。相对于在线阅读，读者更喜欢资源外借及资源阅读，在这两者中，更多人热衷于资源下载，主要是因为外借资源需要在规定时间内归还，而下载的资源为永久资源，无时间限制，可以随时查看。在线阅读的用户相对较少，此类服务并没有被广大用户接受。综上所述，在三种服务类型中，各类用户对于资源下载与资源外借服务的整体态度差异性较小，对资源外借差异性较大，说明此类型的服务采用外借方式，不同群体有不同观点。比如，研究生通常情况下使用资源外借，从侧面反映研究生群体对各项所需研究资料的需求度高，仅仅依靠外借不能满足他们的需求。

（三）图书馆移动阅读服务的发展

在移动阅读时代，图书馆只有找到属于自己的位置，明确功能和职责，才能保证图书馆服务的健康和可持续发展。

（1）图书馆属于服务性机构。图书馆并非移动阅读产业的一个必然环节，或者移动阅读产业的发展不以图书馆的存在而存在。事实上，在电子阅读产生之前，图书馆并不是阅读产业的必然环节，文献从产生到阅读有自己的链路，只是在互联网时代，去中介化的倾向使图书馆的地位进一步被边缘化。图书馆的中介角色是从服务对象的角度而言，却不是移动阅读产业的中介者。对此，图书馆需要有明确意识，如果文化产业的发展要以图书馆的存在为前提，图书馆并不是公益的。图书馆的优势在于服务性，能够从文化市场上为读者收集各种文化资源，并提供增值服务。

（2）图书馆是读者权益的捍卫者。在移动阅读时代，出版社和供应商出于保护各自利益的目的，先后采取一系列针对终端读者的技术和商业措施，并以诉诸法律作为最终制裁手段。在这种情况下，读者的正当权益受到损害，而读者群体具有匿名性、缺乏组织话语权，在同商业机构博弈中处于不利地位，需要一定的组织出面为读者争取阅读权益。鉴于此，以图书馆、学校等公益组织为代表的机构成为这一角色的最佳承担者，而图书馆的业务特点和社会使命，使其在这一行动中担当起主要角色。通过积极呼吁和有组织的行动，图书馆既能为读者争取文化权益，也使自身获得生存空间。

（3）图书馆发挥平台角色。在纸质出版物服务中，图书馆从包括书商、出版社、报刊社等不同来源中获得资源，对资源进行统一加工并纳入图书馆流通系统，最终向用户提供服务。在这个过程中，图书馆承担纸质出版物平台的角色，有利于消除文献生产和销售的孤岛现象，因为任何一个文献来源都难以满足读者的全部阅读需求。

在移动阅读时代，图书馆仍将发挥作为信息和文献平台的作用，将不同来源的资源根据本馆读者需要，集成到统一的服务系统中，并为读者提供服务。尽管OverDrive、亚马逊、3M云图书馆、巴诺书店等提供商业移动阅读服务公司集成不同出版社资源，但其加盟出版社的数量并不一致，许多出版社在选择合作伙伴时带有选择性，并不是将资源提供给所有资源商，同时许多资源商建立的自我出版平台，拉大了不同资源商的差异。在这种情况下，只有图书馆才能以平台身份，站在用户角度，为用户集成需要的资源。

（4）图书馆是公益服务的守护者。免费图书馆产生之前，西方已出现类似租书屋的机构，读者交纳少量费用便可以阅读其中的图书，目的是向无力支付图书成本的读者提供低廉的阅读服务。随着以政府资助为主的免费图书馆的诞生，公共图书馆的公益阅读得以制度化。除公共图书馆外，所有类型的图书馆在向其对象提供服务时都具有免费性质。但在移动阅读时代，任何一家公司都不能提供纯公益服务。

二、图书馆的公益阅读推广服务

公益阅读推广指阅读推广交由公益性组织进行，目的是激发人们的阅读兴趣，使读书成为一种习惯。公共图书馆单方面的推广形式较少，相应的限制较多，由公益组织进行相应推广不仅可以扩大社会影响力，同时应用公益组织的广大成员和推广形式，可以很好地将阅读推广出去，拓展阅读推广渠道，弥补不足。

公益阅读推广并不是单方面的，而是由四个方面组成，分别是主体、客体、推广对象和推广形式。其中，主体与客体分别指推广人和推广内容。推广内容不仅是将所要阅读书籍推广出去，更是推广阅读思想与读书理念；

推广对象指代阅读人员，面向全国公众。推广方式，即推广的方法，相对来说，只有推广方式更为多样化，才能将推广做到更好。

公益组织的性质是公益性的，公益性推广将公共图书馆推广与公益性阅读相结合，是促进阅读推广的基础。相对来说，民间的公益组织，其资金方面并不十分充裕，来源基本为基金会，很多成员均是志愿者，此类成员中大多为时间相对较多的学生和退休老人，通过他们提供免费的服务，减少公益组织的资金流出。

根据以上特点可以看出，公益阅读推广是自发形成的，需要一批志愿者加入保障活动中正常举行，也通过公益性质推动更多人加入，使阅读成为公民的习惯。当然，通过公共图书馆与公益阅读的结合，还可以增加图书馆的服务对象，进而提高公共图书馆的使用效率，促进全民阅读。

（一）图书馆公益阅读推广服务的重要作用

中国地大物博，经济发展存在不均衡性，发达地区的公共图书馆设施更加齐全，阅读资源更多，经费充裕，服务较好，但是，偏远地区及不发达地区的公共图书馆资源则相对较少，因经费不足，服务也较差，不能满足当地人的阅读需求。因此，从整体来看，公共图书馆发展的差异性导致我国各个地区公民的文化水平差异较大，长此以往，不利于我国和谐社会发展。另外，高端图书馆与低端图书馆之间的差异性，导致高端图书馆资源浪费，而低端图书馆资源短缺，也不利于公共图书馆的长期发展。

（二）图书馆公益阅读推广服务的基本要素

（1）资金。公共图书馆公益阅读推广的资金多为公益基金会捐赠。任何活动均需要资金支持，阅读推广活动也不例外。对于民间公益组织来说，基金会是主要资金来源，还有其他部门或人员的无偿捐赠，但不论是哪种资金，公益组织都需要记录并进行公布，使各项资源用到实处。

（2）组织。活动开展需要人员进行组织，公共图书馆公益阅读推广的组织人员大多为志愿者。民间的公益组织分为高层、中层、基层。其中，高层有核心领导、理事会等部门；中层主要指活动的执行部门，通常情况下，公益性的推广均是由其具体进行；基层则是行政部、人事部和志愿者。志愿者是整体活动顺利进行的基础，在整体的公共图书馆公益推广活动中，与阅读群体接触最多。

为了做好公益阅读活动，将阅读推广到广大公众面前，公共图书馆需要在进行各项工作时明确自身的工作要求和目的。首先，志愿者需要热爱阅读，对推广活动充满热情，才能更好地完成引导阅读工作；其次，志愿者需要具备相应知识，在进行相关阅读沟通时，能够与阅读人员交流；最后，整体活动要有组织、有纪律，明确分工，明确自己的工作中心。

（3）对象。阅读推广服务的对象还要关注有障碍的阅读群体。比如，现在我国已经有很多地方公共图书馆建立了视障阅读区域，有很多针对盲人的阅读推广活动。但是，针对低收入人群和老年人等方面的公益阅读推广活动偏少。公共图书馆公益阅读推广对象应着重于因经济困难或因疾病等阅读机会较少的人群及文化程度低的人群，保证我国公民中任何一个群体都有阅读的机会，从而促进全民阅读发展，构建和谐社会。

（三）图书馆公益阅读推广服务体系的构建策略

第一，各项组织管理体系需要完善，款项筹集需要加大。在特殊群体的阅读推广活动中，我国公益组织起到至关重要的作用，但是对特殊群体来说，阅读推广活动相对较少。因此，需要完善公共图书馆公益推广组织管理体系，增加相应公益推广组织的同时，加大款项投入，增加项目筹款，让更多的人加入。我国已有类似的公益组织，如中国少年儿童基金会、中国红十字基金会等均定期向贫困地区捐赠图书。另外，国家需要加大对特殊群体阅读的重视程度，将其放于法律层面进行考虑，增加相应的法律法规，使特殊群体可以享有同样的阅读权益。

第二，增加公益阅读的影响力，发挥传播作用，创建良好的阅读环境。我国当前的公益性组织运行基本处于稳定阶段，但整体公众的阅读意识还需要进一步增强。因此，公益性阅读活动不应停止，需要增加公益阅读的影响力，关注各个群体的阅读情况，尤其是特殊群体的阅读环境，形成良好的社会阅读风气，让全民阅读成为一种常态。

第三，展现公共图书馆的主动性，积极与公益性组织合作，增加推广机会。公共图书馆与公益组织合作可以利用自身资源，比如场地、书籍、人员等推动公益性活动发展，同时完成公益阅读推广活动；对于民间公益组织，在自身管理与发展方向上也需要不断完善，在活动时做好各项管理与具体实施工作，保证阅读推广活动可以更高效地完成，从而促进全面阅读。

第七章　大数据时代图书馆信息服务的创新研究

第一节　大数据时代概述

当前，随着信息技术、网络技术和计算机技术的发展，人们已经进入“互联网+”的时代，而工业的生产、电子商务和科学研究的发展，使得数据呈指数型增长，人们已经进入大数据时代，云技术的出现和发展，提高了人们处理大量数据的能力。

一、大数据的定义

大数据作为当前研究的新热点，备受各行业的关注。然而，关于大数据的概念，学术界目前还没有统一的标准。最早提出“大数据”一词的是全球知名咨询公司麦肯锡。麦肯锡对“大数据”的定义是：一种规模大到在获取、存储、管理、分析方面大大超出了传统数据库软件工具能力范围的数据集合。它具有海量的数据规模、快速的数据流转、多样的数据类型和价值密度低四大特征。对于“大数据”研究机构Gartner给出了这样的定义：“大数据”是需要新处理模式才能具有更强的决策力、洞察力和流程优化能力来适应海量、高增长率和多样化的信息资产。大数据技术的真正价值不在于对数量庞杂的数据信息进行保存和存储，而是通过专业化的数据分析来探索数据背后隐藏的问题，分析数据的价值才是大数据能够实现盈利的根本所在，归根结底，大数据是通过对信息的加工和处理，以实现信息的增值。

二、大数据的基本特点

（一）数据量大

在“互联网+”时代，信息和数据都呈指数型增长，有专家曾将当今时代描述成信息爆炸时代，也是数据爆炸时代。这些数据包含了多种形式，如文本形式、视频形式、图片形式、音频形式等。数据量的增大引起数据计量的改变，之前，1GB的数据对人们来说还只是存在于想象中，人们无法实际感知，但当前，1GB的数据已经非常常见，最大的数据计量单位已经发展到1PB。

（二）数据结构多样性

在大数据时代，数据不再是单一的文字形式或者是数字形式，而是出现了更多的表现形式，如图片形式、音频形式、视频形式，以及其他多媒体形式，这些数据形式统一成为非结构化形式。和结构化数据相比，非结构化数据的处理更为困难，因为这些数据的属性不一致，人们无法利用统一的数据属性进行非结构化数据的描述，数据存储困难。

（三）数据处理时效性

在大数据时代，数据更新和出现的频率更为频繁，并且对数据处理的时效性有着更高的要求，需要及时进行这些数据的处理。在进行数据处理时，人们最为关注的就是数据所隐含的价值和数据隐含价值的发掘方法。每一分、每一秒都会有大量的数据产生，数据产生是时刻存在的，而且，其中一些数据所隐含的价值具有时效性，如果人们不及时对这些数据进行处理，那么，这些数据所隐含的价值也就无法体现，这是为什么提出数据处理时效性的根本。

（四）数据价值密度低

根据上文的论述可以看出，在大数据时代，数据不再是单一的文本形式或者是数字形式，而是有了图像形式、图片形式、视频形式、音频形式等非结构化形式，并且数据之间关联度降低，对某种数据的处理不会影响到其他数据所蕴含的价值。低价值密度是和大数据量相对应的，在数据爆炸的时代，其中，有价值的数据所占的比例是非常低的，这并不是指有价值数据的数量少，而是有价值数据的增加速度远远比不上总的数据增加速度，其所占的比例低。例如，警察在对嫌疑人的指纹进行采集时，上亿种指纹特征能够进行犯罪嫌疑人识别的可能只有几种，或者是在一段长达几个小时的监控录像中，描述犯罪嫌疑人体貌特征的图像只有几帧，这就是低价值密度的表现。造成数据价值密度降低的另一项原因就是，数据之间的组合造成数据出错概率的上升。

三、图书馆的大数据来源

首先，图书馆能够获得更多的大数据，读者的基本讯息、读者的图书借阅详情、读者的互联网浏览信息及图书馆自身所拥有的资源信息等都是图书馆大数据的来源。图书馆的数据信息不断积累，而科技水平也在提高，近年，大数据信息技术的产生和应用逐渐完善，使得图书馆信息资源能够与之完美融合，形成了图书馆数字资源。大数据技术在图书馆信息管理中的广泛应用极大地丰富了电子资源的种类，同时也积累了数量，这些结构不同、形态各异的数据资源都成为图书馆大数据的内容。有专门的数据统计表明，全球信息量涨幅达到每年300%，而其中大部分信息都是采用数据的方式储存的，数量如此巨大的数据信息需要图书馆具备足够的存储能力。

其次，网络时代的来临极大地推动了网络图书馆的发展，互联网和移动端将图书馆与读者建立了更紧密的联系，而读者也更倾向于使用移动设备阅览图书。当前，互联网对我们深远的影响，已经涵盖工作和生活的方方面面，网络用户如此庞大的群体也为互联网图书馆带来了更多的机会，其中的移动网络数据及互联网阅览数据是图书馆大数据的主要构成部分。

第二节　大数据时代图书馆信息服务的新挑战

图书馆信息服务的最终目的就是要提高服务质量，尽可能地满足读者各种信息需求。大数据时代的到来，已经影响到了社会的各个行业，也给图书馆的发展带来了新的机遇和挑战。

一、传统图书馆信息服务概述

（一）传统图书馆的概念

传统意义上的图书馆应该具备一定的形态。“形”指的是图书馆应该具备六个元素，即“图书、工作人员、读者、图书馆管理人员、建筑物与设施、工作形式”；“态”指的是国际图书馆协会联合会曾经总结的图书馆应该具备的四个职能，即“保留人类的文化遗产，支持社会教育，传播科学知识，激发创新思想”。简单理解传统的图书馆就是收集、整理、保存、传播文化资料的组织，为读者提供学习及研究的参考资料，也就是在我们的城市当中存在的收藏丰富书籍、有固定的建筑形态、由工作人员进行管理并为我们提供参考书籍资料的服务机构。传统图书馆具有固定的外在形态、空间存在限制性、实行人工管理、服务方式单一、服务范围具有局限性。

（二）传统图书馆信息服务的基本概念

传统图书馆信息服务指的是按照读者的读书需要，采用一定的形式和固定的内容来为读者提供服务以满足其读书需求。图书馆能够发展起来，其核心内容就是信息服务的质量，在竞争日趋白热化的市场环境中，图书馆应该努力提高信息服务质量，创新理念，为大数据时代的到来夯实基础。图书馆信息服务的最终目标是得到读者的认同和肯定，不但能够达到读者的读书需求标准，还能够充分体现图书馆及工作人员的价值，这是每位图书管理人员的努力目标，读者对信息服务的要求首先是服务质量，其次才是图书的丰富性，因此，图书馆信息服务在图书馆发展进程中不可或缺。

（三）传统图书馆信息服务的特点

图书馆信息服务除了具备以上的一般性服务特征外，还具有其独特性：

一是图书馆是文化和知识长期积累而形成的，具有知识性。图书馆的发展基础来自人类的创造性思维理念。图书馆是讯息搜集、筛选、处理、传达及使用的地方，它能够增进显性知识与隐性知识的互相交流与融合，让人们充分运用知识。

二是其服务具有依赖性。因为图书馆信息服务是从属于社会而发展起来的，是人类文明活动与技术创新的成果，所以，图书馆信息服务的方法和要素都是按照社会的需要而变化的，并以此为基础发展起来。

三是图书馆信息服务具有开放的特点。图书馆的信息是面对社会公众的，具有开放性，那么，信息服务的对象也是社会公众。在当前网络信息时代，网上图书馆的发展核心是分享信息资源，让公众都能享受到信息服务。社会公众想要获得信息，那么，图书馆都会为其提供服务。

四是图书馆提供的服务是连续的。人类认识事物的过程是由浅入深逐渐过渡的过程，所以，图书馆提供的信息服务也是循序渐进的。

（四）传统图书馆信息服务的现状

1. 图书资料借阅服务

传统的图书馆信息服务范围是图书出借及阅览，而对读者并没有针对性的服务。在电子信息技术应用越来越广泛的今天，图书馆也建立了互联网网站，官网上会提供多种图书服务，如电子阅览室、音频视频信息服务、资料查询服务等，除此之外，还开通了互联网借阅服务，读者可以通过网络借阅自己想要的图书，极大地方便了读者。图书馆在建立自己的官网后，不论是服务质量还是服务效率都有了巨大提高，读者足不出户就可以查询到借阅图书的相关信息，如借阅图书的时间、图书借阅数量、应归还日期、续期服务等。

2. 网络信息资源检索服务

网络资源检索服务指的是，读者在网络上对所需要的图书资源进行搜索和查找。

读者查找图书资源一般会采用三种途径：数据库搜索服务、信息推广服务、图书查询系统。数据库搜索服务包含两种形式，即自建数据库和在线数据库；信息推广服务指的是利用网络推广技术，定期或不定期向读者推送图书讯息，如网络地图服务会向用户推送周边饮食和游览区一样；图书查询系统是通过互联网组建图书系统，在该系统内实现图书的搜索和借阅功能，读者从中可以获得多样化的信息选择。互联网信息检索服务在坚持不懈地努力，当前应用最为广泛的是数据库搜索服务及信息推广服务，在互联网发展背景下，两者结合才能充分发挥各自的优点，获得1+1＞2的效果。

3. 网络咨询参考服务

一直以来，图书馆都会为读者提供咨询服务，传统的咨询服务能够直接解决读者的问题，读者通过咨询能够获得比较满意的答案，但是传统服务方式却有一定的限制，受到地域和时间的限制，双方必须是在固定的场合、固定的时间内完成咨询，而读者却想要获得随时随地的咨询服务。互联网的广泛应用正弥补了这一缺点，读者通过网络提出自己的建议或问题，电子邮件、在线聊天等都是非常方便的交流方式。自从互联网咨询服务诞生以来，读者的咨询服务不会受到时间和空间的限制。信息技术的发展与应用是网络咨询服务得以快速发展的基础。图书馆咨询服务以网络信息技术为依托，相信在未来将会越来越完善。

（五）目前传统图书馆信息服务面临的转型要求

随着大数据、云计算在图书馆信息服务应用的增多，对传统的图书馆信息服务造成了重大冲击，对传统图书馆信息服务转型发展提出如下要求：

1. 图书馆信息服务要从被动式服务转向主动式服务

传统的图书馆信息服务是由图书管理员将本馆图书资源信息进行加工整理，形成信息产品，然后提供给用户，它是把管理员作为图书馆信息服务的中心，是一种被动式的信息服务，忽视了用户的真正信息需求。在大数据背景下，图书馆需要把用户信息作为服务的中心，这样才能实现由被动式服务向主动式服务的转变。

2. 图书馆信息服务要从封闭式服务转向开放式服务

在传统的图书馆中，向用户提供的信息是封闭和静止的，服务限于借书、还书上，在信息技术发达的今天已经不能适应用户需求。为此，需要将图书信息服务从封闭式向开放式转变，让用户成为图书馆的主人，为用户提供全面、自由的查阅和选取图书，这样才能有效提高信息服务质量。

3. 图书馆信息服务要从柜台式服务转向自助式服务

随着图书馆数字化阅读资源的增多，以及互联网在图书馆信息服务中的应用，图书借阅要从传统的柜台式借阅服务向自助式借阅服务发展。

二、大数据时代对传统图书馆信息服务的影响

（一）对图书馆信息咨询服务的影响

图书馆信息种类多，一般包含了结构化数据、半结构化数据和非结构化数据三种类型。结构化数据是指图书馆各种类型的电子资源；半结构化数据是指图书馆博客、微博、留言簿、BBS等用户咨询借阅时产生的大量数据；非结构化数据是指用户在线咨询、浏览网页记录、搜索方式、行为痕迹、存储和下载信息行为时出现的各种视频和语音。同时，随着智能手机的普及，人们可以随时随地地从手机、电脑等设备中获取自己的个人信息、浏览信息等，这也能产生不同的数据，这所有的数据便组成了图书馆信息咨询服务的大数据。每天，这些数据都在不断地增加，随着数据爆炸式的增长，将给图书馆的信息咨询服务带来巨大的影响。

1. 数据存储

由于文件、图片、音频、视频等数据的不断增长，造成了知识库严重超载，因此，对信息资源的有效管理便成为大数据时代主要解决的问题。对大数据的管理还存在许多的问题，首先，目前的信息咨询存储很难解决大数据的性能共享问题，原因是，大数据结构太复杂，想要对这些数据存储和共享都非常困难。其次，由于数据量的急剧增大，网络传输性能同样也会受到

影响，采取怎样的措施来对文件进行管理和保护都是需要解决的问题。网络是一个开放的环境，信息安全随时都受到威胁，信息污染、信息盗窃经常发生，因此，对信息资源的保护是完成信息资源服务的基础。最后，长期积累下来的数据难免会存在很多重复的文件，它们所占的存储空间就造成了资源浪费。因此，大数据时代首先要解决的就是数据存储问题。

2. 数据处理

云计算技术的兴起，解决了部分图书馆信息咨询服务的数据的存储和处理问题。但是大数据时代的来临，对数据的存储和处理能力都有很高的要求，一般的技术已经无法满足大数据的处理。想要用传统的信息咨询系统进行分析和处理已经存在很大的难度，只有不断提升信息咨询技术才能解决大数据的处理问题。

3. 信息安全

大数据本身就是数据，只要是数据就存在一定的安全问题。如今网络的开放、各种信息资源的共享，都可能存在信息安全问题。例如，图书管理员、用户在进行知识共享和交互的时候可能没有注意网络环境是否安全，这样容易造成信息的泄露，对个人信息安全造成威胁。人们既想得到数据的开放，又想更大限度地保护自己的隐私，这使得在大数据时代必须让二者相互保护和平衡、共同发展。

（二）对图书馆信息服务环境的影响

在大数据的背景下，传统图书馆的信息服务设施已经相对落后了，也无法满足大数据的数据处理。随着大数据时代的来临，各种不同类型的数据正在向图书馆的服务设施和工具发起挑战。一般的文献资源用数据库就能完成操作，但是面对结构化、半结构化和非结构化数据的时候，数据库就无法完成操作了，图书馆只能引进新的操作技术才能完成大数据的处理。同时，图书馆工作人员同样需要提高自己的操作水平，只有不断学习，才能更好地掌握大数据技术，适应大数据时代的生活。了解人们的需求方向，更好地满足他们的需求，更有效率地服务于大众。

（三）对图书馆信息服务模式的影响

1. 建立交互式共享平台

由于受到一些社交网站的影响，图书馆也慢慢开始建立网络互动平台，通过开设网络互动平台，可以吸引更多的用户，为他们提供畅所欲言的场所。针对图书馆开设的论坛、社区栏目等，用户可以通过它来完成图书管理员和用户、用户和用户之间的实时交流。有了这些交流平台，图书馆可以大力培养和提高图书馆信息咨询服务意识，利用集体的智慧来充实自己，从中获取更多有价值的信息。同时，图书馆还可以利用这个平台进行资源整合，用户不仅能够享受资源的检索和下载功能，也可以将自己的一些研究上传到论坛，供大家参考，这样就可以拓宽学术领域，使大多数科研人员发挥有效的能动性，为图书馆增添更多的信息资源。当然，由于用户上传的信息参差不齐，图书馆应该发挥组织和筛选能力，去粗取精、去伪存真，最终得到可利用的资源。这就是大数据时代图书馆发展的一个方向。

2. 信息资源组织的转变

所谓信息资源组织，是指信息工作人员采用信息技术对数据进行采集、加工、存储和分析应用，形成一个可利用的、系统的过程。传统的数据处理方式已无法满足大数据时代的要求，只能采取更加个性化的方式来处理这些数据。

（四）对图书馆信息服务方式的影响

随着移动互联网的发展，传统的信息服务方式已经不能满足用户的需求了，图书馆应该找到新的突破口来提高自己的信息服务能力。首先，图书馆应该大量收集文字、图片、音频、视频等文件，对其进行加工，丰富自己的馆藏资源。其次，图书馆应该针对互联网上的信息资源进行整理，丰富自己的数字化信息载体，以完善图书馆的各项服务。同时，图书馆应该通过互联网为用户提供个性化服务，目前用得最多的就是信息定位服务，如微信上有一个定位功能，只要启用这个功能就可以知道你所在的位置，以及周边的美食和景点，为我们的出行带来方便，这就是大数据时代信息发展的结果。图书馆同样可以通过手机客户端为用户实时推送最新新闻动态，让用户及时了解图书馆信息，这为我们的信息查询和跟踪带来了便利。

第三节　大数据时代图书馆信息服务发展趋势及策略

图书馆只有抓住了大数据带来的机遇，灵活运用大数据技术为图书馆信息服务系统服务是其能发展的根本所在。同时，如何运用大数据技术调整服务定位，为读者提供更好的服务，并提升图书馆的综合竞争力，逐渐成为图书馆界关注的焦点。

一、大数据背景下图书馆信息服务发展趋势

（一）信息服务向智能化方向发展

大数据背景下图书馆信息服务需要处理大量数据，只有把信息服务向智能化方向发展，才能更好地满足用户的使用需求，因此，信息服务向智能化方向发展就成为图书馆的发展趋势之一。

一是图书馆要对用户的数据信息进行自动化的采集与处理，在此基础上来自动分析与评估用户的需求。图书馆信息系统要能掌握用户的信息服务动向，能够自动整理和分析用户所需要的有用信息，从而发现用户的信息服务规律，为改进图书馆的信息服务内容和图书馆建设提供参考依据。

二是提高信息服务的时效性。加强图书馆信息服务的智能化建设，才能实时掌握用户的信息服务需求，从用户的信息需求数据中发现有价值的信息，或是用户的潜在需求，这样才能提高信息服务的时效性与针对性。

三是能为读者提供信息问题的解决方案。在当今网络应用非常普遍人们获取信息非常方便的条件下，读者所关心的不是如何才能获取信息，而是更多地关心如何从少量信息中找到信息问题的解决方案或解决策略。大数据的运用，能让读者对需要的信息反复查找与分析，能较好地为读者提供信息问

题的解决方案，从而满足读者更高的要求。

（二）信息服务向个性化方向发展

随着用户信息需求的多样化发展，要求图书馆能为读者提供个性化的信息服务，以更好满足读者的个性化阅读需求，因此，大数据背景下的图书馆信息服务要向个性化方向发展。

1. 建立个性化搜索引擎

虽然目前读者广泛应用的搜索引擎有百度、Google等，但是为了更好地满足读者的个性化信息服务需求，应建立个性化的搜索与发现系统，需要建立智能化、可定制的图书馆网站内部的云搜索服务功能，以更好地根据读者的借阅信息或浏览记录为读者提供更加全面的服务。云搜索是指可定制的、智能的站内搜索，其核心价值就是要保证所有的资源利用者能够根据自己的信息数据需求找到合适的信息，从而提高用户满意度。

2. 建立个性化服务系统

要实现对用户的个性化服务，需要图书馆建立用户个性化服务系统，要在建设数字化图书资源的同时，更加重视对用户图书信息个性化服务需求的建设。要充分利用大数据的作用来分析用户阅读需求，对用户进行定期服务跟踪，充分掌握用户的信息服务需求，这样才能为用户提供精准的信息服务、定制信息服务和信息推送服务。为此，图书馆的信息系统要能做到有效挖掘用户的有价值信息，充分运用信息技术手段来对读者的图书借阅与检索种类、用户在借阅或阅读中的相关行为信息进行全面分析，这样既能提高对用户的个性化信息服务水平，又能为图书馆准确购买图书、文献资料提供决策依据。

（三）信息服务向微媒体方向发展

1. 微媒体在图书馆信息服务中的运用具有多种优势

随着微信、微博等微媒体的普及与广泛应用，图书馆要能为读者提供更多的微媒体信息服务，以更好地提供方便、实时的图书信息服务。微媒体在图书馆信息服务中的运用具有多种优势，使用运行成本非常低，只需要消费一些网络流量就可以，随着上网费用的降低和免费Wi-Fi的使用，其成本可以忽略不计。它的使用不受地域的限制，利用率比较高，用户只要利用智能手机就能非常方便地了解和掌握图书馆的信息，既能节约读者的时间，又能提高图书馆的工作效率，还能及时为读者反馈多种信息，能更好地满足读者的服务需求。

2. 微媒体的运用为图书馆提供新的发展机遇

微媒体在图书馆信息服务中的应用为图书馆的信息服务提供了新契机，进一步增强了图书馆信息化服务的能力，向用户定制化方向发展。例如，上海图书馆开通了微博服务，既可开展线上活动，又可在线下运用微博进行线上推广服务；再如，国内多家图书馆开通了微信服务，由于微信服务是建立在微信公众号平台之上，这样，读者通过网络、手机设备就和图书馆建立了联系。微信公众号又分为服务号与订阅号两种。服务号除了为读者提供信息服务，还可以申请自定义菜单，能够群发信息，有信息提醒、服务反馈等功能；订阅号则可以为读者提供多种图书和文献信息，极大地方便了用户图书信息查询活动。

（四）信息服务向安全性方向发展

由于大数据背景下的图书馆信息服务的重点体现在以大数据为中心的服务上，而且图书馆的信息服务需要更多地运用互联网，只有保证数据的安全才能为读者提供更好的服务。而在互联网中黑客、病毒的威胁却是无处不在，为了保障用户的信息安全、图书馆信息的安全，图书馆需要加大对网络信息安全的防范与保障，建立具有对多种信息安全因素的实时分析与防范功能，并且对黑客、病毒的防范数据要保持实时更新，这样才能保障用户信息和图书馆信息的安全，从而为用户提供安全、可靠的信息服务。因此，为用户提供信息安全保障，是基于大数据、云计算背景下的图书馆信息服务的重要发展方向。

总之，随着大数据、云计算等信息技术在图书馆信息服务中的应用，对图书馆的信息服务的发展提出了新的要求，各图书馆应加强对读者信息服务内容与方法的创新研究，充分利用大数据、云计算和多种新型媒体的优势，以便为读者提供更便捷、更全面、更高效的服务。

二、大数据背景下图书馆信息服务策略

（一）加强对数据信息的重视

一方面，大数据时代下图书馆服务创新发展的核心竞争力不仅是对信息资源的争夺，而且需要提高图书馆信息资源的整体利用率和利用水平，加强对图书馆资源的丰富和完善。为此，需要图书馆有关管理人员在思想认识上重视图书馆信息服务发展建设，调动一切因素加强对各种信息资源的收集和整理，将各种各样的有效信息融入图书馆资源建设发展中，从而为图书馆吸引更多的读者和用户；另一方面，大量的数据信息也是图书馆做出创新服务决策的重要依据，这种数据信息具有很强的现实参考价值，图书馆管理人员在获得这些数据后，通过数据分析能够了解用户的多种信息，从而完善图书馆信息服务建设。

（二）借阅服务

传统借阅服务会使读者花费大量的时间和精力来查找自己感兴趣的图书，影响读者的借阅体验。而图书馆对于读者的阅读习惯及偏好缺乏了解，无法对读者的阅读习惯及偏好进行分析，以至于服务缺乏主动性及个性化。而在服务中应用大数据技术，图书馆工作人员根据读者大量的借阅数据，分析出该读者近段时间的借阅焦点，从而可以在馆藏资源中找出其焦点范围内的文献并主动推荐给读者，同时，将与该文献相关的资料，如书评、作者简介等内容一起推荐给读者，以节约其查找图书的时间，提升读者的借阅体验。

（三）读者咨询服务

传统读者咨询不仅受工作时间的限制，而且由于每过一段时间，咨询的重心会发生变化，因此，即使将一些常见的解决方案放在网站上，也可能会出现读者找不到自己需要的解决方案。但在服务中应用大数据技术，图书馆

工作人员就可以从读者近段时间所咨询的大量问题中找出共性多，且询问频率高的问题，从而找到近段时间的咨询焦点，制订出针对性的解决方案。这样，通过微信公众号中的自动应答功能，便能在咨询馆员的非工作时间找到相应的解决方案，来为读者提供服务。

（四）加强数字资源整合和宣传

随着数字资源的增加，科研人员对数字资源的了解和获取还存在着一定的障碍，进而影响了资源的利用率，造成资源和成本的浪费。以线上数据库“维普”为例，由于宣传不到位，统计结果表明，文献阅读量和下载量远低于知网、万方，直接影响了系统的采购和建设。因此，数字资源的宣传也是数字文献资源建设的重要部分。一方面，对现有资源进行宣传，通过讲座、培训等方式将资源推送到科研人员面前，向其介绍数字资源涵盖的学科、类型、收录情况和使用方式等；另一方面，将数据库作为长期项目来做，随时检查运行情况，及时补充和更新，使数字文献资源有序化、深层化、特色化，为科研人员提供一站式检索和获取、发现系统，提供更为便捷的使用体验。

（五）加强图书馆和读者双向互动

一方面，读者可以根据图书馆主页推出的服务项目进行个性化定制；另一方面，图书馆根据读者的定制需求，实时采集读者需求动态，确保服务系统可依据用户需求变化快速做出反应，为每位读者量体裁衣。为保证采集到低成本、高可用性的数据，图书馆应对个体读者进行全方位、不间断的全程数据跟踪。通过构建长期行为跟踪模型，达到真正全方位掌握读者阅读需求及动态变化趋势的目的，最终提高图书馆用户个性化服务的效率和读者阅读满意度。

（六）提高自身素质和馆员大数据能力

大数据背景下，图书管理人员的综合素质能力直接影响图书馆信息服务工作水平，也影响图书馆的现代化、智能化发展。一方面，图书馆要重视馆员创新能力、领悟能力和实践能力的提高，为馆员提供各种大数据专题培训，学习大数据分析方法，提高馆员的信息挖掘和分析能力；另一方面，馆员也应加强自身基础能力的训练，包括计算机技术、数据库知识、数据统计、数据检索等相关知识的学习，发挥特长，为用户提供更准确、更快捷的信息服务。

总之，图书馆必须与时俱进，落实国家的大数据战略，转变战略观念，创新服务模式，深度挖掘用户需求，为用户及时推送有价值的、精准的、个性化的信息服务。同时，注重馆员素质的提高，通过提高图书馆的信息服务水平，促进图书馆良好发展。

第八章　微媒体在图书馆信息服务中的应用研究

第一节　微媒体在图书馆信息服务中的应用动力

现代科技高速发展的当下，很多移动终端服务与网络传输技术都得到了更新，网络新媒体的兴起更是引发一系列潮流，其中以微信、微博最具代表性。它们作为信息从生产、获取到传播的新型自媒体业务平台，甚至已经遍布各行各业，社会活动的开展均以这些服务媒介为基础。在图书馆服务方面，微媒体在应用上更是打破以往的各种限制，为读者提供了更加优质、高效的服务，这种新方式、新媒介赋予了图书馆信息服务更多的魅力。

一、微媒体概述

（一）微媒体的定义

随着网络传输技术的进步和移动终端的不断更新与发展，以微博、微信为代表的网络新媒体迅速兴起和发展，不仅对人们的生活习惯、生活方式产生了深刻影响，更对工作内容、产业结构产生了巨大影响，成为各行各业、社会各界开展微服务的媒介基础。

微媒体是基于移动端的具有社交属性的新型媒体形式。其传播结构是由大量独立的网络发布点构成，并提供了基于用户网络社交关系进行的信息即时发布、分享、传播的网络平台。

（二）微媒体的特点

1. 传播主体的多元化与普泛化

微媒体时代，微媒体赋予每个用户以话语权，任何人都有机会参与到信息传播中来，打破了传统媒体信息单向传播的模式，信息传播者和信息传播受众之间的界限越来越模糊，也就是说，信息传播者和信息传播受众在短时间内迅速切换。用户借助微媒体这个平台，发布信息、传播信息，不断推动信息来源的开放化和信息传播的多向化。

随着传播主体的多元化，传播主体也呈现普泛化的趋势，改变了传统媒体信息传播中的传受关系，任何微媒体用户既是传播者又是受众。传播主体的多元化和普泛化，不仅凸显了网络民意的重要地位，也为网络意见领袖群体的诞生创造了条件。而这些网络意见领袖对于信息传播效果往往具有意想不到的巨大作用。有专家声称，微媒体发展到现在，传递的已经不是信息那么简单了，更重要的是传播思想，思想的传播可能会影响到整个社会的价值观。所以，微媒体传播主体的多元化和普泛化，不仅为我们提供了信息互动的良好平台，同时也加大了对网络舆情的关注和治理力度。

2. 传播内容的交互化与碎片化

传播内容的交互化是微媒体传播的核心特点。报纸、广播等传统媒体信息内容形式单一，微媒体的传播内容在形式上可以是文字、图片、音频、视频等，更加丰富多彩、形象生动，更加有效地满足用户的信息需求。电视等传统媒体虽然也有类似多媒体化的功能，但是与之相比，微媒体具有的互动功能更加强大，这些是传统媒体和微博、微信、微视频等微媒体在信息内容方面最大的差异。

新媒体时代，信息的碎片化特征明显。微媒体的产生与发展推动着人们步入碎片化信息时代。微媒体用户每天通过微博、微信等方式获取信息、关注资讯，却对信息缺乏深度理解和记忆。微媒体正逐渐改变着人们的阅读习惯，这对图书馆界运用微媒体进行信息服务来说既是一种机遇又是一种挑战。如何在海量的信息中，打造短小精悍、有价值、有营养的信息内容，提高信息服务质量和效率是图书馆员面对的重要任务之一。

3. 传播渠道的数字化和多元复合化

微媒体的产生和发展是先进的数字技术和通信技术、网络技术发展的产物。新技术大大拓展了微媒体的传播渠道，而微媒体对传统媒体的冲击也主要表现为传播渠道的冲击。微媒体传播渠道的数字化为用户提供了更加及时、便捷的信息，改变着用户获取信息的习惯，减弱了用户对传统媒体的依赖。但是，值得关注的是，传统媒体最核心的竞争力依旧是内容的专业性与深刻性。

传播渠道的多元复合化首先体现在平台或工具的多元化。微博、微信等以各自的优势和特点吸引着不同的受众，广大微媒体用户通过不同的平台获取各自所需的信息。跨媒介融合趋势也愈发显著，不同平台之间的信息传播并非割裂关系，而是相互融合、有所借鉴；传播渠道的多元复合化体现在传输设备的多元化方面：手机、平板电脑、笔记本电脑等设备为信息的无缝链接提供了媒介。传统媒体与微媒体优势互补、资源共享，为人们的生活带来了极大的便利，革新了人们的生活、生产、消费方式。

4. 受众的参与性和个性化

微媒体促使传播过程中传受关系发生变化，传受关系的变化改变了人们的话语方式、交流方式，由单向传播变为自由、多向、共享传播，受众的自主性和参与性得到了极大的提升。用户既可以根据自己的喜好订阅和接收消息，又可以自主控制信息的播放进度，对信息进行评论、转发等操作，相对于用户在传统媒体中的被动接受地位，微媒体赋予了用户更大的自主权，大大提高了用户的参与度。

传统媒体时代，受众通常情况下作为匿名的、不具有独特个性的广泛群体存在。而在微媒体传播活动中，受众则是具有独特个性和需求、爱好与习惯的个性化的个人或群体。微媒体可以根据受众的不同特点与需求提供精细化、个性化服务，有效提高了信息服务的精确性和有效性。

5. 传播效果的时效性和广泛性

微媒体极大加速了信息传播速度和效率，信息传播的时效性和广泛性大大增强。微媒体使用的无门槛性、操作简便快捷性，有效降低了信息传播的成本，提高了信息传播的速率。信息的快速传播，导致信息时效性的提高。在高速的信息网络中信息得以实现传播速度、广度的最大化，微媒体具有传统媒体难以企及的、强有力的传播效果。

（三）微媒体与微传播

微信息的快速传播、微媒体的广泛应用，标志着我们已步入微时代。所谓微时代，是以微信息、微社区、微媒体为主要信息处理方式的时代。微媒体的出现和使用，革新了信息的传播方式，微传播已渗透到人们生活的方方面面。本章所探讨的微传播是以微博、微信为主要传播媒介的信息传播方式。“微”是微传播的核心特点之一，主要体现为：第一，微内容（一句话、一张图片、一段小视频等各种碎片化信息）；第二，微操作（简单地点击鼠标、键盘输入就能完成信息发布、评论投票等功能）；第三，微介质（手机、ipad等方便、轻巧的传播渠道）；第四，微受众（相对于大众传播媒介的广泛受众群体，微传播的受众具有个性化、独立性特点）。微传播作为一种全新的传播方式，集合了自我传播、人际传播、组织传播、大众传播等传播形式的特点，相较于传统大众传播方式，具有更加精准、受众明确、内容碎片化等特点。

微传播在本质上是参与式传播的具体表现。参与式传播在理论上是相对于主导范式而言的。施拉姆在《大众传播媒介与社会发展》一书中指出：“传播事业的一个方面是新兴国家特别关心的，这就是有效地传播对经济和社会发展所能做出的贡献……在为国家服务时，大众传播媒介是社会变革的代言者。”施拉姆所倡导的大众传播模式进一步强化了自上而下、垂直、单向的传播特点，确定了国家在信息传播秩序中的主导性地位。而与主导范式不同的是，微传播这种参与式传播将传播看作参与者之间共享信息的过程，这种理论模式模糊了传者与受者的区别，更加强调社会网络中小众媒介和草根传播手段的运用。在参与式传播时，媒体可以选择的传播途径种类众多，传播的范围扩大，各个层次的民众都可以通过这一媒体，享受到媒体传播的信息和自己想要了解的内容，这已经超过了传统媒体可以实现的传播效果。

二、图书馆利用微媒体开展信息服务的动力

图书馆在目前的实践中积极地进行微服务的开展，这对于图书馆的发展而言有着重要的作用。从微服务的起步与发展来看，图书馆能做出如此改变，与其自身发展的动力因素密不可分。

（一）内源动力

1. 图书馆以读者为中心的服务宗旨和理念

图书馆的微服务开展，其以读者为中心的服务宗旨和理念是重要的内源动力。图书馆的成立，根本目的就是要推动社会知识的传播与发展，所以为读者服务是其根本宗旨和理念。在现代化社会的发展中，人们对于服务水平和质量的要求在不断地提高，对于图书馆也一样，所以，图书馆为了打造更高的服务水平，进而服务更加广泛的读者，在以读者为中心的宗旨和理念推动下，积极重视自身的完善性发展，由此开启了微服务的功能。其实，在社会发展的过程中，图书馆功能的自我更新和完善是一项重要内容，因为环境在改变，读者的需求也在改变，所以，图书馆要想实现自身价值的持续性提升就必须做出改变。就价值体现而言，图书馆的价值体现在为读者的服务方面，所以，图书馆为了践行自身的宗旨和理念，实现微服务的开启其实就是自我价值持续性提升的必要措施。

2. 服务价值驱动机制

图书馆开展微服务的另一个重要内源动力就是服务价值驱动机制的作用。图书馆作为社会公共服务体系中文化服务的重要承担者，扮演着重要的社会角色。就目前的社会发展而言，无论是公共服务还是私有化服务，利益是服务水平不断提高的原动力。图书馆具有公益性价值，所以，追求服务的最大化和最优化是其发展的利益所在和根本目标。在社会不断进步的基础

上，人们对于社会公共服务机构的服务质量和要求在不断地提高，而图书馆为了满足社会发展的需要，必须进行自我功能的完善与服务水平的优化，这是其作为服务机构存在的根本价值。

（二）外源动力

图书馆开展微服务不仅是自身发展的需要，外界因素对其的作用也不容忽视，所以，要分析图书馆开展微服务的动力机制，外源动力需要进行重点探讨，下面从三个方面进行分析和概括。

1. 新技术的推动

新技术对于图书馆开展微服务有着重要的推动作用。在过去，技术更新的速度相对较慢，新技术在图书馆服务方面的应用也比较少，所以，图书馆的服务一直遵循着传统的模式。但是在目前的社会，各种各样的新技术在社会中产生了巨大的应用价值，图书馆为了自身的发展也积极引进了这些技术，所以，其服务模式开始向多样化发展，服务范围也有了进一步的扩大，服务水平的也有了较大的提高。

就目前的图书馆微服务而言，主要借助的新技术是网络技术和信息技术。首先，信息技术的应用丰富了图书馆的资料获取途径，所以，图书馆的资料全面性显著提升。另外，在信息技术的利用下，信息资料的电子化获得较快的发展，这就为图书馆开展微服务提供了良好的资源基础。其次，网络技术的应用使得信息资源的远程传输成为可能，所以说，图书馆通过信息资料的远程管理和控制，微服务的水平会显著提高。简而言之，就是在信息技术和网络技术充分利用的情况下，图书馆的微服务基本条件愈发成熟。

2. 读者需求变化的刺激

读者需求的变化刺激也是图书馆微服务发展的主要外源动力之一。图书馆的根本目的就是要为读者提供相关服务，从而实现知识传播和推广，因此，图书馆的发展需要以读者的需求为目标。近年来，随着多媒体移动设备的迅速发展，人们的阅读习惯也在悄悄地改变。对于现代人来说，快速阅读已经成为常态，更多的人在阅读的时候会优先选择电子书籍。在人们阅读选择发生变化的情况下，图书馆为了更好地满足读者的需求，必须建立相应的服务机制，所以微服务便产生了。

随着现代化社会的发展，人们面对的工作压力和生活压力越来越大，在压力逐渐加大的情况下，人们走进图书馆进行阅读的条件在一步步减少。因为时间压缩严重，所以，更多的人不得不选择电子阅读这种快捷的方式。就目前的现代化都市而言，图书馆的藏书越来越丰富，但是借阅的人却十分有限，反而是电子书库的光顾者更多。面对这样的现状，图书馆的服务不得不针对读者的需求进行改变，这也使得图书馆微服务具备了更强的发展动力。

3. 政策的鼓励和支持

政策的鼓励和支持也是图书馆微服务发展的外源动力之一。政府之所以对图书馆进行政策鼓励，主要是因为图书馆建设作为精神文明建设的一个重要组成部分，是一种文化空间建设、信息资源建设，享有政策倾斜，而政府鼓励这样的文化建设。目前，我国正在大力发展文化产业，目的就是要为我国的文化发展营造良好的氛围，而图书馆具备文化传播和推广的重要价值，通过图书馆服务能力的提高和服务广泛性的扩展，整个社会的文化建设会向更好的方向发展，社会精神文明建设的速度会显著提高，建设质量也会有质的改变。

为了更好鼓励图书馆的服务发展，政府对图书馆进行了一系列的鼓励，主要措施包括三方面：一是资源支持。政府通过公共资源的调整，对图书馆的资源获得进行提高，在政府资源的帮助下，图书馆的建设氛围和条件有了显著的改观。二是人员支持。在人员支持的过程中，微服务人员的理论水平与实践水平有了明显的提高，对于微服务开展过程中的问题认识和解决也更加彻底。简而言之，就是政策的鼓励和扶持使得图书馆微服务发展的难题有了更彻底的解决方法，所以，微服务的发展才更加迅速。三是技术支持。通过政府技术人员的介入，图书馆微服务的技术难关被攻克，整个服务系统的优化程度得到了明显的提高，微服务的效果也显著增强。

三、图书馆开展微服务的动力机制模型

图书馆微服务的发展是在内源动力和外源动力的双重作用下产生的，而图书馆本身微服务的开展，又会促进其服务水平及社会价值的提高。简言之，在内源动力和外源动力的共同作用下，图书馆的微服务发生并发展，而这种服务水平的进一步完善，使得图书馆本身的服务水平与能力，以及社会价值都有了显著的提高。图5–1–1表示的就是图书馆开展微服务的动力机制模型：

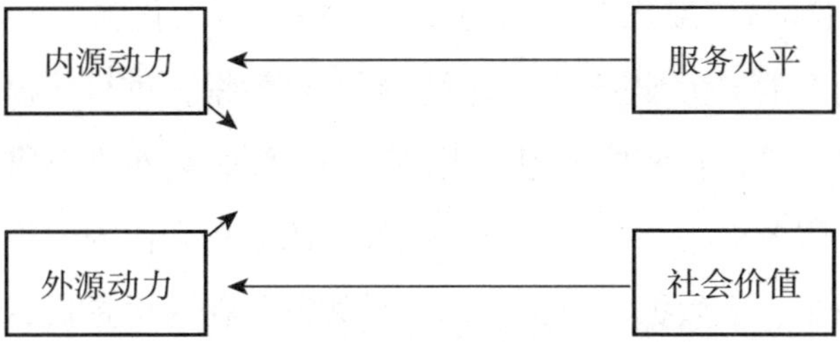

图5–1–1　图书馆开展微服务的动力机制模型

从上图的基本模型可以看到，内源动力和外源动力促进了图书馆微服务的产生和发展，而图书馆微服务的功能开启，有效提高了其服务水平和社会价值。得益于服务水平的提高，图书馆发展的内源动力更加充足，而在社会价值不断突显的基础上，社会对于图书馆就有了更为广泛的肯定，所以，其发展的外源动力也会显著加强。简单来讲，图书馆发展的动力模型机制就是一个完整的良性循环模式。

第二节　微媒体在图书馆信息服务中应用的优化策略

由于微媒体和图书馆微服务尚属新兴事物，处于不断的发展变化之中，图书馆微服务在平台联动、读者调查、团队建设等方面还存在着不足，因此，图书馆应有针对性地完善微媒体服务，进一步提高图书馆的服务效率和

服务质量。

一、“双微”联动，推进个性化信息服务

如何把微博的强传播性和微信的强关系性有机地联系起来，充分发挥二者的平台优势是图书馆在今后工作中努力完善的重点。“双微”联动不仅表现为单个图书馆机构的微博、微信平台之间的联系，也表现为不同图书馆之间的线上互动和线下交流。在微媒体运营方面，图书馆应针对不同微媒体平台的不同特点，进行有重点、有计划的信息推送和发布。

那么，怎样将“双微”联动的效果发挥到最大化呢？一方面，要关注所有微媒体用户的“大数据”，通过抓取后台数据，进行数据统计和分析，发现数据间的联系，在整体上把握用户行为习惯，公布书籍借阅排行榜，开展好书推荐等服务；另一方面，要关注微媒体用户个体的“小数据”。“小数据”是相对于“大数据”而言的，“小数据”在这里是指，微媒体用户个人在使用图书馆微媒体时产生的数据和痕迹。图书馆通过搜集和整理用户的“小数据”，可以更加了解读者的偏好，挖掘用户潜在的信息需求。例如，四川大学图书馆推出的“阅读对账单”活动，通过整理用户的借阅数据，为用户提供更加精准、更加人性化的个性化服务，深受好评。

二、加强内容建设，增添实用功能

在个性化服务成为大势所趋的背景下，微媒体无疑为图书馆提供个性化服务提供了新平台、新渠道。增添实用功能，对用户来说就是增加一些符合自身个性化需求的服务功能，如借还书提醒服务、基于读者借阅偏好的好书推荐功能等。此外，还可以利用微博、微信的社交性质，为用户提供社交分享的平台，如开辟留言墙等。尤其要利用微信公众平台的服务号优势，积极拓展API接口，不断丰富服务板块，并对服务板块进行集成和优化，方便用户操作和利用。

在具体的运营实践中，以图书馆微信公众平台为例，更应注重内容建

设。在发布信息的策略中，标题是手段，内容是关键。借鉴企业公众号营销经验，标题的吸引力决定了有多少读者点开推文链接，而信息内容的有用性、原创性和趣味性则决定了读者是否会进行“点赞”“转发”等行为。因此，图书馆微媒体运营应始终把内容建设放在首位，及时发布契合读者需求的内容，提高读者使用率和满意度。

三、积极开展读者调查，建立长效反馈机制

网络环境下，图书馆读者调查的方式更加多元化。图书馆对微媒体的应用更是拓展了读者调查的渠道和方式。在微媒体运用到图书馆信息服务之前，图书馆读者调查工作主要依赖于Web站点问卷链接或e-mail问卷发放形式，调查周期较长、准确度也受限。而现在借助微媒体，图书馆可以更加方便、快捷地进行读者调查，问卷发放更加精准、回收及时、数据统计更加方便。毫无疑问，微媒体是图书馆主动开展读者调查工作的一个重要突破口和新鲜阵地，丰富和拓展了图书馆读者调查工作的形式。

需要注意的是，图书馆应把握不同调查方式的不同特点，综合考量、细致对比其不同的适用范围，在调查方式的选择上遵循方法与目的相统一的原则。此外，还要不断开辟和尝试新的、有效的调查方式，如开辟微信留言墙、开通微博投票功能，及时整理数据、微博私信、微信留言，针对读者所提问题认真反馈，建立长效反馈机制，切实提高用户满意度。

四、加强微媒体运营队伍建设

针对图书馆利用微媒体开展服务中存在的专业人才缺乏、技能培训不足等现象，图书馆应着重加强微媒体运营队伍建设和管理，主要从以下几个方面进行完善：

第一，图书馆管理者应在思想上与时俱进，重视微媒体服务的开展和完善。虽然我国图书馆微媒体服务的开展已是大势所趋，但是仍有部分图书馆尚未开通微媒体服务账号，或者开通之后处于闲置状态，并没有发挥微媒体

应有的作用。因此，图书馆微媒体运营对专业运营人员的需求和吸引力都不足。图书馆的宗旨是服务，那么，就需要根据用户的实际需求和行为习惯竭尽全力提供服务，而在当今移动互联网时代，微媒体无疑就是图书馆拓展服务范围、提升用户体验的不二选择。

第二，加强技能培训。图书馆应积极学习和借鉴企业关于微媒体运营和营销培训的经验，加强技能培训。同时，更加关注同行图书馆在微媒体服务实践方面的成功案例，将理论知识和实际工作结合起来，打造优质微媒体服务平台。

第三，注重团队架构设计。一支高效的微媒体运营团队依赖于多种专业技术人才的通力合作，如文案、美工、客服等。在此基础上，还需要团队架构的合理设置。扁平化的团队架构更适合图书馆微媒体运营，内容策划、平面设计、技术开发等部门分工协作，整合资源，服务读者。此外，将量化考评工作细致化、常态化，将会为图书馆微媒体服务起到激励作用，保障图书馆微媒体运营的长远发展。

五、重视微媒体绩效评价，建立常态化指标和机制

对图书馆微媒体绩效的评价，就是为微媒体运营树立一面镜子，总结经验，汲取教训。微媒体的影响力是反映图书馆微媒体服务绩效的一个重要方面，绩效评价可以在参考图书馆微媒体影响力的基础上进行。然而，直到目前为止，虽然图书馆学界对图书馆微媒体影响力进行了尝试性的评价，但尚未形成固化的评价指标和评价方法。有将指数引入微媒体影响力评价的，有自己根据实践经验设立指标进行评价的，但目前为止，较为常见的、得到较多认可和广泛关注的是清博数据平台提供的微博传播指数和微信传播指数，图书馆应在关注这些较为可靠的微媒体影响力指标的基础之上，结合自身情况，进行自我评价，以发现微媒体运营中存在的不足或需要改进之处。此外，还应利用好微媒体评价平台，积极关注同行图书馆，向有影响力的图书馆学习运营方法，提高服务能力。

第九章　云计算在数字图书馆信息服务中的应用研究

第一节　云计算在数字图书馆信息服务中的应用分析

自20世纪90年代以来，随着互联网技术和信息资源网络化的迅猛发展，以及知识经济的兴盛，读者对图书馆的需求也在发生着翻天覆地的变化，传统的以提供纸本资源为主的信息服务模式已经不能完全满足读者的需求，数字化的非纸质信息资源会逐渐取代传统的、以文献为载体的文献型信息资源。近几年云计算技术的盛行，为图书馆的发展带来了机遇，促进了图书馆信息服务的拓展和创新。

一、云计算概述

（一）云计算的概念

“云”其实是一种比喻的说法，来源于量子物理中的电子云，说明了云计算是一个无所不在、可以无限扩展的计算模式。云计算是一种基于互联网的商业计算模型，通过互联网可以获得动态、海量、虚拟化的资源。云计算是网格计算、分布式计算、并行计算、效用计算、网络存储、虚拟化、负载均衡等传统计算机技术和网络技术进一步发展与形成的商业产物。云计算的基本原理是：使庞大的计算任务分布在大量分布式计算机构成的资源池上，而不再需要个人计算机、手机等终端设备承担程序运行的重任，只需通过终端连接到网络，用户就像使用网络浏览器一样方便、简单地获得所需服务。这就可以根据用户的需求将资源切换到需要的应用上，再进一步访问存储系统和计算机。打个简单的比方：这就好比是从古老的单台发电机模式转向了电厂集中供电的模式，所以，云计算通过互联网进行传输的这种计算能力可以像煤气、水电一样作为一种商品进行流通，按需使用，按使用量计费，费用低廉。云计算对计算机的软硬件要求不高，在云计算时代，我们可以用笔记本、手机等终端设备通过互联网来实现我们需要的一切服务。利用云计算的超级计算能力把力量联合起来，供需要它的用户使用，最终用户才是云计算的真正拥有者。

（二）云计算的特征

1. 超大规模

“云”是由计算机集群组成的，这也就决定了它具有无可比拟的规模特点，如谷歌的云计算平台具有上百万台的服务器，而亚马逊、雅虎、微软、IMB都有十万台以上的服务器，“云”就像现实生活天空中的云一样，遍布地球，并且规模极其庞大。

2. 虚拟化

“云”通过互联网链接用户，用户无须去特别的位置获取所需要的资源，只要使用自我的移动终端就可以获取所需求的信息。实际上，用户在发出信息需求的同时，并不知道云的实际位置，而云的实际位置也是不确定的，它可能在某一任意计算机中处理用户信息，用户只需要通过终端链接就可以完成自己想要的一切，这一过程具有很强的虚拟性。

3. 高可靠性

“云”提供的服务是由计算机集群所完成的，在单一或者多个计算机出现问题的时候，其他云端的计算机会及时响应，并完成用户需求，这种高容错率和高效率的服务模式相比传统计算服务可靠性更强。

4. 通用性和扩展性

“云”计算提供的应用服务并不是单一的，云之间相互交替，互换共享应用，用户在检索信息资源的时候不会出现传统的检索问题，如获取不同应用时需要切换检索界面等。“云”实现的一站式检索大大地满足了用户的信息需求，同时也降低了服务器的负荷。

5. 按需服务与廉价

“云”计算是一个按需获取的计算模式，用户可以量入为出，就像普通的商品购买一样，用户对计算有什么样的需求就付什么样的费用，其费用高低只跟你使用时间长短有关，并且，由于云计算的自动化特点，云计算供应商无须对“云”过多的管理与维护，这也为供应商节约了成本，无形中就降低了用户的使用费用，使得云计算具有廉价的特点。

二、云计算应用于数字图书馆信息服务中的必要性

从本质上说，数字图书馆其实就是一种信息资源的集合体，它作为信息化时代下的产物有着无可比拟的优势。比如，信息存储占用空间小，存有量大；多个用户可以同一时间应用同一资源；信息传递速度快，检索内容便捷等。但是随着网络的不断发展，庞大的用户与信息合集的涌入，传统的技术已然无法适应现代用户的需求，云计算应用于数字图书馆信息服务中成为一种必然趋势。

（一）避免信息资源存储技术不足的必要性

目前，对于数字图书馆而言，最为突出的问题就是信息资源存储问题。数字图书馆在实际操作方面的技术还需要不断地去完善。比如，跨数据库查询和搜索、多种语言的信息搜索及数字图书馆的应用软件等，都有待去不断完善和补充。伴随数字图书馆存储资源的不断增多，其数据储存和管理方面的能力还不是太强，这就无法跟上数字图书馆发展的步伐。在此背景下，云计算技术的出现，成为弥补数字图书馆信息资源存储问题的相应手段。它可以很好地契合数字图书馆资源存储问题，恰到好处地解决这一难题。

（二）避免信息资源重复建设的必要性

数字图书馆进行信息服务主要就是以互联网的平台操作为基础，所以，

纸质版的资源无法借助数字图书馆进行查重。除此之外，数字图书馆还忽略了数字资源的普及情况，没有与其他图书馆进行沟通就进行数字资源的大量引进，将数量作为数字图书馆的优势，而忽视了数字资源的重复与浪费。加上很多图书馆中的信息资源上，纸质的和数字的存在一定的对立性，在构建数字图书馆的过程中没有从本馆数字资源的实际角度出发，出现了人力、财务等方面的浪费，造成信息资源重复建设的不良问题。但是引入云计算技术就可以很好地解决这一问题，由于“云”的特性决定了各个图书馆之间可以很好地沟通数字资源问题，达到资源目录相互比对的效果，各个图书馆可以优势互补，相互传递资源，不仅能节约人力、财力，还能加强馆际联系，很大程度上避免了资源重复建设，所以，应用云计算于数字图书馆信息服务是很有必要的。

（三）避免无法满足信息需求、资源共享的必要性

数字图书馆为了提高数字资源及系统的安全性，对于服务器的终端接口数量及响应规模有着一定的要求，这无形中就会制约终端用户的访问。[①]加上数字图书馆的部分信息资源只可以在形同的数据接口进行衔接，这就导致不同规模和类型的数字图书馆想要实现信息资源的共享成了空想，也大大地降低了数字图书馆信息服务的水平。云计算技术能够弥补数字图书馆这一不足。第一，云计算本身具备非常强大的存储功能，它可以解决数字图书馆存储技术方面的相关问题，同时也能够节约数字图书馆的存储成本；第二，云计算功能可以将一站式检索界面和分布式的存储数据库有效结合，以此来实现数字图书馆的数据资源整合；第三，云计算的功能还为数字图书馆提供了多样化、个性化的服务，能够大大提高数字图书馆的信息服务水平。综上所述，云计算对于数字图书馆信息服务的构建有着极为关键的促进作用，数字图书馆有必要合理运用云计算为用户服务。

① 张小芳，祝新艳．云计算技术及其在数字图书馆中的应用 [J]. 河南图书馆学刊，2011（03）：148-150.

第二节　基于云计算的数字图书馆信息服务优化策略

信息技术的革新带动图书馆管理模式和数据平台的进步，对图书馆的日常运作产生很大的影响。云计算技术能够从各个方面给图书馆的运作带来改变，同时，技术支持又能够解决图书馆日常工作和数据处理等方面面临的问题。我们可以预见，随着云计算的普及和信息技术的不断进步，会有越来越多的图书馆开始用云计算取代以往落后的设备，提高数字图书馆信息服务质量。具体优化策略如下：

一、削减建设成本，提升用户体验

对于数字图书馆而言，应该将更多的精力投入云计算技术的进步上，紧跟数字时代的浪潮，并对这种技术有适当的接触，通过学习和比对，选出最适合自身发展的云计算技术，并与数字图书馆的日常建设相结合，如管理体系设立或者是基础设施建设。首先在资金投入上一定要合理分配，盲目增强计算机等硬件设备的投入是不能直截了当地提高数字图书馆信息服务能力的，没有合适的软件做支撑，即便再先进的设备也无用武之地。数字图书馆应当因地制宜，加强馆内环境改善建设，诸如基础设施的更新与换代，服务人员素质的提高，同时将更多的资金花在云计算的引入上来，培训一大批先进的馆内人才，通过他们发展数字图书馆云计算技术，为用户提供更好的信息资源服务。但这只是针对单一数字图书馆，毕竟单个数字图书馆能力有限，如何有效规划投入成本都无法完美解决当下信息资源飞速增长的问题，数字图书馆建设还是离不开馆间的互相帮助。

（一）加强馆际联合，资源共享

我们都知道，云图书馆有大、中、小不同的类别，小型的云图书馆基本能满足本馆读者需求而专门设立对应的服务器集群；中型的云图书馆服务于本地或小区域范围的资源共享内容，由若干小型类别的云图书馆组合而成；而大型的云图书馆具有整合功能大、范围远的特征，由若干高端的服务器集群而成。总的来说，云图书馆的不同类别馆可以多元、全面地提供各种服务项目，完全可以进行跨地域信息储备和记录，同时也可以把资源对集群中的分馆成员进行共享。如果我们将大、中、小型云数字图书馆整合，进行资源分享，可以很大程度地避免信息冗余和重复建设问题，小型图书馆因此可以节约一大批资源购买资金，在存储设备上也可以不必进行多余的买入，三种图书馆的资源覆盖率都会得到提高，其辐射的地区消费者也会得到更广泛挖掘，这不仅可以大大节约建设成本，更能为图书馆共建共享文献信息资源提供统一平台。

（二）加强数字图书馆信息可用性

在互联网的范围内自由对信息资源进行组合和传输，并满足使用者的信息需求，这将会产生更多潜在的消费群体，越来越多的群体会因为数字图书馆的可用性强而乐于使用数字图书馆。

1. 受众面广大和全方位

使用数字化图书馆的受众面比较广，使用对象来自不同行业和不同群体。这比现实中的传统图书馆，在面对面、单一受众上范围更大。在服务内容上更加丰富和便捷。特别是利用了云计算在进行数字化图书馆的享受过程中，可以快速检索到使用者的相关身份信息，节约了时间成本。另外，只需安装与之对应的服务APP或下载系统配套的搜索引擎，便可满足不同使用群体的个性化需求。

2. 信息资源选择多

传统图书馆和传统的数字图书馆自身在服务过程中会受到来自时间和空间上不同程度的制约。许多纸质的书籍文献需要到图书馆才能借阅。一些数字图书网站的创立，操作方式的固定化，使用对象的电子资源需要通过指定的电子图书馆下载后才能共享，极大增加了系统的内存容量和时间成本。云时代的数字图书馆信息服务功能全，资源选择多。网络服务是主要的消费渠道，只要安装了云服务集群配置和配套的APP，无须对任何的信息资源数据进行解压和分解，就可以自动保存使用对象所需的数据资源和文本信息，高效性和及时性尤为凸显。

3. 使用目的多样化

传统图书馆的受众群一般是专业化的学习人士或是流动的个体用户，相比而言，生活中的受众群体不大，无法满足用户多样化的需求服务。而数字图书馆利用互联网进行资源收集和分享，使用的目的呈现多样化趋势，人们可以在线学习和培训、寻找同城娱乐伙伴、自由了解时政热点、下载各种功能软件，等等。信息来源多元化也能促进科学研究自动化。可以说，在满足个体化需求和使用目的多样化选择上，数字图书馆可以根据自身优势，对资源合理配置和分类，为使用者带来更多的惊喜和收获。

二、加强信息资源整合与共享，提供全面化信息服务内容

对于数字图书馆的未来发展趋势而言，通过整合信息资源，降低基础设施的构建难度，简化管理程序，提高运作管理的效率，削减运作成本是数字图书馆的核心任务，以此战略目标为导向建立合适的发展方针，能够确保数字图书馆在未来的建设中更好地应对运作风险，并谋求更长远的发展。[①]云计算技术和数据库技术的支持，能够对数字图书馆大量离散的信息资源进行整合，并储存在相应的虚拟服务器中，便于用户的共享和使用。而在信息整合的过程中，又能够加快数据的相互传递和业务之间的交叉运作，形成规范化的数据体系，借此完善图书馆的信息平台，提高信息服务的质量。同时能够更好地整合网络资源，并对相应的数据及时处理，极大地提高了数据中

① 王长全，艾雰．云计算环境下的数字图书馆信息资源整合与服务模式创新[J]. 图书馆工作与研究，2011（01）：48–51.

心的工作效率。数字图书馆在完善基本构架的过程中，会逐渐建立起一个规范的信息平台用于信息的共享和使用，将图书馆的信息服务与资源共享紧密结合在一起，实现一个大规模资源合并，并借助云计算技术传递这些资源集合，使用户能享受最完善的信息服务体系。

首先，打造全面的信息需求。时代在发展，使用对象对于信息的需求也不断扩大。互联网可以促进信息传递的快捷性，从而激发不同层次的消费群体对于潜在的信息的挖掘，因此，使用对象对数字图书馆的使用和期待呈现了不断增长的态势。网络世界信息繁杂和庞大的数据库对不同领域的信息需求量更多，这就需要打造全面化的信息服务系统，及时跟踪个体的信息服务动态和回馈，保证信息资源的最大化传递和分享。

其次，“云”提供丰富多样的信息内容。固定的、专业化的学术信息研究和理论知识难以适应使用对象对于多元内容的需要。在社会信息化日益发展的现今，使用对象对于综合性信息的挖掘更为深入。例如，系统的思维知识架构、丰富的文体素养、高端的生活品质等精细化的内容追求，对于信息载体除了要沿用传统的图文印刷文献和实物呈现，更需要植入具有直观性和整体性的多媒体信息，生动而便于理解。

再次，数字图书馆信息资源的定位提高。互联网的信息储存容量大、范围广、内容多，因此，难以满足个性化的用户对象对信息的快速浏览和具体检索的需要。数字图书馆可以说是个专业的信息服务软件，可以根据用户的具体需求进行针对性的搜索和整理，筛选掉无用的原始信息，进行自动化的再加工，最后将信息类型合并，综合集成并完美呈现，极大地促进了图书馆对于信息资源的有效定位。

最后，有助于附加信息产业的建设。在云计算时代，信息流动性大，具有独立性。它可以有效整合相关的生产要素进行完善和调整。信息化时代可以提高信息资源的利用率，从而减小产品在生产上和材料上的经济成本投入，从而增加资源的附加值。换句话说，在某种程度上网络信息资源优于商品的生产资源。整体而言，使用对象利用数字图书馆对信息获取的目的不仅是完成简单、基本的查阅和检索，更多的是辐射到其他领域的系列信息，也就是说，是借助数字图书馆平台来提供其他信息产业的知识，因此，云图书馆的信息服务不仅能够作用于其自身，也是整个社会信息产业的有效助力者。

三、构建新的用户与系统交互界面，满足用户个性化需求

传统数字图书馆的用户与系统交互界面非常陈旧与老套，只有基本的信息检索功能。在信息社会高度发展的今天，用户的需求更加多样化，沿用落后的界面只会让数字图书馆流失更多用户，也会让它被现今纷繁多样的网络检索系统淘汰，因此，设计一个新型的用户与系统交互界面具有很强的现实意义。

（一）基于云计算的数字图书信息服务系统设计

根据前面所提到的数字图书馆信息服务基本模式与云计算的基本模式，我们知道，要构建一个基于云计算的数字图书馆信息服务用户界面，其最基本的是要满足用户检索需求，用户个人信息保存需求，用户个性化需求，与其相辅相成的、有基本的数据库系统和数字图书馆管理系统，那么，用户系统—管理系统—数据库系统，是组成数字图书馆信息服务的整体三大内容，用来平衡使用对象和后台操作管理人员利用数据库系统信息资源进行资源计算转换和资源共享。用户系统中每个独立运行的模块内容之间是相互作用、相互补充的，能够更好地进行资源的优化配置和空间的合理开发。构成用户系统功能的五大模块分别包括：基本信息资料管理与维护、个性化需求的专门定制、资源信息的浏览与查阅、文件信息的储存文档、信息回馈箱的设置。其他系统也能辅助信息服务系统的正常运行。下面只介绍用户系统主要结构的功能内容：

1. 基本信息资料的管理和维护

通过绘制表格将使用对象的基本信息进行储存，如登录名、真实名、生日、学历水平、职业等简单信息的登记，主要目的是建立使用对象与服务系

统之间建构平等对接平台。为了保证初次使用对象所填写信息的安全性，会签订具有法律效力的个人隐私权协议。使用对象可以根据自己的需要自主选择信息的更改与管理。系统也会同步及时更新数据和动态，从而保证个性化信息服务系统的高效服务。

2. 个性化信息需求的专门定制

每个使用对象都拥有常规的服务功能，针对不同层次的消费群体系统会自动生成满足使用对象的特殊需求和具有专门的个性化服务选择。使用云平台进行个性化服务系统的组建，可以最大限度地促成系统运算资源的高效利用。个性化需求的专门定制主要有两大内容：一个是使用定制。指的是使用对象可以自由组合图文、调节明暗光度、多变的布局排列等；另一个是服务定制。指的是个性化服务主题和内容的定制。系统会将数据字码进行整合、归类，满足不同阶段的使用对象的服务资源呈现。可以按照不同的数据资源和服务内容进行标准化分类，用户可以自由地根据这些功能选择心仪的选项整合搭配并形成菜单定制。另外，使用对象可以结合自身的实际情况来调整或建立特色风格的菜单模式，这种个性化功能服务的定制适用于学生群体、办公人群，甚至生活中的每个人。

3. 资源信息的浏览与查阅

使用对象除了可以根据数据检索方式对馆藏文献资料进行查阅，还可以利用数字资源进行自动化的浏览和信息筛选。系统可以根据使用对象的描述进行个性化数据模型对接，筛选出针对性的内容信息。这些资源的全面划分和有序呈现可以同时满足不同群体，一旦使用对象无法匹配出对应的信息，可以结合高级的其他云端再次查阅需求的资源信息，内容辐射面将会更广。

4. 文件夹的储存和保存

为了方便使用对象对信息资源的有效管理，特设了文件夹的收藏功能，可以把自己检索到的相关文章、链接复制和常见的检索项进行整理和储存。其中最大的特色就是建立文档空间，使用对象可以进行在线编辑文档，对获取到的各种信息资源及时再次精加工。只要登录更换终端和具体定位就可以便捷进行文档修改和润色。

5. 信息回馈箱的设置

这是服务系统为了方便对使用对象的管理而设置的服务功能，主要是以邮件收发的方式来定期提醒个性化专门定制的详细进展情况，同时，管家也会在邮箱中针对使用对象遇到的不同主题内容或特殊情况进行答疑和回复。所有的信息回馈都有存档记录。可以说，系统为使用对象和管家提供了平等的交流平台，可以根据具体问题来改善功能配置，甚至还可以申请在菜单添加新内容。使用的数字资源信息及时反馈可以保证系统与用户的良好互动，更能满足用户信息需求。

（二）用户系统主动推送的服务模式

用户不仅可以自主地发出信息需求，系统本身也可以主动进行信息推送。其作用主要是为了增强系统与用户的交互性，使用户在使用过程中能够更直观地感受系统的服务作用，而不是自己在做单一的信息诉求，这能更好地提升用户对服务的满意度。用户系统主动推送模式包括以下四方面内容：

一是登录注册并提交信息。包括基本的使用对象信息填写和需要个性化定制的主题、内容、推送时长等。

二是“云”中的“推送服务代理”。服务系统会自动筛选与之匹配的各种数据特征对应的信息，分析使用对象的心理需求并录入自己的数据库中，方便下次继续记录并比较。

三是本“云”和其他“云”的合作。由于主动推送的内容需求更加精细和完善，系统在本“云”中找不到符合的信息就会辐射到其他云端进行匹配，并相互记录方便下次推送。

四是智能化回馈。使用对象一旦登录到“云”，系统就可以在用户信箱中收到系统主动推送的信息内容，其是根据用户的检索习惯与长期需求甄选出的精准信息，能够对应用户的需求。

四、数字图书馆信息安全存储推进手段

对于数字图书馆的发展而言，信息安全是无法避开的一个话题，它同样也备受用户的关注。云计算技术让用户可以将数据信息存储于云端数据库中，以便进行随时的共享，这就很好地规避了传统数字图书馆硬盘损毁所带来的数据风险，但是由于网络的不确定性和风险性，往往当服务器产生问题时，云服务商自身出现严重安全问题时，用户信息就会发生外泄，信息的安全性得不到最基本的保障。而一旦一些重要的个人数据或者信息在网络平台中被人窃取或者发生缺失，对于数字图书馆的发展会带来极大的负面影响。由此我们可以看出，云计算技术虽然便捷、高效，但是归根到底安全性仍然需要被放在首位，这是推进数字图书馆必不可少的要素。

（一）建立云安全平台

数字图书馆其实就是云服务的一个中间商，所以，我们可以联合众多数字图书馆成立一个数字图书馆云联盟，通过联盟进行信息传递，同时公开信息服务，实现业务的透明化。但是网络体系存在太多的不确定性和风险性，因而，联盟平台的建立需要依托安全管理的支持。可以通过本地服务平台或者安全产品，为数据平台建立一套合规、合法、合适的信息防护屏障，保障用户在使用的过程中，不发生信息外泄或是缺漏的情况。同时，借助这种安全预防技术，用户不需要浪费时间在电脑上保存病毒库信息，仅仅需要通过进入云计算数据平台，借助其中的信息处理技术，在很短的时间内就可以判断文件的安全性，这种技术不需要高配置的计算机作为基础，可以削减硬件成本，同时与网络安全软件共同使用又能够起到很好的防护作用，抵御网络风险，保障客户信息安全，让客户安心地使用数字图书馆的云服务。

（二）制定完善的资源保障体系

对于以云计算为核心的数字图书馆进行架构建设的时候，有关部门需要从很多方面实现运作的统一，在明确信息共享权限的同时，保障图书馆体系运作的高效，其中针对数据中心可使用的资源、信息使用权限、使用有效期

限，甚至是用户身份认证等方面，都需要制定统一的服务标准进行规范，避免用户在使用过程中因为信息分配不均而产生的纠纷。数字图书馆的建设一方面离不开云计算的技术支持，另一方面也离不开安全管理的保障，因此，有关部门在完善服务模式的过程中，要同时考虑技术层面和安全层面的问题。云计算的技术基础是数据库平台，用户的信息和相关数据资源都会被存储在数据库中，便于资源的分配和共享。建立数据库的好处在于，监管者能够更快捷地进行监督和审核，避免了对分散资源监察所可能产生的缺漏。用户需要凭借身份认证进入信息平台。但是这种方式仍然不能完全保障数据库的安全，有关部门需要建立一个更完善的认证系统，一方面要以最快的速度识别客户身份，同时降低可能的识别错误率；另一方面要从根本上保障信息的安全，加强数据库安全建设，让用户更加安心，避免数据的缺失和外泄。这是对用户信息安全的保障，也可以保护用户的信息权及数据所有权。

结束语

随着新时代经济社会高质量发展，人民群众在物质层面需求基本满足的基础上，更加注重对于知识的获取，阅读成为一种新风尚，全民阅读时代已经到来。在全民阅读时代，图书馆应从自身优势出发，对图书馆的阅读推广和信息服务工作进行改革和创新，全面提高图书馆综合服务能力，维护图书馆在信息时代的持续、稳定发展。

首先，以人为本，塑造现代图书馆服务的新理念。“以人为本”是现代图书馆建设和发展的基本价值取向和根本要求，是图书馆本质属性的体现。图书馆必须认识到进行阅读推广和信息服务的重要性，将读者放在首要的位置，真正地了解读者的需要，提高读者对于图书馆阅读推广和信息服务的满意度。

其次，图书馆要与时俱进，创新服务模式。图书馆工作的根本任务是促进阅读推广，公共图书馆应充分发挥阅读共享空间在空间、资源及服务方面的优势，积极探索阅读推广服务中的有效实践形式，因势利导开展形式多样、特色突出的阅读推广活动，强化信息服务平台建设，助力全民阅读持续深入开展。

再次，图书馆开展阅读推广和信息服务工作，应将提高自身能力建设作为基础和根本出发点，不单是图书馆的管理与服务能力提高，同时也需要图书馆工作人员的综合素养和专业技术能力不断提高，以便更好地适应新时代图书馆功能定位和阅读推广、信息服务工作的需要。

最后，随着信息技术的不断发展，大众在阅读内容、阅读方式、信息获取等方面的习惯都在悄然发生改变，这就要求图书馆工作努力适应信息时代的要求，从阅读者的阅读习惯出发，提高图书馆信息化建设的速度与质量，将传统纸介图书阅读与电子图书阅读、大数据文献查阅相结合，积极利用新媒体这一新型的信息传播形式，更好地开展阅读推广与信息服务工作。

总而言之，在全民阅读时代，随着信息技术的发展，图书馆既面临严峻的挑战，同时也有较大的机遇。从图书馆生存和发展的角度，必须做好阅读推广和信息服务工作。在新环境下，图书馆的阅读推广与信息服务工作和以往存在明显的差别，阅读需求、阅读方式、阅读载体及信息来源、信息载体、传播途径等都发生了较大的变化，在新的环境下，图书馆必须抓住机遇做好阅读推广和信息服务工作，将图书馆的作用发挥出来，从而提高我国民众的阅读水平和国民素质、增强我国的综合实力和创新能力，从而推动中华文化的繁荣发展。

由于时间仓促及其他条件的限制，本书对图书馆阅读推广与信息服务的理论与实践的研究还有诸多不足，针对这些，笔者将在未来一段时间努力加以补充和完善。

参考文献

[1]吴晞.图书馆在全民阅读中的重要作用及其阅读推广功能[J].图书馆杂志，2016(03)：23-24.

[2]吴漂生.基于文化自信的高校图书馆阅读推广活动思考[J].图书馆工作与研究，2019(05)：50-53.

[3]全民阅读办公室. 建设书香中国 引领阅读风尚——全民阅读主题征文获 奖作品[M]. 北京：中信出版集团，2017.

[4]龙军，向宏华 . 智慧社会视角下的智慧图书馆服务策略研究[J].图书馆 工作与研究，2019(02)：12-17.

[5]杨飞. 构建专业化的阅读推广人队伍——上海市图书馆学会阅读推广人培育工作实践[J].新世纪图书馆，2015(07)：38-42.

[6]李东来.对图书馆阅读推广的思考[J].图书馆论坛，2018(09)：114-118.

[7]赵双.高校图书馆阅读推广体系建设研究[J].新世纪图书馆，2019(12)：5-7.

[8]谢蓉，刘炜，赵珊珊.试论图书馆阅读推广理论的构建[J].中国图书馆学报，2015(05)：87-98.

[9]范并思.论图书馆阅读推广的理论体系[J].图书馆建设，2018(04)：53-56.

[10]洪伟达，马海群.图书馆阅读推广规范研究[J].图书情报知识，2018(01)：36-43.

[11] 化慧，沙振江.学前儿童阅读推广的十大原则［J］.图书情报研究，2016（04）：51–54，75.

[12] 姜进.多元合作视角下公共图书馆儿童阅读推广服务链构建研究［J］.图书馆学刊，2017（03）：115–118.

[13] 朱淑华.儿童阅读推广研究［J］.新世纪图书馆，2012（03）：88–90，21.

[14] 王金玲.公共图书馆儿童阅读推广模式研究［J］.西域图书馆论坛，2018（01）：13–15.

[15] 樊露露.公共图书馆儿童分级阅读推广研究［J］.河南图书馆学刊，2016（02）5–6，37.

[16] 徐雁.全民阅读知识导航［M］.南京：南京大学出版社，2016.

[17] 徐双定.公共图书馆未成年人阅读推广［M］.兰州：甘肃人民出版社，2017.

[18] 邓咏秋，刘弘毅.日本图书馆的老年阅读推广实践及其启示［J］. 图书馆 研究与工作，2017（02）：52–55.

[19] 谭欣.图书馆残疾人阅读推广模式研究［J］.同行，2016（09）：461.

[20] 马晓丽.图书馆面向残疾人阅读推广的方法研究［J］. 科技情报与发展经 济，2014（17）：99–101.

[21] 林晓欣.基于“云图书馆+”的阅读推广和智慧化服务创新的机制与内容［J］.图书馆理论与实践，2019（06）：29–37.

[22] 董雪敏.基于智慧图书馆技术的公共图书馆阅读推广模式研究［D］.天津：天津理工大学，2018.

[23] 吴晓杏.图书馆智慧阅读推广模式的实践应用［J］.科技传播，2019（22）：174–175.

[24] 阮朝辉. 构建我国高等院校阅读推广“5W”新模式［J］.图书馆工作与研究，2016（07）：31–35.

［25］万慕晨，欧亮. 基于微信公众平台的高校图书馆阅读推广效果实证研究［J］. 图书情报工作，2015（22）：72–78.

［26］于姝，杨辉，姜婷婷，等. 图书馆微信公众平台阅读推广现状与发展对策［J］.四川图书馆学报，2015（03）：44–47.

［27］王丹，范并思.图书馆阅读推广基础理论流派及其分析［J］.大学图书馆学报，2016（04）：23–29.

［28］茆意宏，朱强，王波.高校图书馆数字阅读服务现状与展望［J］.大学图书馆学报，2017（01）：85–91.

［29］徐升华，王琪. 大数据时代数字图书馆信息服务研究与发展［J］.图书馆学刊，2016（04）：59–62，66.

［30］潘旭莉.大数据技术应用于图书馆信息服务优化的研究［J］.信息与电脑（理论版），2019（16）：135–136.

［31］杜文娟，庞红.基于大数据背景下的图书馆服务研究［J］.科技资讯，2015（05）：199–200.

［32］晁明娣. 大数据背景下图书馆服务模式创新研究［J］.情报探索，2016（02）：89–92，97.

［33］袁芳.大数据环境下图书馆文献资源建设模式的变革［J］.图书情报工作，2015（18）：91–94.

［34］雷菊霞，乔婧，袁玉敏.新环境下图书馆阅读推广工作探析——北京师范大学阅读推广实践与思考［J］.大学图书馆学报，2014（05）：86–91.

［35］宋生艳.图书馆微媒体服务现状及发展对策研究［J］.图书情报工作，2015（06）：65–70.

［36］耿晓光，安冬梅.微博及其在图书馆的应用［J］.图书馆学研究，2016（11）：38–39.

［37］刘中研，杨清云.大数据背景下基于云计算的图书馆信息服务变革与创新［J］.内蒙古科技与经济，2019（13）：160–161.

［38］陈荧.图书馆微信公众平台的服务实践——以广州图书馆为例［J］.图书馆学刊，2016（05）：9-13.

［39］李桂贞. 基于云计算的移动数字图书馆服务平台构建研究［J］. 现代情报，2015（03）：82-85.

［40］张龙昌，刘冬升，杨艳红，等. 数字图书馆云计算研究［J］. 计算机技术与发展，2016（08）：98-103.